国家社会科学基金项目（07BZS027）

社科文库

近代北京慈善与公益事业

袁熹 杨原 著

中国社会科学出版社

图书在版编目（CIP）数据

近代北京慈善与公益事业/袁熹，杨原著.—北京：中国社会科学出版社，2019.4
ISBN 978-7-5203-4216-2

Ⅰ.①近… Ⅱ.①袁…②杨… Ⅲ.①慈善事业—研究—北京—近代 Ⅳ.①D632.1

中国版本图书馆 CIP 数据核字（2019）第 053405 号

出 版 人	赵剑英
责任编辑	刘　艳
责任校对	陈　晨
责任印制	戴　宽

出　　版	中国社会科学出版社
社　　址	北京鼓楼西大街甲 158 号
邮　　编	100720
网　　址	http://www.csspw.cn
发 行 部	010-84083685
门 市 部	010-84029450
经　　销	新华书店及其他书店
印　　刷	北京明恒达印务有限公司
装　　订	廊坊市广阳区广增装订厂
版　　次	2019 年 4 月第 1 版
印　　次	2019 年 4 月第 1 次印刷
开　　本	710×1000　1/16
印　　张	18.5
插　　页	2
字　　数	258 千字
定　　价	78.00 元

凡购买中国社会科学出版社图书，如有质量问题请与本社营销中心联系调换
电话：010-84083683
版权所有　侵权必究

目　　录

第一章　传统的救济模式 ……………………………………………（1）
　一　清代北京的空间结构与管理模式 ………………………………（1）
　　（一）北京的空间结构 ………………………………………………（1）
　　（二）京师层级管理模式 ……………………………………………（5）
　二　清政府对京师贫困人口救济的重视 ……………………………（8）
　　（一）政府实施救济的理念 …………………………………………（8）
　　（二）政府对城市贫民的救济 ………………………………………（10）
　　（三）政府对外来进京饥民的赈恤与管理 …………………………（27）
　　（四）设置顺天府专项备荒经费 ……………………………………（31）
　　（五）支持和鼓励民间兴办慈善事业 ………………………………（34）

第二章　晚清北京慈善事业的转型 …………………………………（40）
　一　日益恶化的社会环境 ……………………………………………（40）
　　（一）京畿地区连年的兵祸、灾荒 …………………………………（40）
　　（二）恶性通货膨胀 …………………………………………………（42）
　二　贫困人口日益困扰北京 …………………………………………（45）
　　（一）八旗生计日益困顿 ……………………………………………（45）
　　（二）贫困人口激增 …………………………………………………（47）
　　（三）大批流民涌入京师 ……………………………………………（50）
　三　济贫理念从传统走向近代 ………………………………………（51）
　　（一）工商业的发展奠定了新型慈善事业的经济基础 ……………（51）

（二）西方社会救济思想的传播以及教会的济贫活动……（56）
（三）南方士绅义赈活动的影响……（59）
（四）有识之士及政府济贫理念的转变与实践……（62）

第三章 晚清政府主导的近代慈善事业……（65）
一 内外城巡警总厅负责城市管理……（65）
二 新型官办慈善事业……（68）
（一）传技艺——工艺局、教养局、习艺所……（68）
（二）更加广泛的慈善事业……（82）
三 旧有机构的革新及传统措施的继续使用……（88）
（一）常设的收容、赈济机构……（88）
（二）以工代赈等其他救济形式……（92）

第四章 晚清民间兴办的各类慈善公益事业……（94）
一 晚清民间慈善组织和活动……（94）
（一）中国妇人会……（95）
（二）中国妇女会……（97）
二 民间多种多样的慈善活动……（98）
（一）社会救济中的义赈……（99）
（二）兴办工艺局和贫民工厂……（103）
（三）兴办女学、义学……（105）
（四）读报处和讲演所……（109）
（五）兴办粥厂、修建道路等慈善公益事业……（111）
三 政府与民间慈善活动之关系……（114）

第五章 民国初年政府主导的慈善事业……（117）
一 日益严峻的贫困问题……（117）
二 慈善管理机构与经费来源……（120）
（一）政府的慈善管理机构……（120）

（二）政府兴办慈善事业的经费来源……………………（123）
　三　政府兴办的慈善事业……………………………………（126）
　　（一）以教代养机构……………………………………（127）
　　（二）老幼残弱救济机构………………………………（130）
　　（三）义务教育…………………………………………（133）
　　（四）医疗救助…………………………………………（140）
　　（五）其他………………………………………………（142）
　　（六）官办慈善机构的特点……………………………（145）
　四　政府对各慈善机构的管理与扶持………………………（147）
　　（一）政府对民间慈善事业的管理和扶持……………（147）
　　（二）政府对民间慈善事业的褒奖和鼓励……………（150）

第六章　民国初年民间慈善组织和社会名流的活动……（152）
　一　民间慈善组织及其活动…………………………………（152）
　　（一）综合性的慈善组织………………………………（153）
　　（二）救济特定人群的慈善组织………………………（163）
　　（三）针对特定事项的临时慈善组织…………………（166）
　　（四）各界别成立的慈善组织…………………………（168）
　二　社会名流和政府官员的慈善活动………………………（171）
　　（一）社会名流、官员创办或参与的慈善组织活动…（172）
　　（二）社会名流或官员个人参与的慈善活动…………（182）

第七章　民国初年民间广泛的慈善活动……………………（185）
　一　社会各界的捐资助学……………………………………（185）
　　（一）民间慈善教育组织与活动………………………（186）
　　（二）个人的慈善教育活动……………………………（192）
　二　妇女界的慈善事业………………………………………（197）
　　（一）北京基督教女青年会……………………………（197）
　　（二）北京女学界联合会………………………………（199）

（三）北京妇女救国同志会 …………………………………（199）
　　　（四）热心慈善的个人 ……………………………………（200）
　三　宗教界的慈善事业 ………………………………………（202）
　　　（一）佛教界 ………………………………………………（202）
　　　（二）伊斯兰教界 …………………………………………（205）
　　　（三）天主教界 ……………………………………………（206）
　　　（四）基督教新教界 ………………………………………（208）
　四　民间兴办的各种慈善公益事业 …………………………（209）
　　　（一）兴建助老育幼的慈善机构 …………………………（210）
　　　（二）其他各类慈善公益事业 ……………………………（212）
　五　义务戏 ……………………………………………………（215）
　　　（一）义务戏由来 …………………………………………（216）
　　　（二）义务戏的种类 ………………………………………（217）
　　　（三）义务戏的管理 ………………………………………（225）

第八章　国民政府时期政府的慈善公益事业 …………………（228）
　一　政府对慈善事业的管理 …………………………………（228）
　　　（一）建立和完善政府管理机构 …………………………（228）
　　　（二）救济理念和救济计划 ………………………………（230）
　　　（三）政府慈善公益事业的资金来源 ……………………（232）
　　　（四）政府对慈善事业的立法 ……………………………（238）
　二　社会局兴办的慈善事业 …………………………………（240）
　　　（一）粥厂 …………………………………………………（241）
　　　（二）平粜及提供救济物资 ………………………………（242）
　　　（三）习艺工厂 ……………………………………………（243）
　　　（四）孤幼、老弱救济院 …………………………………（244）
　　　（五）义务教育 ……………………………………………（248）
　　　（六）对失业人员的救助 …………………………………（249）
　　　（七）小本借贷处 …………………………………………（250）

第九章 国民政府时期民间慈善公益事业 ……………………(256)
  一　民间慈善组织 ………………………………………(256)
    （一）慈善组织数量增多、救助领域扩大 …………(256)
    （二）由分散走向联合 ………………………………(260)
    （三）政府管理的法制化 ……………………………(263)
  二　民间慈善组织的活动 ………………………………(267)
    （一）临时性救助 ……………………………………(267)
    （二）常规性救助 ……………………………………(270)
  三　市政府主导下的贫民救济会 ………………………(273)
    （一）贫民救济会的制度与管理 ……………………(273)
    （二）贫民救济会的资金来源 ………………………(276)
    （三）贫民救济会的救助活动 ………………………(279)
    （四）贫民救济会的意义 ……………………………(283)

参考文献 ……………………………………………………(285)

后　记 ………………………………………………………(288)

第一章

传统的救济模式

恤贫济困、乐善好施在中国有着悠久的文化传统。清代统治者也极为重视对京师贫困人口的救济，这也是维护京师秩序稳定的重要保障。鉴于京师管理的特殊性，京师的赈济管理事务分别由五城兵马司和顺天府率大兴、宛平两县衙署管理，户部、步军统领衙门也时有北京社会救济的管理职责。他们在各自辖区开设粥厂、负责平粜米豆，设置栖流所、育婴堂，并管理和扶持民间慈善活动。

一 清代北京的空间结构与管理模式

清朝建都北京，在行政区划和行政管理上实行特殊制度，与之相适应，社会救济管理也与各地有所不同。

（一）北京的空间结构

清代北京地区州县行政建制沿明制且基本保持稳定。北京及近畿地区分为京师、京县和顺天府，即以京城为中心，由内及外，形成三个层次。

顺天府"东至遵化州界，二百十六里；西至宣化府保安州界，二百三十里；南至天津府青县界，三百一十三里；北至永平府滦平县界，一百七十五里；东南至天津府天津县界，二百里；西南至保定府新城县界，一百七十里；东北至遵化州界，四百二十里；西北至宣化延庆州界，一百三十里。东西广四百七十六里，南北衮四百八十六里"①。顺天府共领有五州十九县：除京县大兴、宛平外，还有良乡、固安、永清、东安、香河、通州、三河、武清、宝坻、宁河、昌平、顺义、怀柔、密云、霸州、文安、大城、保定、涿州、房山、蓟州、平谷。其中紧邻京师的州县有良乡、固安、通州、昌平、顺义、东安等。

京县系指两个附郭县，为大兴、宛平。其辖境分别位于京城之东、西。大兴县治在安定门内教忠坊南。据《（光绪）顺天府志·地理志一》："大兴县：东除城属八里外，至通州界，十二里；西无管辖，系宛平属；南除城属二十四里外，至东安县界，七十一里；北除城属一十二里外，至昌平州界，二十三里；东南除城属三十七里外，至东安县界，五十里；西南除城属二十四里外，至固安县界，七十四里；东北除城属十里外，至顺义县界，三十五里；西北除城属十二里外，至昌平州界，十三里。东西广二十四里，南北衮一百七里。"②

宛平县治在地安门外迤西积庆坊南。宛平县的辖区为："东无管辖，系大兴县属；西除城属十五里外，至宣化府保安县界，一百七十五里；南除城属二十里，又除大兴属二十七里外，至固安县界，五十五里；北除城属十八里外，至昌平州界，五里；东南无管辖，系大兴属；西南除城属十五里外，至良乡县界，三十里；东北无管辖，系大兴属；西北除城属十五里外，至宣化府怀来县界，二百十五里。东西广一百九十二里，南北衮一百六十里。"③

清代的京师与明代不同，清代的京师指北京内外城及近郊城属地区。内城共9门：正阳、崇文、宣武、东直、朝阳、德胜、安定、西直、阜成，东西长6.69公里，南北长5.48公里，面积为36.57平方公里。清初，八旗劲旅进京，为了应对复杂的阶级矛盾和民族矛盾，

---

① 周家楣、缪荃孙：《（光绪）顺天府志·地理志一》，北京古籍出版社1987年版，第603页。
② 同上书，第603—604页。
③ 同上书，第604页。

他们首先在北京"圈房",实行满汉分城政策,强迫城内汉族居民迁到外城或其他地方去。顺治五年下谕严格规定:"凡汉官及商民人等尽徙南城"①,即内城汉人不论官民和职业,一率迁往外城,内城完全成为八旗驻地。入驻内城的八旗,依照方位,分列京城:"镶黄居安定门内,正黄居德胜门内,并在北方。正白居东直门内,镶白居朝阳门内,并在东方。正红居西直门内,镶红居阜城门内,并在西方。正蓝居崇文门内,镶蓝居宣武门内,并在南方。"② 每旗又依满洲、蒙古、汉军依次由皇城向外排列。他们分别在自己的辖区分段汛守。依照清政府的命令,内城取缔了一切商业街区,严禁开设戏园、旅店及娱乐场所,内城社会处于封闭状态。其目的在于"分列八旗,拱卫皇居",确保紫禁城的绝对安全。

内城八旗的户籍隶属以血缘关系为纽带,同时还带有军事、行政、经济联系的八旗组织。该组织自成一体,独立于州县赋役户口之外。在八旗组织内部封建等级森严,并有严格的人身隶属关系。清政府对八旗人丁的人身自由有种种限制,他们只能"上则服官,下则披甲",即从政当差或披甲当兵。他们的生计"惟赖俸饷养赡"。可以说,他们是一群为封建政权服务,依靠国帑旗租为生的特殊群体。

外城共7门:永定、右安、左安、广安、广渠、西便、东便,东西长7.99公里,南北长3.13公里,面积为25.38平方公里。清代京师,虽然也有城和坊的行政区划,但其划分方法,已截然不同于明朝。清制,"内城自为五城,而外城亦各自为五城"。而且,外城五城的划分,并非完全依照方向。"正阳门街居中则为中城,街东则为南城、东城,街西则为北城、西城。"③ 其中,南城和北城,与其他三城是并列的,而非一个在南、一个在北。外城和外厢,坊下设铺。坊下划分为若干个铺。一般一坊为3—5个铺,最多者,如宣南坊,有7个铺。而内城,建制独立一统并无铺的设置。

---

① 《清世祖章皇帝实录》卷40,中华书局影印本1985年版,第319页。
② 鄂尔泰等修:《八旗通志》卷2,东北师范大学出版社1985年版,第17—22页。
③ 于敏中撰:《日下旧闻考》卷55,北京古籍出版社1985年版,第886页。

外城是民人居住区，同时这里也是城市的经济生活和文化生活区域。外城以行业为特点划分城市区域。正阳门外大街是全市最繁华的集商业、娱乐、餐饮为一体的商业街区；前门大街以东是"商贾匠作之地"，大街以西是"市廛旅店，商贩优伶丛集之所"。前门的南面还依次排列有花市、米市、珠宝市、骡马市等街市。时有谚云："中城珠玉锦绣，东城布帛菽粟，南城禽鱼花鸟，西城牛羊柴炭，北城衣冠盗贼。盖各举其所巡之地，华朴喧寂，迥不同也。"① 宣武门外则居住着大批汉族文人仕宦，并在此形成一条琉璃厂文化街区。外城的居民呈多样性的特点，他们不仅有名仕显宦，也有商贾匠作、贩夫走卒，同时还有大批来自全国各地的游宦士子，沟通南北贸易的商人。他们从事着为城市服务的各行各业。

城属，清代京师城属就是环绕北京内外城的周边地区，即城市的郊区。综合《畿辅通志》和《顺天府志》的有关记录，在与大兴县接壤的地区，城属大致范围是：距城东8里，南24里，北12里，东南37里，西南24里，东北10里，西北12里。在与宛平县接壤的地区，城属大致范围是：距城西15里，南20里，北20里，西南15里，西北15里。依据这一记载，清代京师城属基本上是北起清河、来广营以南，南达南苑东、西红门以北，东自豆各庄以西，西至东冉村与看丹村以东地区。②

"京师辇毂重地，向来步军统领所管营务"③，清初即于京师内外布列巡捕营汛，京营巡捕分南、北、中三营，所属巡捕官兵分汛驻扎京师内外十五汛，是为京城第二层防区。康雍乾时期，随着西郊皇家园林的开发和兴起，京郊巡捕营汛较康熙初年增加了四个，多数设在京师城属西北部。到清中期，京师近郊所设营汛的管辖范围南至海子墙迤北、北至立水桥、东达双桥、西到玉泉山静明园一带，显然这一范围已属京师城属管辖，而不属宛平、大兴县管辖范围。

---

① 陈康祺：《郎潜纪闻初笔》卷6，中华书局1984年版，第131页。
② 韩光辉：《清代北京城市郊区行政界线探索》，《地理学报》1999年第2期。
③ 《清高宗纯皇帝实录》第23册，中华书局1986年版，第129页。

为了标明各城、各坊的界线，使司坊官各尽其责、不互相推诿，清廷谕令京师东、西、南、北四城，并大兴、宛平、通州、昌平各州县，会同确勘，划清界址，彼此核对，建立石牌；并造册绘图，呈送户、刑二部及都察院存案。

（二）京师层级管理模式

清代对北京城市的管理是以拱卫皇室、安定畿辅为目的，对城市的管理融治安保卫、治安防范与行政管理为一体。但是中央政府一直没有将北京作为一个正式的行政建制，设立统一的机构进行管理。对城市的管理多是由中央政府各军政部门将城市在分割的状况下，在强制的行政控制下实现的，因此管理的功效不高。如朱一新在《京师坊巷志稿》上所说：

> 内城辖于步军统领，外城外厢则设城官以理之，而皆董于巡城御史。初以正指挥司命案、缉盗贼，副指挥掌斗殴、赌、窃诸细事。吏目驻外厢，职与副指挥同。康熙三十一年，移副指挥驻外厢而令吏目分掌外城之事。惟中城正指挥、吏目皆驻外城。①

具体地说，步军统领衙门、五城兵马司和顺天府率大兴、宛平两县共同负责北京的治安保卫、刑事诉讼、赈恤、道路修理、祭祀等。此外工部、步军统领衙门等，还设立联合组织的办事机构，如值年河道沟渠处，管理河道沟渠的岁修工程、街道的平垫、查核掏挖官沟等事。在京师的赈恤方面，户部也有社会救济的管理职责。随着政治制度的不断腐败，各管理机构"事权不一，经费不裕，以致积久生弊，渐皆废弛"②。因此，北京城的赈济管理事务也分别由五城兵马司和顺天府率大兴、宛平两县衙署管理，户部、步军统领衙门也时有北京

---

① 朱一新：《京师坊巷志稿》卷上，北京古籍出版社1982年版，第26页。
② 朱寿朋：《光绪朝东华录》，中华书局1958年版，总第5380页。

社会救济的管理职责。他们在各自辖区开设粥厂、负责平粜米豆，设置栖流所、育婴堂，并管理和资助私立的慈善机构。下面分别介绍他们的职掌和机构组成，以及他们之间的关系。

1. 顺天府

不直属于直隶总督的独立衙门。府下管辖大兴、宛平二京县，京外还管辖22个州县。职掌：（1）监管所管官吏；（2）管理刑法；（3）管理警示地方治安；（4）掌管坛、庙、祠的祭祀事项；（5）主持顺天府乡试；（6）管理地方钱粮；（7）掌管京师施恤之事等。按照属地管理的原则，顺天府除了顺属州县社会救济事务外，也承担着京城社会救济的职责。主要是管理养济院、育婴堂，协助五城办理平粜、粥厂等事宜。

顺治朝就规定，在京师设立养济院，收养"穷民不能自存者"，具体由大兴、宛平两县负责管理，"在京许两县申文户部，告给养济"①。即由顺天府下令该司指挥赴户部支领，并委派官员按季监发，并由顺天府核销转咨户部。一些原由绅办的育婴堂、普济堂、功德林善堂开办粥厂等，随着政府的支持和在管理上的介入，逐步成为官督绅办，嘉庆朝后正式形成了顺天府办理、御史监督的机制。顺天府还要参与由五城管理的平粜和粥厂的经理和弹压事项。

尽管内外城均分为五城，但内五城的划分不具行政管理意义。外五城在行政管理上归属五城察院管辖。顺天府虽无京城行政管辖权，但于京城事务均有协办之责。因此北京社会救济的主管机构主要是五城察院、兵马司和顺天府，户部和步军统领衙门也有相关职责。

2. 五城察院和兵马司

五城察院上属都察院，一般简称为"五城"。其衙署官员由都察院派出，分别执掌京师中、东、西、南、北各城的稽察，因而又称其为巡城御史。五城察院各辖有兵马司，兵马司各设指挥、副指挥等。五城察院及兵马司的执掌如清廷所说的"办理地方之事"，即治安管

---

① 吴廷燮等纂：《北京市志稿·民政志》，北京燕山出版社1998年版，第47页。

理、审理诉讼、缉捕盗贼等事，兼及政治、经济、文化，乃至风俗，几乎无所不包。清代北京外城，除五城察院及所辖兵马司，并无其他的政府机构。因而五城察院兼有地方政府的行政和司法职能。

五城御史执掌社会救济方面的内容主要有：平粜、赈恤流民以及孤寡等。据清廷的规定，"五城各酌拨官房二所以为米厂"。每城两所平粜米厂，均由兵马司管理，分别由指挥、副指挥具体经办。按照规定，每次粜米，正副指挥、司坊官都要亲自赴仓领米，并由巡城御史验明成色后才准发粜。① 五城粥厂也归五城察院办理。顺治九年（1652年）就规定："五城煮粥赈贫，每年自十一月起，至次年三月中止。每城日发米二石，柴薪银一两。"② 至雍正年间形成五城十厂之制。各城饭厂，分别归五城兵马司副指挥、吏目具体管理，米及薪银均由副指挥支领，分给吏目。监厂御史则到厂"督同司坊官"，监督施粥，司坊官则要监督粮头、饭头，防止他们偷减米石，确保煮粥质量。外城还设有栖流所，专门收留无依流民，具体由五城司坊官管理，符合收养条件者由"该坊总甲报官收入，该司按名登记循环簿"。经费由五城察院上级机关都察院奏明请拨。此外，五城御史还负责每年冬季发放贫民棉衣，"京师五城每岁折给贫民棉衣之费，由内务府将应用制备棉衣生息银三千六百两，全数咨交巡视五城御史，严饬司坊官详查人数"，"分别大小口"，"五城同日散放"③。五城御史对京师其他归由顺天府办理的社会救济事业还负有稽查之责。

3. 步军统领

其全称为"提督九门步军巡捕五营统领"，其衙署称为步军统领衙门。为了加强京师的武装警卫力量，护卫皇城安全，清初即设立步军统领衙门，主官为步军统领，辖制满、蒙、汉八旗及九门官兵。康熙三十年（1691年）又兼管巡捕三营事务，所以官衔遂改为"提督九门步军巡捕三营统领"。乾隆四十六年（1781年）巡捕又增设两

---

① 《清会典事例》第11册，中华书局1991年版，第377—378页。
② 同上书，第384页。
③ 李鸿章等纂：《畿辅通志》卷109，河北人民出版社1985年版，第4323页。

营，是为五营，故该衙门的主官改称"提督九门步军巡捕五营统领"。根据清代文献记载，步军统领所负责的稽查和缉捕范围极广："盖九门锁钥、白塔信炮、大内合符，皆归掌之"①，步军统领即是有武装警卫、侦缉捕查、诉讼及断狱、对京城人口进行社会管理、消防还兼有社会救济诸方面的职能，是京师地区的主要警备力量，也是清朝维持首都治安的一支重要武装力量。步军统领官序从一品，"威权甚重，多以王公勋臣兼领其事"，被视为"古之执金吾"②，可见清朝统治者对此机构的重视和寄托的厚望。

后来经多次调整，北京形成了"内城辖于步军统领，外城外厢则设城官以理之，而皆董于巡城御史"的纠察体制③。

二　清政府对京师贫困人口救济的重视

（一）政府实施救济的理念

清政府重视对贫困人口的救济，尤其重视对京师贫困人口的救济。顺治十二年（1655年）八月谕："畿辅之地，乃天下根本，必加意安养，使民生乐业，方能自近及远，渐至太平。"④ 历任清朝皇帝都能够深刻地认识到京师及畿辅之地在全国的地位，也希望通过在京师和畿辅大力发展社会赈济，以维护京师的稳定，并以此为样板拓展至全国，达到国泰民安维护统治的效果。

在救济理念上，清代统治者继承了历代统治者所践行的儒家"民本"与"德政"思想，这是清政府开展赈济的指导理念。对贫民的"恻隐之心"与儒家"德政"的理念共同要求统治者须大力开展赈济事业，其目的是在一定程度上使贫民悲惨处境有所改善，不致使其流离失所，增加社会压力，以维护其统治与国家的长治久安。因此不使

---

① 福格：《听雨丛谈》卷1，中华书局1984年版，第19页。
② 同上。
③ 朱一新：《京师坊巷志稿》卷上，北京古籍出版社1982年版，第26页。
④ 李鸿章等纂：《畿辅通志》第1册，河北人民出版社1985年版，第3页。

"贫民谋食艰难,饥寒难免……饥馑之余,流而为匪",而"兴教化,筹抚绥,诚万不可缓之事"①。

此外,"教养兼施"也是清政府实施社会救济的一个理念。"教养兼施"最初的"教"即儒家"教化"之意,政府在给贫民提供衣、食、住救济的同时,出于稳定社会秩序的考虑,也对其进行传统儒家思想的教化。但这一理念的具体内容随晚清社会转型而发生变化。步入晚清以来,一方面是战乱与灾荒频繁交替出现,使得流民人数大增,国家财政已相形见绌,采用传统赈济方式,政府根本无力负担;另一方面近代工业在中国的创建,西方思潮的传播,具有近代特色的"教养兼施"理念蜕化而出。政府与私人开始创办教养局、工艺局等近代慈善机构,教授贫民、流民各种技艺,使其适应社会能够自谋生计,解决贫困问题。

清朝统治者恪守"周施博济,宁滥无遗"的原则实施赈济。如康熙三十三年(1694 年)二月,直隶地区发生水灾,康熙帝在给直隶总督的谕令中强调:"被水灾地方所积米谷,除散赈外,余著减价发粜。……责成州县实心奉行,务俾小民均沾实惠。"为此,仍"不时遣人稽查,如小民有不沾实惠,将该管官一并从重治罪,断不宽宥"②。这一原则在清朝历任皇帝实施赈济时均有所体现。如嘉庆六年(1801 年)六月之时,京城一带持续降雨,导致永定河泛滥成灾,贫民深受水灾之祸,口食无资,流离失所。嘉庆帝即派官员前去查灾给赈。当时有官员奏报称,在永定门、右安门外关厢一带,常常有市民冒充灾民,前往散赈处冒领,望朝廷采取措施予以管理。嘉庆帝将该处官员予以训饬,并对此回应道:"办赈之道,总在周施博济,宁滥无遗,若期不滥,必有所遗。即有一二冒领之人皆系穷苦百姓,又何忍斤斤较量耶?"③

---

① 周家楣、缪荃孙:《(光绪)顺天府志·京师志》,北京古籍出版社 2001 年版,第 324 页。
② 李鸿章等纂:《畿辅通志》第 1 册,河北人民出版社 1985 年版,第 19 页。
③ 吴廷燮等纂:《北京市志稿·民政志》,北京燕山出版社 1998 年版,第 81 页。

本章将从清政府对京师城市贫民的救济、对外来进京饥民的赈恤与管理、顺天府专项备荒经费的设置以及清代统治者重视对民间救济的鼓励和支持四个方面展开论述。

（二）政府对城市贫民的救济

《周礼》："地官司救以王命施惠。郑注：施惠，赈恤也，后世仿之，则有禀贫民之政。"① 可见，救济贫穷，是中国历朝历代统治者的治国之道、施政传统。如明朝政府"每值荒年，京、通仓米平价出粜，预给俸粮，以杀米价。建官舍以处流民，给粮以收弃婴，养济院穷民记籍，无籍者收养蜡烛、幡竿二寺。嗣君效之，相延未改"②。清建立后承袭明制，在济贫方面既对明朝政策有所继承，又根据实际需求有所发展，清朝的社会救济事业最为发达。清政府在京师建厂设局，即设置济贫机构，"收养穷民，食之，衣之，岁发银米以为常"③。为贫民、饥民、流民提供食与宿是清前中期的措施，到晚清随流民剧增，西方济贫理念东渐，出现了"教养兼施"近代特质的济贫机构，此即转型时期的济贫变化。不过，终清一代，历时长久、颇具代表性与普遍性的措施仍是传统的食之、衣之与养之。

1. 兴办粥厂

粥厂是我国自古代流传下来的一种社会救济方式，是一项或由官府发放仓储米石或由官绅筹集米石，煮制成粥，免费散放给贫民的赈济措施。有研究表明，有关中国古代粥厂的记载可以上溯到春秋时期的齐国，一直延续到清。粥厂在明代得到推行并不断完善，清承明制，在明朝基础上更加广泛地采取开设粥厂、赈济灾民的善举，粥厂创设与运行的章程制度也日渐成熟。

---

① 周家楣、缪荃孙：《（光绪）顺天府志·京师志》，北京古籍出版社2001年版，第315页。
② 吴廷燮等纂：《北京市志稿·民政志》，北京燕山出版社1998年版，第32页。
③ 周家楣、缪荃孙：《（光绪）顺天府志·京师志》，北京古籍出版社2001年版，第315页。

古人对煮粥赈济早有见解："煮粥虽号为救荒下策，然济急实为最切。盖凶年之后，流徙者繁，老弱疾病，子妇提携，驱之不前，缓之则毙。资之钱币，则价涌而难籴；散之菽粟，则廪歉人众而难遍，势不得不聚而官为之饲也。"① 这是将煮赈同平粜与施给钱粮相比较而言，煮赈具有救急的优势。

顺治九年（1652年）北京在五城设饭厂五座，城设一厂，政府规定每厂"日费米二石，作饭银一两供炊"。例每年"十月起，至明年三月终赈"②。以后官、绅陆续在京设有赈济机构至咸丰年以前，北京有粥厂、善堂十余所，且基本上在外城开设，主要是针对外城的平民和流入京师的饥民。官办粥厂煮赈的米石来源是朝廷赏发的京仓米。如乾隆五十七年（1792年）谕："赴京就食者较多，酌筹分厂煮赈，所有京城需用赈米，即著动用通仓米石速行拨厂分赈，以资灾民口食。"③ 官方粥厂煮粥也有一定的规定和要求。如咸丰朝，顺天府增设六门外粥厂的放粥条款中规定"每日子丑之交"开始煮粥，子丑之交即凌晨一时左右。煮粥的整个过程都要由粥厂委员负责监督。煮粥量米下锅之时，粥厂委员须亲自监视，粥煮成之后委员还应亲自尝食，目的是防止灶头、伙夫、人役等徇私舞弊，掺杂使假，以确保施粥的质量。

在开办粥厂过程中，主管机构和相关部门需要针对实际情形作出适时调整，以最大限度地降低粥厂成本，提高煮赈效率，并消除隐患和弊端，适应济贫需要。

其一，能够体现灵活性的措施是适时增开粥厂与增加银米。顺治九年（1652年）规定：设饭厂赈济贫民。京师五城，每城各设一厂，每日供给米二石、作饭银一两供炊。每年十月起至第二年三月终停

---

① 李文海、夏明方主编：《中国荒政全书》第1辑，北京古籍出版社2002年版，第232页。
② 吴廷燮等纂：《北京市志稿·民政志》，北京燕山出版社1998年版，第48页。
③ 《清会典事例》第11册，中华书局1991年版，第386页。

赈。①清代粥厂开办有规定的日期与固定的场所，但这只是就正常年景而言，如遇有灾情较重的年景，常规就会被打破，而是采取增设临时性粥厂等措施来缓解大量饥民聚集的状况。如雍正四年（1726年）谕："今岁煮粥赈贫，每城每日六石外，加米二石，再东直、西直、安定、右安、广宁五门，向未设饭厂，著增设饭厂五处，每日每厂给米二石。"②乾隆二十七年（1762年）谕："今岁近京收成稍歉，四乡贫民赴厂就食，路远既不无向隅，人众亦致拥挤。著加恩于五城例设各厂外，每城各再添设一厂。"③粥厂开设地点的选择也从实际需求出发，而非墨守定例。如乾隆五十七年（1792年）的谕令中指出："今岁就食贫民，自京南方来者居多，黄邨、东坝、卢沟桥、清河应仍其旧，惟树邨非南来贫民经由之地，应将此厂裁撤，移于大井地方。"④又如嘉庆七年（1802年）二月，谕内阁：京师五城地方煮赈，原在城内、城外分别设立十处粥厂。后经降旨展赈时，考虑到近郊一带农务方殷，若令正忙于农作的贫民进城领赈，道路未免迂远。于是下令将五城正、副十厂均改为城外安设。……自并厂以后，较前分设十厂时，前去领赈的人数减少了一半。这是因为城内老弱贫民，去城外路远，不能前往领赈，殊为恻念。……之前将城内城外粥厂一体合并为城外粥厂的谕旨，是误降，以致城内贫民忍饥数日。朕从来不惮改过，著仍于城内改回二厂，责成该御史等妥速经理，勿使一夫失所。⑤咸丰七年（1857年）六月，因"值米价昂贵，贫民生计维艰"，下旨于"内城六门外各择地段，添设粥厂六处，俾城内旗民就近领食。每厂每日给粟米二石，并破例从六月开始赈粥，一直延至年终，并再延至来年四月。以后情况再由该府尹查看情形办理"。⑥

粥厂所需银米的实际数目也要视各厂情况和本年实际需求而定，

---

① 吴廷燮等纂：《北京市志稿·民政志》，北京燕山出版社1998年版，第48页。
② 《清会典事例》第11册，中华书局1991年版，第384页。
③ 同上书，第385页。
④ 同上书，第387页。
⑤ 吴廷燮等纂：《北京市志稿·民政志》，北京燕山出版社1998年版，第84页。
⑥ 同上书，第89页。

不拘泥于定例。由于灾民贫民众多，施粥过程中常常出现拨发银米不足的情况，主办机构会请求增拨米石。如光绪初年，顺天府尹奏称：普济堂收养人数已增加至1600余名，同上年十一月人数相等，功德林人数要比普济堂少些，但也是日渐加增……只希望可以再加赏小米六百石，并请旨饬下崇文门在于课税项下拨给普济堂、功德林两处经费银600两。①

其二，灵活掌握粥厂的提前开放或延时关闭。清政府会根据灾情情势、贫民多寡情况，提前开放粥厂煮赈或者延长煮赈时间。如乾隆五十七年（1792年）谕："向来京师冬春之际，五城及普济堂俱设厂煮粥，以济贫民。一届融暖，例即停止。第念现在近畿一带，尚未得有透雨，虽业经降旨加恩平粜，尚恐京城及附近觅食贫民糊口维艰。著五城顺天府再行煮赈一月。"② 又如，咸丰三年（1853年）八月谕："京师自七月以来，雨水过多，虽连日天气晴朗，而秋收未免歉薄，粮价稍昂，贫民度日维艰。向例，京师每年十月一日开设饭厂。著加恩，先期于九月一日各该城照旧设厂煮饭散放，俾资接济。"六年（1856年）九月谕："京师粮价昂贵，贫民度日维艰。所有五城饭厂煮赈散放，著先期半月，于本月十六日开放。并著展赈一个月，至来春三月十五日止，以资接济。"③ 此类记载史籍中随处可见，反映清政府在开办粥厂时不拘泥于制定的规章制度，而是根据实际情况适时调整，尽量发挥粥厂在社会救济方面的最大功用。

2. 发放赈米

在灾荒之年，朝廷也会发放一批粟米直接赈济灾民。特别是咸丰年以后，八旗的处境日益艰难，清廷为了赈恤旗民，按旗拨发粟米。如咸丰七年（1857年）谕内阁：米价昂贵，八旗生机维艰，著散放八旗赈米，规定"每日每旗各领米六石，由户部筹拨"。由各旗都统

---

① 周家楣、志钧编：《期不负斋政书》，台湾文海出版社影印本，第251—252页。
② 《清会典事例》第11册，中华书局1991年版，第386页。
③ 吴廷燮等纂：《北京市志稿·民政志》，北京燕山出版社1998年版，第88页。

"酌量户口多寡，分成散放"。① 在被灾严重的地方，政府也往往采取赈粜并施的措施，如在道光十二年（1832年）顺天府所属被旱较重地方，请求当地官员调查极贫之户，采取赈粜并施的措施。一方面调粮平粜，另一方面迅速查明极贫户口确数，核实赈济，毋使流离失所。②

3. 栖流所和留养局

栖流所是由清政府设立的官方贫民收养机构，于顺治十年（1653年）开始设置，"每城建栖流所，交五城管理，俾穷民所得……如遇无依流民，及街衢病卧者，令总甲扶入所内，报明该司"③，使寒夜不致露处，达到"恤穷救困"的目的。

有清一代，栖流所设在京城之内，东南西北中五城均设有：中城栖流所设在永定门内厨子营；东城栖流所设在崇文门外米市口东；南城栖流所设在崇文门外平乐园；西城栖流所有两座，一座设在宣武门外罐儿胡同，一座设在西便门内砖儿胡同；北城栖流所设正阳门外西河沿。④

栖流所的运作包括三方面内容：日常管理、经费供给与发挥功用。

（1）日常管理：第一，栖流所的修葺。如康熙末年，东城栖流所房屋曾全部坍塌，无法发挥救济贫穷的功用，在雍正元年（1723年）曾进行过重建。雍正十三年（1735年）议准，"嗣后五城栖流所每年令该司指挥估计修葺"。第二，向民间招募普通百姓看守房屋与照料流民。"招募本城诚实民人一名，月给工食银五钱，令其看守房屋，料理流民。"第三，设专门机构负责管理。都察院指挥与副指挥管理栖流所内日常事务；五城御史负责监管弹劾指挥与副指挥处理具体事务是否尽责，以及有无贪蠹侵蚀经费行为；户部则负责核理账目、下发经费。"该司指挥总理其事，副指挥、吏目共相协理，该城御史仍

---

① 《清文宗显皇帝实录》第43册，中华书局影印本1987年版，第594页。
② 《清宣宗仁皇帝实录》第36册，中华书局影印本1987年版，第178页。
③ 《清会典事例》第11册，中华书局1991年版，第390页。
④ 同上书，第392页。

不时巡查。"第四，核理经费开销、规范经费利用。"统于年终将用过银数造册送部核销，如有虚冒侵蚀及奉行不力者，该城御史题参。"在向流民散放赈米或其他救济物品时，为防止胥吏侵渔克扣，保证"实惠及民"，便会"将该流民等籍贯姓名询明注册，给予戳记签牌，随时稽查，妥为经理"。①

（2）经费供给：雍正十三年（1735年）议准"至修理工料口粮诸费动支户部库项。每年每城预发银二百两，令该司指挥具领收存，随时给发，不足准其赴部再领，有余留为次年之用"。乾隆朝，经费下拨五城均无定额。到嘉庆朝，户部下拨给五城栖流所的银两基本固定。嘉庆十五年（1810年）议准："嗣后栖流所备用银两每年五城准领银二千六百两，如有赢余，留为下年备用。"如何分配这些银两，则根据每城栖流所的人数而定，"令都察院就各城收养人数多寡，分别酌定报部立案，自此次酌定之后，不准再逾此数"。但是如果在灾荒之年，实在是不能满足开销的话，都察院可以奏明要求在此基础上加增银两，灾荒过后，还依照原数领取经费。于是规定中城领360两，东南两城各470两，西北两城各650两，后来又将西北两城各划出20两给中城使其有400两，各划出30两给东南两城使其总额各有500两，最终西北两城还各有600两作固定经费。嘉庆二十二年（1817年）时最终确定为这个经费数目，并每年依此上报户部核销。②

在经费供给上，能够根据受助人数多寡等实情给予或增或减的变动，能够在流民人数增加的年间起到较为充分的救济作用，缓解流民过多造成的社会压力。道光四年（1824年）谕："五城栖流所例有额定备用银两，以为收养贫民等项之需。本年春夏间流民觅食较多，动项加增，不敷支用，著加恩再行赏给银两千六百两分给五城以资应用。"③

（3）栖流所的功用：第一，救助对象是"无依流民及街衢病卧

---

① 《清会典事例》第11册，中华书局1991年版，第393—394页。
② 同上。
③ 同上书，第394页。

者"，如果遇到此类需救助者，"令总甲扶人所内"。第二，实施救助的内容：雍正十三年（1735年）时议准，每日给所内的每名贫民柴薪等费制钱十五文，折合仓米一升、制钱六文；立冬后每人得到棉袄一件，值银六钱，棉被一条，值银一两。第三，给予患病者施药和治疗。"如有患病者即具报该司拨医药饵调治。"① 第四，在栖流所内有登记的病故者与道路无名死者均给予棺木及一两殓埋银。

留养局类似于栖流所，是在畿辅地区设立的收养当地或外来贫病者的季节性机构，设立于乾隆朝方观承担任直隶总督时期。留养局规定在冬季开放，从十月初至来年二月止，如遇秋冬季寒冷或灾歉年景则可适当调整开放时间，或提前开局，或拖后关闭，总之要按其设立的初衷发挥救助饥民贫民的最大作用。留养局中有年老不愿离开者，也可常年收养。被收养者在局给以食物衣服，人少时自食，一旦收养至数十百人则每日煮粥两次。在管理方面同栖流所相像，留养局开局期间负责被收养者的医药费和丧葬费用；留养局关闭时酌量给予被收养者米粮。直隶初办留养局时为方观承率领官绅捐建，由当地绅士耆老经理，日常经费除生息银外依靠本地捐输，设局均在城市集镇和交通要道，并要立木牌大书"留养局"三字以使往来之人皆可见到。

在京师和畿辅重地设立栖流所和留养局，收养和救助贫苦百姓，是清政府践行"民本"思想和"德政"，高度重视对京师贫困人口救济的表现。

4. 养济院

中国古代一直都有救济老弱病残群体的优良传统。日本学者夫马进研究认为，养济院的渊源可以追溯到南北朝时期的孤独院，明代则继承了宋元时期的这一政策。清入关之初，即令各地设立养济院，顺治元年（1644年）谕："令穷民不能自存者，在京许两县申文户部，告给养济。"顺治五年（1648年），又令各地方官留心养济院，以充分发挥其作用。顺治八年（1651年），下令全面恢复明代养济院的做

---

① 《清会典事例》第11册，中华书局1991年版，第393页。

法，并明确定例，按此执行，给大兴、宛平两县收养的孤贫银两和米粮，每名每月给米三斗、银二钱。①

作为官办救济机构，养济院执行严格的管理规定。如收养对象要符合规定条件，即收养对象须是一般性的鳏寡孤独废疾等无法自食其力、自谋生计者，经其身份核实后，必须居住在养济院内，每名符合条件者给腰牌一件，上面印烙着年龄与相貌等身份信息，该属州县官员应按季到养济院内，亲自发放居住院内者口粮，严令禁止冒领等不实行为。养济院修造所需资金由上级拨发，收养人数均有一定名额限制。由于养济院不能满足需要，清代还有"额外孤贫"名额的设置，"人多于额，以额外收养"②。

顺天府养济院在全国最早设置，而且也拥有最多的驻院名额和院外孤贫名额。顺天府的官设养济院之驻院名额是 100 人，岁支银 1311 两，支粮 273 石余；外院救助的孤贫数额则为 906 名，其中属于五城的有 300 名，年需费 1152 两，大兴和宛平两县有 606 名，年需费 2327 余两。③ 北京孤贫数额与总人数的比例和院外孤贫绝对数额都大大高于其他地区，体现了清代重视京师孤贫养济的政策。

顺天府院外孤贫银米也由朝廷拨发。孤贫银"按季咨部请领给放，其米按季咨札仓给发"，常由顺天府尹亲自发放，如宣统元年（1909 年）六月，顺天府春夏两季的孤贫口粮银两发放日期定在六月二十六日，届时府尹发放文件通知本府派办处、治厅、粮厅、经厅、照厅、司厅等相关机构及大兴和宛平两县等相关部门，各机构与部门各派员弁到府，府尹将亲自坐堂按名散放。在各地，孤贫银两一般由州县发放，府尹亲自发放顺天府养济院孤贫银两显示了政府对此项救济的重视。④

---

① 吴廷燮等纂：《北京市志稿·民政志》，北京燕山出版社 1998 年版，第 47—48 页。
② 李鸿章等纂：《畿辅通志》卷 109，河北人民出版社 1985 年版，第 4323 页。
③ 姚雨芗原纂，胡仰山增辑：《大清律例会通新纂》，台湾文海出版社影印本，第 924 页。
④ 顺天府：《顺天府宣统元年统计表》，《顺天府办理教养贫民事项统计表》，宣统元年石印本。

清代顺天府还有发放贫民棉衣的职能。每逢冬季顺天府发放棉衣给无衣贫民御寒过冬。资金由内务府给发，置办和发放则均归顺天府办理。嘉庆六年（1801年）谕："陈嗣龙奏普济堂功德林两处领赈贫民，现在各有八百余名，尚未散给棉衣等语。此时雪后天气骤寒，……著该府尹等即行文提督衙门，领取棉袄二千四百件、棉裤二千四百件，……先照现在人数散给，并预备续收贫民之用，如此外尚有不敷，仍著行文按数补领分散。"又如嘉庆八年（1803年），"著禄康等即提取棉袄二千五百六十二件、棉裤一百条发给五城，交该城巡城御史等各就附近贫民内择其衰老羸病者，酌量赏给"①。清政府在寒冬里向贫民发放棉衣，既体现仁政的理念，又反映出对救济贫民的重视。

清代京师也有民间乐善好施之人创办的慈善机构。历代帝王向来重视对其加以支持和鼓励。功德林庙养济院位于德胜门外，是康熙戊子年间山西僧人王元章募集资金创建的，每年夏季向贫民施茶药，冬季则施粥，济贫经费均由寺庙僧人募集而来。雍正元年（1723年），御史邓齐礼将此事奏闻雍正，得到雍正帝以个人名义赏给济贫银1000两。乾隆元年（1736年），顺天府尹孙岳颁又将功德林庙养济院的善举予以上奏。因为此时功德林庙养济院收养的贫民数较雍正年大为增加。乾隆帝于是将每年赏给普济堂的300石粟米内拨100石给功德林庙养济院，并由崇文门税课司每年赏给功德林经费银1000两，均散给收养在内的贫民。功德林庙养济院一直由僧人自主管理，但在光绪四年（1878年），情况发生改变，顺天府府尹周家楣查得该庙内僧人戒行不严，上奏要求对功德林庙养济院的管理要按照普济堂的成例，每年由顺天府派员进行管理。②

5. 育婴堂

育婴堂是收养弃婴的专门机构，收养弃婴事业也是中国古代政府

---

① 《清会典事例》第11册，中华书局1991年版，第391页。
② 周家楣、缪荃孙：《（光绪）顺天府志·京师志》，北京古籍出版社2001年版，第319页。

通常举办的社会救济内容之一。清代的京师于全国最早设立育婴堂。

京师育婴堂最早于康熙元年（1662年）由在京官绅设立。"康熙元年于京师广渠门内建立育婴堂，遇有遗弃病废之婴儿，收养于堂。有姓名年月日时可稽查者，一一详注于册。雇觅乳妇，善为乳哺抚养，有愿收为子孙者，问明居址姓名方与之，仍补注于册籍。至本家有访求到堂识认者，亦必详细问明，与原注册籍无伪，方许归宗。"①

这是京师育婴堂的开端，自此以后便得到清历代帝王的重视和支持。雍正二年（1724年），雍正帝赐给育婴堂帑银千金，并赐"功深保赤"匾额，御制记文，以示奖励。雍正八年（1730年），又赐给帑银1500两，并令其置立产业，通过收取息银以补助育婴堂的日用。又将养济院每年剩余的孤贫口粮，分拨给育婴堂银200余两，每年总共有银800余两。顺天府每年都要负责查核育婴堂的支销款项。于同年，雍正帝又颁赐给育婴堂御书匾额，用以鼓励其收养遗弃婴孩的善举。

  闻广渠门内有育婴堂一区，凡孩稚之不能养育者收留于此，数十年内成立者颇众。……朕心嘉悦，特赐御书功深保赤匾额并白金千两，顺天府尹等其宣示朕意并倡率资助，使之益加鼓励。②

清政府向京师育婴堂投入经费，并倡导全国各地仿效设立。由此，京师育婴堂成为全国育婴事业的样板。这在雍正御制育婴堂碑记中有明确记载："京师者四方之表也。诚使九州之内，自通都大邑，至于市镇繁富之所，郡县长吏，……仿此而推行之，……幼得所养，而人人兴起其仁心，喜于为善，则老安少怀，风俗日臻醇茂，斯朕之所厚望也夫！"③

清政府对育婴堂除予以资金支持，以及各种鼓励倡导，还注重加

---

① 《清会典事例》第4册，中华书局1991年版，第70页。
② 同上。
③ 周家楣、缪荃孙：《（光绪）顺天府志·京师志》，北京古籍出版社2001年版，第326页。

强对其管理，以确保杜绝弊政。如在嘉庆四年（1799年），嘉庆帝谕令："育婴堂僻在东城，一切支发养赡银两若仅交吏胥乡耆等经手，难保无弊。现在普济堂已派满汉御史监放稽查，育婴堂事同一例，著令巡视东城御史随时查察，以昭覈实。"① 嘉庆帝命巡城御史对育婴堂经费使用一事予以监察管理，反映了对育婴堂事业的重视，也显示出育婴堂逐渐由官方势力渗入其中，这在长远来看，有利于育婴堂的发展与功用的发挥。

清末，清政府又新设北育婴堂。一所设立于同治七年（1868年），在西安门外路南；一所设立于光绪三年（1877年），位于鼓楼东街路南。

6. 平粜

"国家设立平粜之法，乃惠济贫民第一要务。"② 每遇灾年粮食歉收或青黄不接之时，米价上涨超出正常水平威胁百姓日常生活。清政府为平抑米价，采取平粜之法。平粜伴随着清朝的始终，是清朝接济贫民的主要措施。

平粜的大体做法，据乾隆二十三年（1758年）一位负责平粜的官员的上奏可略窥一二：

> 当青黄不接之时，市侩不免居奇，得此项米石减价平粜，数日以来，市价望风平减。……臣等前次奏明，老米官粜一千四百五十文，䄺米一千二百五十文，粟米一千文，以次递减。今应遵照原奏，于十一日起各减一百文，数日之后，市价再平，则官粜之价亦再为递减。③

直到将官米价格减至与平时各色米价相当之时，即奏闻停止平粜。

---

① 《清会典事例》第4册，中华书局1991年版，第71页。
② 同上书，第164页。
③ 吴廷燮等纂：《北京市志稿·民政志》，北京燕山出版社1998年版，第67页。

可见，平粜的大体做法即是将官方京仓之米在米价腾贵之时以依次递减的价格、有步骤地投向市场，官米的价格由官方控制在合理水平，逐次降价，到米粮市价恢复正常时便结束平粜。平粜之时，还须"令原派监粜麦厂之大臣，并该城御史就近经理，并著步军统领衙门派委员役严查囤贩"①。

平粜是政府主导下的救济行为，有官设米厂作为平粜机构。京师平粜有五城米局，肇始于康熙年间。雍正四年（1726年），"以米厂并在外城，城内粜买维艰，复谕于内城设厂数处，以便穷民"②。乾隆元年（1736年）五月，命京城四乡设厂平粜。京师平粜有五城米局，乾隆二年（1737年）增五为十厂，寻又添设八厂于四方。③乾隆三年（1738年），大学士鄂尔泰等奏言："五城所设米厂，六居城内，四居城外，请将城内六厂移于城外关厢，俾城乡居民就近籴买。"④ 米厂之设是为实施平粜之法，"谕近日京城米价较昂……贫民口食维艰。著于五城适中处所分设厂座，发给米麦各四万石，平价粜卖，以便民食"⑤。

平粜作为影响广大市民日常生活最大的救济活动之一，一直扮演着社会救济的重要角色，每当米价上涨影响百姓生活时，则利用米厂平粜，解决贫民的生活危机，稳定社会秩序。平粜之法贯穿于清代对京师贫民的救济活动中。乾隆二年（1737年），"以京师雨泽愆期，米价稍长，特旨发通仓米，每城各二千石，共设十厂，减价平粜。……寻允户部议，于京师四乡添设八厂，广行粜卖"⑥。又如，乾隆三十六年（1771年），"以近畿地方自春入夏，雨泽稀少，麦收不免歉薄，幸有官麦平粜，而值米数加昂，但现届青黄不接之时，米价或恐因而增长，著照二十七年之例，于京仓内量拨米石给五城平

---

① 吴廷燮等纂：《北京市志稿·民政志》，北京燕山出版社1998年版，第70页。
② 同上书，第56页。
③ 同上书，第58页。
④ 同上书，第60页。
⑤ 《清会典事例》第11册，中华书局1991年版，第381页。
⑥ 吴廷燮等纂：《北京市志稿·民政志》，北京燕山出版社1998年版，第58页。

粜"①。再如道光十二年（1832年），"内阁奉上谕：京畿自入夏以来，雨泽稀少。现在市集粮价增昂，贫民口食维艰。……著于顺天府分设厂座七处平粜米豆以济民食"②。类似的史料记载不绝于史书，充分说明平粜开展的广泛性，也表明清政府重视京师百姓的"民食"问题。

但京师人口众多，粮食需求也为数颇巨，而京师周围的农业生产无法满足。因此，用于京师平粜的粮食除来源京仓米外，还广泛采取截留漕运、海运，通过市场流通、鼓励商人从外地向京师运粮以及严禁京师粮食外运等措施，以保证满足京师民食需求等手段达到平抑粮价的目的。平粜粮食的来源首先是京师的京、通二仓所贮存的粮食。康熙四十三年（1704年），"以京城米贵，命每月发通仓米三万石，运至五城平粜。又，命自明岁正月为始，于京师及通州地方发仓米，照本年例平粜"③。又如，雍正四年（1726年），"以京城米价腾贵，特谕发仓米五万石，分给五城平粜，俟市价平减，即行停止。所存剩米，即贮该城，为将来之用"④。类似发京通仓米平粜的史书记载在有清一代还有很多。

然而，仓贮粮食并不总能保证充盈而且可以满足平粜赈济之需。乾隆帝在谕令中就对仓贮粮食在救荒的实际作用中表示出怀疑，在乾隆五十七年（1792年）的一个谕令中指出：各省均设有常平仓、社仓（仿照周官荒政而设），原是以备水旱偏灾粜借放赈之用，各省督抚每年上报均称仓库无亏，但一遇有灾害歉收，并未听闻哪一省有拨仓谷以济饥民的情事。例如本年直隶畿南一带，因旱歉收，经朕降旨询问，何不将仓贮谷石先行动拨，据该督奏各该处额储谷石，除连年出借籽种及本年平粜外，所存无多，不敷散赈等语。可见各省仓贮并

---

① 吴廷燮等纂：《北京市志稿·民政志》，北京燕山出版社1998年版，第70页。
② 中国第一历史档案馆编：《嘉庆道光两朝上谕档》第37册，广西师范大学出版社2000年版，第351页。
③ 吴廷燮等纂：《北京市志稿·民政志》，北京燕山出版社1998年版，第53页。
④ 同上书，第55页。

不能足数收储。① 清代各省都设有仓储，丰年时储备足粮，荒年时接济穷民。然而在实际操作中，仓储储备不足以发挥济贫救荒功用已是不争事实，京师自然也不例外。

在仓米不足的情况下，会采取外地采买和截留漕粮的措施以平粜。如乾隆二十四年（1759年），"以京师米价稍昂，……令河南巡抚胡宗琭，于河南麦收丰稔之处购麦来京，分发米厂，以平市价"②。清中后期，还通过海运从外地采买米石，道光年间有议定从台湾采买米石的历史记录：道光四年（1824年），道光帝谕令从福建省台湾府运稻米入天津海口。……并要求将闽省台湾米价钱如何低廉，应如何招商给照，是以糖船装载，还是另有其他船来贩运等问题一一明示，还要求核计该处时价及运津水脚，每石米粮实际上应得价银若干，将这一切都分析议定出章程来，并知照直隶总督饬天津海口一体遵照，以平市价而裕民食。③

截漕平粜相比而言是最普遍的措施。乾隆四十五年（1780年）八月，"以京师麦贵，命五城米商买通仓麦，运京平粜。庚申，以直隶偏灾，命漕十万石，存北仓备赈。丙寅，命再截漕二十万石，存北仓备赈"④。因为在当时的社会条件与实际需求当中漕运具有重要性，尤其是自东南运粮至京师的漕运。从元朝在燕京建都开始，就认识到"自百司庶府以及卫士编氓之众，无不仰给东南"，由是"丞相伯颜献海运之策，每岁达京师者三百余万石"；明朝永乐初年海陆兼运，永乐十三年（1415年）会通河修成，"粮抵通州漕运之法遂定"；到清朝，"顺治二年兵部侍郎金之俊言，西北粮饷全取给于东南，自闯贼乱而东南粟不至京师，北地米价日腾，今宜直取金陵计江宁苏松常镇嘉湖七府漕白必久抵南庚，宜急令总漕星驰淮上，寻漕御史急抵瓜

---

① 《清会典事例》第3册，中华书局1991年版，第151页。
② 吴廷燮等纂：《北京市志稿·民政志》，北京燕山出版社1998年版，第67页。
③ 《清会典事例》第3册，中华书局1991年版，第134页。
④ 吴廷燮等纂：《北京市志稿·民政志》，北京燕山出版社1998年版，第71页。

扬弹压地方度理运务，使南粟立转太仓，则市价可日减矣"①。

然而，当将官米以低于当时市场价格投入市场平抑米价时，存在市场投机行为，例如商贩购得官米转而抬高价格再度售出的情形，如"官兵支领俸粮，甫经出仓，或以急用需银，或以车脚未便，立即转卖，以至尽落行贩之手。私屯暗聚，平时既藉称丰歉，低昂价值，又复窥伺将及关米之时，故为大减其价，以贱买现关之米，一过关米，遂任意腾贵"②，"商贩等乘时落价收买存积，及至支放已停，则乘机昂价获利"③，这样便起不到惠及全体穷民的作用。清政府为稳定粮食价格，打击商人囤积居奇、抬高米价的行为，严办不法商人。一方面在平粜之时，派监粜官员参与监督管理，每当平粜，即令"监粜麦厂之大臣"与"该城之御史"，以及步军统领衙门派委员严查囤贩。④另一方面，清政府意识到"市肆商民辗转粜卖，亿万之众，欲遍行稽核，令其遵守定价，实属势有难行"⑤。所以严查、严禁其他阻碍平粜米价的行为，例如严禁烧锅，以及对违规囤积平粜粮食超过一定数量的商民治罪，如"有奸民串买囤积至四五十石，收买作烧锅之用者，俱严行查拿治罪"⑥。

虽然如此，清政府还是注意到了商贩流通对平抑米价的意义，也认识到官方为商贩流通提供便利的重要性。"谷麦关系民食，全资商贩流通，源源接济，市价自就平减，上年近京收成稍歉，因于京城内外设法分厂平粜。今临清关口既常有商船衔尾北来，畿辅谷价何以未能大减，恐其中临河各州县现因粮艘需备剥运，办理不善，或藉名多封船车，以致商人辗运不无滞留。病商因而病民，甚有关系。"⑦ 因此为解决平粜米粮不足问题，清政府还招商承办采买米石入京粜卖。乾

---

① 《清国史》（嘉业堂抄本）第3册，中华书局1993年版，第688页。
② 吴廷燮等纂：《北京市志稿·民政志》，北京燕山出版社1998年版，第63页。
③ 《清会典事例》第11册，中华书局1991年版，第416页。
④ 吴廷燮等纂：《北京市志稿·民政志》，北京燕山出版社1998年版，第70页。
⑤ 同上书，第66页。
⑥ 同上书，第60页。
⑦ 《清会典事例》第4册，中华书局1991年版，第354页。

隆三年（1738年）九月谕："畿辅地方今岁歉收，米价昂贵，……向来口外米谷不令进口，留为彼地民食之需。今年口外收成颇丰，而内地不足，自当酌量变通，以资接济。如有出口籴粮及贩运进口者，听其往来，不必禁止。……如此则内地民人多得米谷，可无觅食之虞，而口外余粮亦或贸易之利。"① 又如，乾隆四年（1739年）谕："上年直隶米粮腾贵，曾降谕旨准商贾等将奉天米粮由海洋贩运以济畿辅民食，以一年为期，今弛禁之期已满，而京师雨泽未降，恐将来民间不免有需之处，闻奉天今岁收成颇稔，著再宽一年米之禁，商贾有愿从海运者，听其自便。"②

不仅仅是在荒年实行弛禁政策，还对运粮前往灾区的商人实行免税的鼓励政策。乾隆元年（1736年）议准："行令各省督抚，转饬管理关务各官，凡有米船过关，即询明该商。如果前往被灾各邑粜卖者，免其纳税，给予印票。"但如果发现商船偷运至别省而非被灾区，则"将宽免之税加倍追出，仍照违禁例治罪"③。光绪十六年（1890年），京师雨水过多成灾，有御史奏言京师雨后商贾往来稀疏，因而粮价腾贵迟迟得不到解决，希望能够招商运米来京粜卖，并恳请免除捐税。光绪帝同意并命李鸿章就近于天津地方出示招商，贩运米粮来京，粮价得以稍平，贫民借资糊口。④ 招商运粮平粜米价的济贫政策贯穿于整个清朝历史，反映了清朝统治者对京师济贫的高度重视。

官方鼓励商人贩运，通过流通来平抑米价。"民闲之积贮有限，而商贾之通济无穷。商贾来则谷米多，谷米多则米价自平。故疏通商贾，尤为救荒急务。"⑤ 这反映商贾流通对平抑米价的重要性。清政府意识到在严禁商人囤积居奇、抬高物价的不法活动的同时，允许小规模的粮食市场流通是有必要的，它方便了京城百姓的粮食购买，也

---

① 李鸿章等纂：《畿辅通志》第1册，河北人民出版社1985年版，第117页。
② 《清会典事例》第4册，中华书局1991年版，第137页。
③ 同上。
④ 吴廷燮等纂：《北京市志稿·民政志》，北京燕山出版社1998年版，第102页。
⑤ 李文海、夏明方主编：《中国荒政全书》第1辑，北京古籍出版社2002年版，第516页。

为借以为生的合法小贩的生存提供了机会，当然更大的意义在于市场的流通能够起到平抑物价的效用。

乾隆二年（1737 年），因为京师雨泽愆期，米价稍涨，特下谕旨发放通仓之米，每城各领二千石，共设十厂，减价平粜。并严令禁止富户假托贫民，贱买、贵卖及贩卖、窝囤之弊。① 有官员反映：减色之米每日粜卖很多，但与之价格相差无几的粳米每日却很少粜卖，原因是"减色米石向无囤贩之禁，司场官无所畏避，是以尽数多粜，而赴买者亦可随意多粜。至于十成粳米，因奸民贩囤烧锅，经步军统领衙门拿获，参奏司粜各官"。由此造成的恶劣影响是"（司粜各官）因噎废食，以规避失察之处分，遂生出不行多粜之一法。凡遇赴厂粜米者，往往过加盘诘，竟有候至终日不见升斗者"②。平粜本为济贫之善政，却因实施不当弊端丛生，没有真正起到惠及穷民的目的。因此，给事中马宏琦建言：查拿窝囤，法不可不严，而小贩流通，情有可恕。平粜官米，本是为拯穷而设，如若穷民以籴之所余转行售卖，虽然违犯禁令，但获利不多。并且地方如果有这种零星贩卖的小贩，街衢巷陌都可以享受到食用官米的利益，而市米也就不能坐享高价了。市米价格降到正常价格，穷民可以无忧艰食。③ 类似的关于市场流通可以更好地起到平抑米价的认识在史料记载中十分常见，"乾隆八年，以米价增长，发京仓米平粜。……照依时价核减平粜，卖与零星肩贩之人，俾得沿途粜卖，皆沾实惠"④。

清政府重视借助市场流通平抑米价，除将平粜之米交由民间小商贩小规模流通外，还采取将官米交由民间米铺平粜的措施。乾隆二年（1737 年），直隶、山东二省降雨不足，粮食歉收，遂行平粜之政以济民食，并派出官员前去查勘平粜情形，官员反馈：发卖官谷之米只在几处地方设厂，然而籴买的人众多，居住设厂处的居民就有不能按日

---

① 吴廷燮等纂：《北京市志稿·民政志》，北京燕山出版社 1998 年版，第 58 页。
② 同上书，第 59 页。
③ 同上。
④ 同上书，第 62 页。

买得官米的情况,至于远路的贫民更是往返维艰,有很多贫民守候在米厂终日曾不得升斗而归,不得以仍要向市集籴米糊口,因此米价就得不到平减。① 可见官方平粜流通规模和范围有限,是无法惠及所有贫民的。而京师人口众多,平粜之米的发放若只固定在几处官设米局,也不足以解决民食问题。因此,从乾隆年间开始允许商办,即择定民间米铺承办一部分粜卖官米的济贫任务。乾隆五十二年(1787年)六月,"准于京仓内拨米五万石,每城交于一万石,令不必设立官厂,即于五城各派大员,在城内城外公同拣择殷实大铺户各一处,将官米交给该铺户自行粜卖,仍官为酌定价值,令其稍沾余润,俾资赡给"②。

官方平粜之米交由民间米铺平粜,自乾隆年间开启,并未形成制度,但在之后行平粜之政时,也会采取该项办法。嘉庆十五年(1810年),"五城御史奏筹办出粜麦石请交铺户领卖",嘉庆帝表示认同,"此事从前办有成案,自可仿照办理。即著原派之监粜大臣会同五城御史访择殷实铺户,令其赴仓关领。官为酌议领价出粜,以裕民食"。嘉庆十八年(1813年),在行平粜之政时,又按十五年(1810年)的先例采取招商承办,"嘉庆十五年曾将麦石交铺户领卖,办有成案,此次著即仿照办理"。并注重在招商承办过程中的监察,"著派出之卿员十人,会同五城御史查照旧章,将平粜麦石访查殷实铺户承领粜卖。……该铺户赴仓领运时仍著该卿员轮流赴仓监放,毋令仓书花户人等有需索串通等弊"③。清政府能够根据民间实际需求情况,在平粜米粮时不拘泥于定制,采取交由民间米铺代为平粜的方式,而且在选定米铺时,注意事前查访和事中监察,反映出清政府在平粜上的务实做法。

(三)政府对外来进京饥民的赈恤与管理

京师为首善之地区,所以有着相对完备的社会救济体制与众多的

---

① 《清会典事例》第4册,中华书局1991年版,第163页。
② 吴廷燮等纂:《北京市志稿·民政志》,北京燕山出版社1998年版,第74页。
③ 《清会典事例》第11册,中华书局1991年版,第382页。

济贫机构，以及大量的粮食储备和积极有效的救助办法，因此也吸引外籍饥民在受灾后涌入京师寻求救济。大体而言，京师有两套救助体系，一套是上文所述的对京师城市贫民的救济，另一套则是对外来进京饥民的赈恤与管理。第一套体系是制度化了的，第二套则是应急性而非制度化的，主要措施有在京师外围设粥厂与暖厂避免饥民入城，对已入城的饥民妥为安置，灾情过后，遣返原籍。

为应对大量外籍饥民涌入京师寻求救济，清政府在京师外围设置粥厂、暖厂收养饥民，这样可以尽量避免饥民入城，扰乱城内治安。如乾隆五十八年（1793年），直隶地区受旱灾严重，"各处贫民闻设粥厂，自必纷纷就食"，乾隆帝在谕令中命官员除原在五城照例设各粥厂外，还须"在离城三四十里镇集处所添设五厂，并增派满汉科道各五员，会同现任五城御史督率司坊官悉心经理"，[①] 又如，嘉庆七年（1802年）谕："京师五城现在分厂煮赈以济贫民。刻下正届青黄不接之时，闻外州县来京就赈者较多。著再于卢沟桥、黄屯、东坝、采育四处添设厂座。"[②] 京师原有粥厂专为救济城市贫民而设，因外来饥民纷纷前来就赈，清政府适时作出在京师外城添设粥厂的调整，以适应实际贫民人数的需求。

流民进京觅食，给京师治安带来隐患，道光十二年（1832年）六月，据御史舒德奏称，"通州所属各村庄有失业饥民聚集多人赴铺户勒借粮谷，经地方官率领兵役开导，向各铺户商议借给粮米数百石各表分而散"，道光帝对此类因饥民积聚而发生的不利于京师治安的事件表示忧虑，解决办法仍是比较注重从救灾济贫这一根源入手，"并命顺天府尹详查受灾实情，根据受灾实情规划救灾方案，以免因经理不善，致令乏食贫民为饥饿所迫，酿成事端"[③]。由于上述事件时常发生，清政府一方面对京师贫民实施社会救济措施以积极稳妥地

---

① 《清会典事例》第11册，中华书局1991年版，第387页。
② 同上。
③ 中国第一历史档案馆编：《嘉庆道光两朝上谕档》第37册，广西师范大学出版社2000年版，第304页。

解决流民滋事问题，另一方面也派出人员进行稽查和弹压。同治五年（1866年），翰林院检讨董文焕奏称"京师五城地面穷民结群，白昼抢夺，平民商贾均受其累，并有假装厮仆撞骗财物，请饬妥为弹压安置"，皇帝由是谕令"著五城御史顺天府会议章程，如查有无赖之徒肆行抢夺，即著从严惩办。……用副朝廷除莠安良至意"①。

饥民纷纷入京寻求救助，在清代统治者看来是地方官员的失职行为。道光二十四年（1844年），畿辅一带长时间没有降雨而造成旱灾，导致麦收歉薄，六月有官员奏称，"京城外来乞食流民成群结队"，此种情况的发生让道光帝非常不满，"乏食穷黎自应豫行筹划，俾安乡里。何以现在穷民纷纷来京就食，是该地方官办理不善，已可概见"。对成群结队的京外乞食流民，清政府以救荒为解决之道，"著该府尹等严饬所属速行妥议救荒良策，次第举行，勿使一夫流离失所，奔走远来。倘不能实力奉行，再有附近饥民来京乞食，甚或借口谋生别滋扰累及为匪不法情事，该府尹等不能当此重咎也"②。

对已入城者，清政府将其暂时安置在粥厂、暖厂等场所妥为收养，灾情过后，再将其返回原籍。康熙十九年（1680年）二月，谕户部："今见京师附近之地，四方饥民流移在道，……若不急行安插，令其所得，将来必至鬻卖子女。虽以生全，作何设法，令其各归原籍，著该地方官加意抚绥安集，以免流离。"③ 雍正四年（1726年）二月在谕令中称，"直隶近京地方，去岁被水歉收，……其觅食来京者，又复增给米石，添设饭厂，俾穷民得以养给"。但妥为安置仅仅是暂时之计，"近因东作方兴，正令大臣等酌议设法，资送贫民回籍，不使有误春耕"，不仅将饥民遣返回原籍，还令官员对续来饥民予以拦阻，"乃畿辅觅食之民，前来京师者日众，是必传闻京师加恩赈济，是以无知愚民希冀非分之望，反舍其耕作之本业，则大负朕绥辑穷黎

---

① 《清会典事例》第11册，中华书局1991年版，第394页。
② 中国第一历史档案馆编：《嘉庆道光两朝上谕档》第49册，广西师范大学出版社2000年版，第310页。
③ 《清圣祖仁皇帝实录》第4册，中华书局1985年版，第1115页。

之盛心矣。况本地既已散赈，若实系穷民，则已入本县册籍，何以又远赴京师？其中不无假冒。可即传谕顺天府大兴、宛平二县及近京地方文武官员，将续来之民晓谕拦阻"。若是仅将饥民驱赶回籍，而不从根本上铲断导致饥民源源不断奔赴京师的原因，不仅不能使饥民真心归还，还会激起民怨。因此雍正帝在谕令中言道，"目今春气和暖，其有田可耕者，则当乘时播种，其无田可耕者，则各处皆有工程，或修堤岸，或开水利，正需人力，以兴土功。伊等回籍，就近佣工度日，不致离弃乡井，转徙外方，实为谋生善策"①。

然而外籍在京饥民因为在京师能够享受到政府的救济，一旦入京便长期滞留，不愿回原籍。这种情形带来一系列问题，诸如形成京师社会秩序的安全隐患、消耗政府大量财政开支，最重要的是延误农业生产，"放弃耕作的农民在生产战线留下了危险的间隙，随之而来的是恶性循环"②。清政府为解决这一问题，在将饥民遣送回籍后，给予抚恤，促使其尽快投入到恢复生产当中。

康熙四十三年（1704年）谕令中，考虑到京师济贫资源有限，无法长期赈济外来饥民，"近见直隶河间等府百姓来赴赈厂者甚众，虽目前逐日散给，究非长策"。再者，"若不早令回籍，必致坐误农时，废弃本业"。因此，命饥民所属的地方大员"可将所属各官内作速选择贤能者前来京师，将流移人民悉行收领，俾各回原籍，仍捐给籽粒，令得耕种田亩，无失生计，如此则饥民庶不致化离流散矣"③。

在雍正元年（1723年）谕令中还可以发现：一是提供流民回籍盘费，"直隶山东河南流民有就食京师不能回籍者，著五城御史查询口数，量给盘费，送回本籍，毋至失所。……每口每程给银六分，其间有老病不能行走者，每口每程加给三分以为脚力之费，委官护送"。二是考虑到中途有患病者，先行医治，"若有中途患病者，令地方官

---

① 李鸿章等纂：《畿辅通志》第1册，河北人民出版社1985年版，第65页。
② ［法］魏丕信：《18世纪中国的官僚制度与荒政》，徐建青译，江苏人民出版社2003年版，第39页。
③ 《清会典事例》第4册，中华书局1991年版，第362页。

留养医治,俟病痊之日再行转送"①。光绪朝也实行类似办法,如光绪三年(1877年)二月谕:"各邻省官绅筹款赈济,次第资送还籍。……著各该省督抚预饬各州县,遇有逃亡饥民归来者,务须加意抚恤,或量给口粮,或酌借耕本。"②光绪朝已不同于康雍乾时期,中央财政相形见绌,遣返饥民需要财政上的支出,光绪帝在谕令中不得不借助官绅筹款赈济。但还是强调地方当局对返还原籍的饥民予以抚恤,给予使其能够投身农业生产的资助。

百姓被灾,为觅食而转徙流离,清政府对饥民采取救济措施,其目的一是贯彻施仁政、民为本的思想;二是大量饥民背井离乡流向京师,给沿途地区及京师、近畿带来治安隐患,所以清政府重视对外来进京饥民的赈恤与管理也是出于维护稳定的目的。

(四)设置顺天府专项备荒经费

顺天府专项备荒经费设立于清光绪九年(1883年),该备荒经费的设置既满足了社会救济事业顺利开展的需要,也推动了传统济贫事业的近代转型。光绪九年(1883年),御史刘恩溥奏请从各省厘金每月提银一千两解交户部专门作为顺天府备荒经费,并于当年三月十三日得到皇帝批准。解款省份包括江苏、安徽、福建、浙江、四川、江西、湖南、湖北、广西、广东十省,每省每年应解一万二千两,闰年年份各加银一千两,所以,顺天府备荒经费在无闰月的正常年份可收得十二万两。朝廷规定专款须专用,除了救灾济贫外,不管什么其他紧要事情,都不得动用这笔专项经费。设立顺天府专项备荒经费,是清代北京社会救济事业发展的重要一步,也反映出清政府对作为都会之地的京师社会救济事业的高度重视。

顺利开展社会救济的重要保障是充足与稳定的救助资金。设置顺天府专项备荒经费即是一项积极备荒政策,备荒经费的设置经历了从

---

① 《清会典事例》第4册,中华书局1991年版,第362页。
② 李鸿章等纂:《畿辅通志》第1册,河北人民出版社1985年版,第542页。

无到有的过程。受地理环境及气候因素的影响,北京地区几乎无年不灾,在农业占主导地位的生产力发展水平下,灾害具有极强的破坏力,为保证百姓生产与生活,制订与形成系统的备荒与救灾方案极其重要。清朝统治者要求百姓具备忧患意识,在丰年为备荒而有所积储。康熙三十九年(1700年)七月谕户部:"国家要务,莫如贵粟重农。……唯期年谷顺成,积贮饶裕,于以休养黎元,咸登乐利。今闻直隶各省雨泽以时,秋成大熟。当此丰收之时,正当以饥馑为念,诚恐岁稔谷贱,小民罔知爱惜,粒米狼戾,以致家无储蓄,一遇岁歉,遂至仳离。著该督抚严饬地方有司,劝谕民间撙节烦费,加意积贮。务使盖藏有余,间阎充裕。"① 一家一户的小农无法积极备荒与救灾,只有国家政权主导下的备荒与救灾才具有更积极的意义与效用。在专项经费设置前,清政府为备荒在京师设立常平仓,各州县设立义仓,丰年积储灾年放粮。"民生本计,足食为先。岁之丰歉无常,惟在平时豫为筹备,遇有偏灾,方足以资接济。向来各直省州县设立常平仓以外复设义仓,原以广积储而备灾荒。"②

救灾过程当中,清政府也会动用户部库银,如顺治十一年(1654年)正月谕户部:对于畿辅重地,房屋田土多被圈占,加之去年水灾严重,百姓尤为困苦。……但荒政未修,仓廪无备,如果不是颁发内帑,还能用什么来救济百姓所急需?特下谕旨命户、礼、工、兵四部发放库贮银十六万两。皇太后闻知此事,发宫中节省费用并各项器皿共银四万两,朕又发御前节省银四万两,共计二十四万两。差遣满、汉大臣十六员,分赴八府地方赈济,督同州、县、卫、所各官量口给散,务使饥民均沾实惠。③ 又如康熙四年(1665年),京师发生地震,朝廷发放帑银二万两。④ 再如,光绪九年(1883年)八月谕:"前因顺天、直隶所属各州县本年被水成灾。迭经降旨拨给漕米、库银以资赈

---

① 李鸿章等纂:《畿辅通志》第1册,河北人民出版社1985年版,第28页。
② 《清会典事例》第3册,中华书局1991年版,第148页。
③ 吴廷燮等纂:《北京市志稿·民政志》,北京燕山出版社1998年版,第49—50页。
④ 同上书,第55页。

济，惟直隶被灾甚重，尚恐抚恤难周，……著户部再拨库款银五万两解交李鸿章。即行遴委贤员会同地方官赶紧确查被灾户口，核实散放，倘有不敷，并著于藩库无论何款酌量提拨接济。"① 设立专项备荒经费前，赈济银两的拨发没有定例，临时从户部或藩库拨款，不可避免要动用其他事业款项，造成其他经办事项的经费不足，形成掣肘。

另外，备荒经费的设立则是济贫事业由传统向近代转型的需要，进而促进了近代济贫事业向纵深发展。官方正式批准备荒经费设立之前，光绪八年（1882年）顺天府尹周家楣奏拨宁河船捐、粮捐以充济贫经费，"为兴办近畿教养事宜，酌拨常款，以资久远"②。清政府在济贫理念上一直重视"教养兼施"，而"教养兼施"的内涵随着近代变迁亦有所丰富，其最初含义是指以儒家道德教化那些受政府所养的流民、贫民，使其安分守己不致惹是生非扰乱治安。近代以来，随着济贫厂局在功能上的新变化，"教养兼施"的内涵有所拓展，"教"不再只是单纯的道德教化，还向接受政府救济的流民教授技艺，"立工艺所，各就其质地相宜，令人教示习学，以期多一手艺，即少一游民。并增设纺织局，以教妇女"。这样的变化，是社会救济事业发展的必然趋势，是重大进步，"推广教养，实于京畿地方大局相关，非从前一二善举可比"③。

但是面对新的济贫方式，面临的现实问题是"若改为教养局，自系长年，且加工艺，经费恐有不敷"。为解决经费不足问题，方法之一是"仰貌天恩，赏加银米"，但更为妥善的是"即在顺天府备荒经费内拨补"④。由此，近代济贫事业的纵深发展需要充足的济贫资金，而备荒经费的设置则妥善解决了这一问题，促进了传统济贫事业的近代转型。

---

① 朱寿朋：《光绪朝东华录》第2册，中华书局1958年版，总第1585页。
② 周家楣、缪荃孙：《（光绪）顺天府志·京师志》，北京古籍出版社2001年版，第325页。
③ 同上。
④ 吴廷燮等纂：《北京市志稿·民政志》，北京燕山出版社1998年版，第117页。

但我们必须同时注意到，在实际运用这笔备荒经费时，并不能完全做到专款专用，这种规划与实际不能完全吻合的根源在于清末国家困境：一方面忙于新政希图自强，另一方面赔款割地造成的资金缺乏与民情怨愤，这与备荒经费之间形成牵制，使得备荒经费无法专用于救灾济贫和开办近代性慈善机构。如宣统二年（1910年）顺天府建习艺所，由于无处筹措经费，于是请用备荒经费作开支。顺天府尹称，建习艺所"经费计需三万余金，兼须略筹工艺资本，惟此项经费现苦无款可拨，查此前臣署办理新政，多恃备荒经费，挪移济用，……上年因本地创立农学会，始请准每年拨银一万两……罪犯习艺，关系人民进化，尤为重要，拟旨请饬下度支仍在备荒经费本息项下拨给银四万两，发交臣署作为建筑习艺所及筹办工艺资本之用……一俟建筑有成，即将两处罪犯移入，其常年费用因仍旧款，将来习艺事日兴，绝非当即日减，仍可挪济他项要公"①。这即反映了备荒经费曾被挪用来创立农学会之用，虽然这样做违背了设置专项备荒经费的初衷，但也是当时情势下被迫之举。清末虽也重视社会救济事业，顺天府专项备荒经费之设即是证明，但囿于清末政府乏力，备荒经费无法在实际举办的社会救济事业中发挥健全的功用。

（五）支持和鼓励民间兴办慈善事业

1. 表彰和扶持

康熙年间，北京陆续有官绅集资兴建慈善机构，如功德林、普济堂、育婴堂以及各类粥厂救济贫民。对民间兴办慈善事业卓有成效者，皇帝亲自予以表彰。康熙元年（1662年），大学士金之俊、学士胡兆龙等捐资，在京师广渠门内夕照寺西建立育婴堂一所，"遇有遗弃病废之婴儿收养于堂"②。雍正二年（1724年）"特宣恩旨，颁帑

---

① 《顺天府又奏建筑习艺所请由备荒经费本息项下拨给银两片》，《政治官报》第32册，台湾文海出版社影印本，第362页。
② 周家楣、缪荃孙：《（光绪）顺天府志·厂局》，北京古籍出版社2001年版，第325页。

千金，赐'功深保赤'匾额，御制记文，以示奖励"①。八年（1730年）又赐白银 1500 两，"令置之产业"，并赐匾额并御制记文以示鼓励。与此同时雍正还下令行文各省督抚"劝募好善之人，于通都大邑人烟稠集之处，照京师例推而行之"②。于是育婴堂也在全国许多省城和府州县城建立起来。

康熙三十六年（1697 年），京师人士王廷献于广宁门外设立普济堂，专门收养贫穷无家可归的流浪者，提供居住处所，提供衣物和食物，生病施给医药、给予治疗。总之众善之事，靡所不备。康熙四十四年（1705 年），清圣祖颁敕赐"膏泽回春"匾额，并御制碑文以记其事。御制普济堂碑记，特别提出："夫好义轻施，乃良民之美行，恤灾拯患，实盛世之休风。喜见我民，还敦古道，咸能体朕忧民之念，推朕救民之心。"③康熙帝曾两次赐帑金。雍正帝每年赐普济堂千金。雍正四年（1726 年），"又赏给孤贫额余银米"④。乾隆元年（1736 年），每年赏粟米 300 石；以后嘉庆帝、同治帝均有不同的赏银赏米，并成为定例。乾隆元年（1736 年），清廷议准，于各省会及通都大邑普设普济堂，收养无告老人。此后，普济堂便在四川、贵州、广东、云南、湖南、福建等地兴建起来。

康熙四十七年（1708 年）陕西僧人在德胜门外功德林庙址建养济院，夏施茶、药，冬施粥，其经费俱由僧人募化。雍正元年（1723年）由雍和宫赏给济贫银千两。乾隆元年（1736 年），"每年赏给普济堂粟米三百石内，拨给功德林一百石，并由崇文门税课司每年赏给功德林经费银一千两，散给贫民，皆归庙僧经理"⑤。除了普、育二堂以外，光绪三年（1877 年）官绅等还在京师西城的广安门内捐建了资善堂，在南城清化寺街捐建了崇善堂，在北城梁家园捐建了百善

---

① 周家楣、缪荃孙：《（光绪）顺天府志·京师志》，北京古籍出版社 2001 年版，第 316、317、325 页。
② 《钦定大清会典事例》卷 269，台湾文海出版社 1991 年影印本。
③ 吴廷燮等纂：《北京市志稿·民政志》，北京燕山出版社 1998 年版，第 122 页。
④ 同上书，第 123 页。
⑤ 同上书，第 126 页。

堂，在南下洼太清观一带捐建了公善堂，用来栖息穷民。当年又奏准，资善堂、崇善堂、百善堂俱设暖厂，由朝廷每年拨给小米 300 石。① 清代皇帝以御制碑文记载慈善事迹、颁御赐匾额的方式给予民间兴办慈善事业以示旌奖，积极鼓励民间慈善事业的兴办与发展。

为了鼓励民间兴办粥厂等救济贫困的善举，清政府还多次颁发旨令，对于"以巨款捐赈者"，"准其援案给奖"，按照常例收捐封典、虚衔、贡监等项。直隶、山东、浙江、安徽、湖北等省，均援例办理，收效甚巨，唯士民中果能捐输巨款急公好义，捐款在银一万两以上者，地方官员则转折请旨给奖。

2. 皇家作出表率

面对灾荒，皇家往往还由宫眷拨发宫内银两，以示表率。如顺治十一年（1654 年）二月，谕户部曰："至于畿辅重地，房屋田土多经圈占，加以去年水荒特甚，尤为困苦。朕夙夜焦思，寝食弗宁，亟宜拯救，庶望生全。但荒政未修，仓廪无备，若非颁发内帑，何以济此急需？兹特发库银十六万两，圣母皇太后发宫中节省银四万两，朕又发御前节省银四万两，遣满汉大臣分赴八府地方赈济，督同府、州、县、卫、所各官，量口给散，务使饥民均沾实惠。"② 又如，"顺治十年秋七月丙午，以雨潦为灾，太后特发宫中节省银八万两，赈济满、汉兵民"③。

3. 政府给予的管理和扶持

政府将民间兴办的善堂、粥厂一般都纳入五城御史的管理范围。五城御史对它们进行管理，同时也积极给予扶持。私立慈善机构除自筹资金外，朝廷也定额或不定额地给予资助，较为典型的是历经几朝皇帝、官府对于普济堂、功德林等民间兴办善堂所进行的米石、银钱的赞助，清政府在不断增加对普济堂资助的同时，也开始介入堂内事务的管理运营，普济堂的民办色彩逐渐淡化。自嘉庆四年（1799 年）

---

① 《钦定大清会典事例》卷 1036，台湾文海出版社 1991 年影印本。
② 李鸿章等纂：《畿辅通志》第 1 册，河北人民出版社 1985 年版，第 2 页。
③ 吴廷燮等纂：《北京市志稿·民政志》，北京燕山出版社 1998 年版，第 48 页。

始，嘉庆皇帝每年冬季会钦派满汉御使各一人监放普济堂粥厂，该堂粥厂的开办时间及孤贫的留养时间，也都要接受政府的指令。嘉庆七年（1802年），因前一年近京州县受灾严重，当年河间一带又受蝗灾侵袭，嘉庆帝即令普济堂及五城饭厂提前十天开放。同治五年（1866年），明令普济堂由顺天府轮管，至此确立了普济堂的官督民办性质。功德林原一直由僧人管理，光绪四年（1878年），时任府尹周家楣访闻，"庙僧戒行不严，奏准比照普济堂例，每年由顺天府派员轮管"[①]。其他民间经营不善的慈善机构，官方也往往视情况而接手管理。

从各朝有关赈济的上谕中，赏赐各粥厂米石的情况也比比皆是。乾隆元年，朝廷资金投放固定化与制度化，对于一些影响较大的民办善堂、粥厂，五城或顺天府官员也会奏请朝廷定时或不定时地赏赐粟米或银钱。如绅商兴办的以收养老废贫民的利仁养济院，每年由官府发给籼米360石。在灾荒之年朝廷也常常会临时赏赐给民办粥厂米石。如光绪三十年（1904年）冬季，在赏赐官办粥厂粟米的同时，也加赏捐设的继德堂、同德堂粥厂各300石粟米，翼善堂的教养局粟米200石。

4. 官督绅办

官绅合办的济贫机构得到政府经费投入上的支持，能够在救济贫穷方面发挥其功用。光绪三年（1877年），官绅等于西城广安门内捐建资善堂，南城清化寺街捐建崇善堂，北城梁家园捐建百善堂，南下洼太清观一带捐建公善堂。由各巡城科道奏准栖息穷民。又奏准资善堂、崇善堂、百善堂俱设暖厂，每年各给小米三百石，自本年为始。又谕西城资善堂冬收养贫民，前有旨每年赏给小米三百石。本年各省灾区甚广，京师粮价倍昂，贫民就食者多。米石不敷支放。加恩著再行赏加小米二百石，以赡穷黎。四年（1878年）春奏准西城资善堂

[①] 周家楣、缪荃孙：《（光绪）顺天府志·京师志》，北京古籍出版社1987年版，第319页。

暖厂，每年由三成船钞项下拨给银五百两，自光绪三年（1877年）冬为始。由巡视西城衙门出具印领，派该堂绅董一员赴总理各国事务衙门支领，归入船钞项下按年奏销。又奏准北城南下洼太清观地方公善堂，每年给小米三百石。又奏准资善堂暖厂加给小米三百石。①

5. 鼓励捐输

清朝历代皇帝都以奖励办法劝输，优厚的奖励办法能够激发士民捐输的积极性，使有财力的士民参与到赈灾当中，补充政府赈济的不足。顺治十年（1653年）就有"士民捐助赈米五十石或银百两者地方官给匾旌奖，捐米百石或银二百两者给九品顶戴，捐多者递加品级"。顺治十一年（1654年）又更加明确"现任官并乡绅捐银千两、米千石以上者，加二级；银五百两、米五百石以上者纪录二次，银白两、米百石以上者纪录一次，生员捐米三百石准贡，俊秀捐米二百石准入监读书"。康熙七年（1668年）又明确指出"富民捐银三百两或米六百石准给九品顶戴，捐银四百两或米六百石准给八品顶戴"②。封典的只是"虚衔"，有名无实，不会造成"捐官"的积弊。此后，直隶、山东、浙江、安徽、湖北等省，均援例办理，收效甚巨，唯士民中果能捐输巨款急公好义，捐款在银一万两以上者，地方官员则转折请旨给奖。光绪十六年（1890年）六月京师大雨，引得河决，受灾面积广大，大批灾民无以安身，亟须赈济。御史余联沅提出："惟念救灾先贵立法之善，而立法尤在筹款之多"，现在捐款所需不能不广为筹措，请求开设赈捐以筹赈款。其方法是"将捐款量为变通，如有巨款捐赈者，准其援案给奖。总期无碍于捐，有济于民"③。户部也提出，近年山东、直隶办理赈捐收数甚巨，是在劝募有方。根据赈捐章程，只准以封典、虚衔核给奖叙。但是对于捐输巨款、急公好义的士民，以后如有捐银至一万两以上者，由户部专折请旨给奖。朝廷

---

① 《清会典事例》第11册，中华书局1991年版，第394—395页。
② 《清会典事例》第4册，中华书局1991年版，第356页。
③ 吴廷燮等纂：《北京市志稿·民政志》，北京燕山出版社1998年版，第105—106页。

的提倡和奖励，增强了人们的社会责任感，使从事慈善成为令人尊敬的事情。在朝廷这一奖励政策的鼓励下，一大批民间的赈济机构兴起。

京师为首善之区、四方之表，畿辅为根本之地，京师的重要地位决定了清政府必须高度重视对京师贫困人口的救济，这也是维护京师秩序稳定的重要保障。清政府在京师设立育婴堂、养济院、栖流所等机构，均是全国最早，也希望以此作为表率，在全国大规模地予以兴建。政府对慈善举动给予表彰和鼓励的政策，对推动民间慈善活动具有积极的意义。

第二章

晚清北京慈善事业的转型

鸦片战争以后,中国的政治、经济和社会都发生了深刻的变化,总的来说,内忧外患的国情不但加剧了社会各个阶层之间的矛盾,而且接二连三的兵祸与天灾,给整个中国带来了深重的危机。但同时,随着国门的开放,在与国外各种思潮的碰撞和交流中,中国的慈善事业在自身和外力的相互促进下,开始了有别于传统济贫方式的转型,晚清社会的济贫理念也开始由传统逐步走向近代。

一 日益恶化的社会环境

鸦片战争以后,无休止的战乱以及天灾人祸,造成国家经济日益凋敝,物价飞涨、人民生活日益困苦不堪;加之政府为转嫁危机,滥发货币,致使币制混乱,造成恶性通货膨胀,使大批市民沦为贫民,大批农民失去土地沦为流民。

(一) 京畿地区连年的兵祸、灾荒

鸦片战争以后,外国侵略者不断以军事的和经济的形式入侵,中国陷入被瓜分的危机,民族危机空前加剧;封建社会末期土地兼并激烈,残酷的地租剥削、赋税以及苛捐杂税、徭役摊派逐年加重,广大农民生活日渐困苦,社会矛盾空前激化,农民起义连绵不断。

1840年以后,北京经历了帝国主义的两次入侵,遭到了极大的

破坏。1860年8月，英法联军从天津登陆，京师告急，清军在谈判和张家湾、八里桥守卫战均告失败之后，咸丰皇帝率后妃及王公大臣仓皇出逃。英法联军洗劫焚毁了圆明园，京城百姓也遭到了非人道的侵扰，海淀附近的街市以及安定、德胜、西直、阜城四门外的数百处村庄都遭到野蛮的洗劫蹂躏。据史料记载，仅在张家湾一地，自尽的妇女就超过了两千人。1900年八国联军自天津攻入北京，在北京进行了大肆的抢掠，北京人遭受到极大的浩劫。《辛丑条约》的签订，列强将东交民巷强行占为使馆区，在那里他们驻扎军队、设置警察，成为北京城内的"国中之国"；巨额的赔款，加重了人民的负担，清政府彻底沦为帝国主义侵华势力的帮凶。

太平天国运动兴起之后，虽然没能直接打到北京，但北伐军在咸丰三年（1853年）突入直隶境内，进逼京畿，引起了京师的震恐。京城内的商贾们纷纷出逃，而市民们则因为担心银票落空竞相奔往钱铺索兑，但钱铺本身多是以经营放贷牟利，因此一时之间根本无力应对如此多的需求。再加上户部亦因银根短缺，试图以征收铺银来凑钱发俸。由此引起了京师商业系统的崩坏，数日间两百余家钱铺纷纷关闭。不仅如此，随着钱铺的关闭，京城内外紧接着出现了银价暴涨的现象，从每两换制钱一千余文，下跌至一千六七百文，甚至二千一百文。钱贱银贵，加之太平军阻遏各省解京粮道，清军节节溃败的消息传来，京师不仅民心惶惶，而且商业萧条，动荡不安。在晚清的各项战事中，太平天国农民起义持续了近15年的时间，从西到东，从南至北，影响遍及全国，耗费了清政府的大量人力、物力。

与战争相伴的往往是接连不断的灾荒。晚清以来，兵祸连连加上清政府内部难以保障救灾系统，因此中原地区爆发了许多惨绝人寰的灾荒。在此大背景下，京城也受到了包括水灾、旱灾、雹灾、蝗灾、地震等的各种侵扰。如咸丰二年（1852年）和咸丰三年（1853年），京城及其直隶地区就开始遭受水灾、雹灾，永定河、北运河等由于缺少疏通，常年泛滥成灾，严重影响了百姓的收成，"秋禾被灾者达八十余州县"①。水灾之后往往又出现旱灾，咸丰四年（1854年）京畿一带就爆发了严重的春旱，而抗旱时节，往往容易造成蝗灾。咸丰五年（1855年）是近代史上黄河改道泛滥极其严重的一年，这次水灾甚至使得京畿南部被淹。从同治六年（1867年）到光绪元年（1875年）十年间，永定河连续九年泛滥，决口十一次。直隶地区久雨不晴，永定河、海河、南北运河、草仓河及拒马河先后漫溢，致使京畿地区几乎成为了"泽国"，这场久雨造成了数十年未有的水灾，"百姓荡析离居，情形困苦异常"②，惨不忍睹。大水之后，光绪二年（1876年），京师亢旱严重，并伴有痢疾、蝗灾。接下来，就是历史上非常严重的一次大灾荒——"丁戊奇荒"，从京师和直隶地区开始，并以直隶、山东、河南为主，北至辽宁，西达陕甘，南到苏皖，东濒大海，受灾面积广大，灾情严重，饥民数百万，"草根树皮，罗掘俱尽；饿殍盈途，道殣相望，甚至发生'人相食'之惨象，被称为'百年未有'之'大祲奇灾'"③。由于政府财政危机，不得不削弱了应对灾荒的储备。防灾、救灾的资金不足，无疑会加剧灾荒对人民的损害程度。

（二）恶性通货膨胀

鸦片战争前后由于各帝国主义竞相向中国倾销鸦片，中国社会的国际贸易收支状况发生了急遽的变化。白银大量外流，"从1828年到1836年，从中国流出了三千八百万元。使国际收支逆转的正是鸦片烟"④。鸦片战争后，清政府对鸦片贸易采取了默许的态度，由此带来的直接后果是，在1840年到1860年间，输入中国的鸦片平均每年增

---

① 李文海、林敦奎等著：《近代中国灾荒纪年》，湖南教育出版社1990年版，第135页。
② 同上书，第312页。
③ 同上书，第364页。
④ 费正清：《剑桥中国晚清史（1800—1911）》上卷，中国社会科学出版社1985年版，第184页。

长超过7%。① 鸦片输入的激增导致大量的白银外流，加剧了社会上银贵钱贱的趋势。道光二十五年（1845年）自京城以至各省，每纹银一两，易制钱一千八九百文及二千余文不等，② 较乾隆年间的一两白银兑换制钱九百文，或八百五十文，提高了2.2倍。"银荒"造成国内市场混乱，造成国库空虚，更进一步降低了民众的购买力。

由于连年战争和巨额赔款，国家财政困难日趋严重，"召祸与戎，天府太仓之蓄，一旦荡然，赔偿兵费至四百余兆。以中国所有财产抵借外债，积数十年不能清偿。摊派加捐，上下交困"③。"四海困穷，天禄永终"，这是对晚清内忧外患状况的真切描述。特别是太平天国革命爆发，清廷军费开支迅速增加，而赋税收入却因统治地区的缩小而减少。尤其江南富庶地区为太平军所占领，清政府不但失去了大量的赋税收入，而且使京师失去几百万石漕粮。为了筹集军费，挽救财政危机，清政府采取饮鸩止渴的货币政策，于咸丰三年（1853年）在京师强行发行大钱甚至铁钱、铅钱以及"官票宝钞"，待流通后推广全国。清政府先后铸过当五、当十、当五十、当百、当五百、当千的数种大钱。大钱的实际价值大大低于票面价值。大钱一上市即造成私铸成风。因私铸大钱有厚利可图，尽管禁令迭下，酷刑相加，仍然趋者若鹜。当五百和当千大钱一出"即形壅滞者"，朝廷即下令废止。不久又下令停铸当二百大钱。大钱的私铸和私销，大大动摇和破坏了大钱的可信度。咸丰四年（1854年）政府规定："官票银一两，抵制钱二千，宝钞二千，抵银一两。"④ 到咸丰七年（1857年）银价高达一两兑制钱四千，每两银可换私钱十千左右。所谓宝钞、银票，根本无从兑换，其价值急剧低落，至咸丰十一年（1861年），一两银只能换铁钱二十八千有零，而一千文之票，仅换铜制钱六十二文，市

---

① 周志初：《晚清财政经济研究》，齐鲁书社2002年版，第59页。
② 中国史学会：《鸦片战争》第4册，上海人民出版社1954年版，第303页。
③ 赵尔巽：《清史稿》，中华书局1976年版，第3479页。
④ 《清文宗显皇帝实录》第41册，中华书局影印本1987年版，第765页。

物皆涨价数倍,钱法极坏,民不聊生矣。① 银贵钱贱造成京师物价飞涨,"米价骤涨,几至加倍,杂粮亦复昂贵"②。其他的日用百货腾贵,致使大钱急剧贬值,城中粮店、商铺纷纷关闭,直接影响了人民生活。大米"从前止卖十余吊文,今则每石二十余吊不止,猪肉每斤只卖二三百文,今则每斤六七百文不止"。其他如香油、硬煤、茶叶等一切日用品,"无一不腾贵异常",增长几倍甚至十几倍。③ 京师上下皆"视当十大钱为废物"。大钱的私铸和私销,大大动摇和破坏了大钱的可信度。货币混乱造成通货膨胀,使人民生活水平急剧下降。旗丁自咸丰年漕粮"改征折色",使大批旗民生活陷入窘境。为解决旗民生计,清政府虽曾采取了多种措施,如加赏成色米,加放实银,但旗兵生活窘困仍然有增无减,一大批旗民沦为贫民。

1900年以后,北京的物价持续上涨。物价上涨的原因之一是滥铸铜元,造成货币贬值物价不断上涨。光绪中叶,铜价翔贵,民间私铸制钱,几难禁止,各省随出现钱荒,造成"钱"日少而价日昂,百货腾涌,商民交困,几不聊生。1900年首先从广东省开始,暂停铸制钱,于当年六月开铸铜元,计重二钱,每百个抵银元一元,每日约铸四万个。向市场投放后,"行销无滞,军民称便"。由于铸造铜元有丰厚利润,1902年以后,各省便争先恐后新建造币厂。前后不到六年,全国鼓铸铜元的省份达19个之多。有的省设立两厂、三厂,江苏竟有六个厂。1904年全国共铸铜元17亿枚,1908年铸124亿枚。各省滥铸铜元,势必使金融市场上银铜兑换率不断受到冲击。最初,政府规定每1银元换100铜元,但市面上平均每76.4枚即可换一银元,以后逐年增长。1901年增至84.3枚,1903年增至92.3枚,到1907年增至100枚。以后铜元继续贬值,1908年底贬至130枚,两年内贬值了32%。铜元贬值的主要原因就是铜元泛滥。1911年武

---

① 谭文熙:《中国物价史》,湖北人民出版社1994年版,第264页。
② 《清文宗显皇帝实录》第43册,中华书局影印本1987年版,第252页。
③ 中国人民银行总行参事室金融史料组编:《中国近代货币史资料》上册,中华书局1964年版,第303页。

昌起义后，铜元略微向上波动，每136枚换1银元，以后十年内一直在这个数目徘徊。

1920年以后，各派军阀在其势力范围内横征暴敛，大肆滥铸滥发铜元，且面值更大。到1929年底，全国铸造铜元已在610亿枚以上，加之成色不断降低，私铸盛行，铜元更加贬值。20世纪20年代北京地区先后爆发了几次军阀混战，北洋政府几易其人，更使铜元急剧下跌。1921年铜元就已跌到1银元兑换152.8枚。1922年第一次直奉战争，铜元贬值尤速，为191枚换1银元，较年初就跌降21%。1923年底突破了200枚大关。1924年9月第二次直奉战争爆发，铜元在六天内暴跌，由237枚跌至293枚，一周后又回落到256枚。至年底跌至279枚，较上一年贬值37%。1925年仍大跌不止，是年底每个银元换铜元310枚，较前一年又贬值22%。从1921年到1925年每月平均贬值1.2%—3.5%。综观1900年至1925年的25年来，铜元贬值共达304%。①

北京基本生活用品的物价，从1901年的最低价至1924年的最高价，玉米面价格增长了210%，小米面增长了87%，白面增长了42%。工人日常吃的咸菜增长了109%。白洋粗布1924年每百尺9.5元，比1912年增长了51%；进口粗蓝布1924年每百尺12.7元，较1900年提价160%。物价的不断增长使北京市民特别是工人的生活每况愈下，苦不堪言。有人制定了1900年至1925年的生活费指数，以1913年生活费指数为基期，1900年为79，1924年12月为144，25年来生活费用增加了65%。②

二 贫困人口日益困扰北京

（一）八旗生计日益困顿

八旗劲旅是清王朝的立国之本，清定鼎北京后，将大批的八旗官

---

① 孟天培、甘博、李景汉：《二十五年来北京之物价工资及生活程度》，北京大学出版部1926年版，第74页。
② 同上书，第66页。

兵安置在内城，以拱卫皇城。八旗的户籍隶属于八旗组织，独立于州县赋役户口之外。按规定，八旗成员的职业只能从政当差或披甲当兵，即"上则服官，下则披甲"。他们的生计主要依赖于政府的特别供给，即"惟赖俸饷养赡"以及分配的旗地。清政府对八旗兵丁的人身自由还有种种限制，如禁止满洲官兵私自住在外城，更不能经商和从事其他职业等诸多的限制。可以说，他们是一群为封建政权服务的特殊群体。其结果，必然造成京师人口的日益膨胀和闲散旗人的大量增加，使清政府背上越来越沉重的财政包袱，终致酿成社会危机。清中期以后京城便开始出现"生齿既繁，野无旷土"的矛盾，出现了无业、无房、无田的旗人。清政府曾采取不少措施，如扩充兵额、"恩赏银两"，在直隶、东北等地设置田地、房舍安置无业旗民等措施，以缓解日趋恶化的旗人生计问题，但是仍有大批旗员无差可当，即处于生计无着的地步。不少贫苦兵丁因借贷而陷入高利贷，乃至典卖房地产。

近代以后，八旗体制日益崩溃，以至完全丧失战斗力。京旗官员生活腐化，多数吸鸦片，吃喝嫖赌，无所不为。旗兵服役完全成为一种形式，除了每月领钱粮外，很少到旗衙门应差，平时也无操练，加之生活奢靡成风，进项有限而挥霍无度，往往是寅吃卯粮，负债累累，旗人完全丧失了昔日的斗志。与此同时，由于连年用兵，京师八旗人口锐减，孤寡贫弱日多。据光绪三十四年（1908年）民政部人口统计，内外城八旗共计236771人。尤以年老寡居者为绝大多数。鳏寡孤独虽有少量的优恤，但他们的生活更加困顿。

在八旗制度日趋衰败的同时，由于国势愈益衰微，旗民生计日益艰难，这是近代八旗社会生活的一个突出问题。由于连年战争和巨额赔款，国家财政困难日趋严重，国家对旗人的一切优恤待遇至咸丰年间几乎全部停止了。正项饷米也由于漕运阻塞，政府采取"改征折色"的政策。兵丁饷米只发二成实米，其余折银钱发放。咸丰三年（1853年）清政府为解决财政危机，滥发大钱大钞，致使银贵钱贱，造成恶性通货膨胀，物价腾高。兵丁的钱饷不但不能照额发放，而且还要搭放铁制钱甚至铅制钱。这对于依靠兵饷为生的旗民来说是极大的灾难。不仅如此,官商勾结,在兑放八旗饷银时"任意扣折,搀用小钱",这情形对旗兵来说更是雪上加霜。

1900年庚子年以后,旗人的境况更加困难,1907年再次诏裁旗饷,实际所领的数目,不过是规定的五分之一而已。普通的旗兵每季发俸米一袋140斤到160斤不等。每月发的制钱和几戥碎银子,是银、钱按成发给。以每月三两薪俸的中上等级兵丁为例,实际上只能领到二两一钱,经过层层克扣和"火耗",到手不过一两多了。① 至于最低等级的兵丁到手的钱两就更少了,再加上层层克扣,旗兵连自身生计都无法维持,更遑论养家糊口。不少旗人家庭为了维持生计,不得不将有限的家产拿去变卖,除了典当自家的衣服、器具外,就是以旗地作抵押。到期不能还债则只有出卖份地。旗人份地是旗人赖以维持生计的基本生活资料。至20世纪初年,北京地区的旗地已经典卖者占十之七八。卖掉维持生计的份地,使旗人陷入更大的困境。他们大多"面有菜色,衣皆蔽徒",他们衣食无着,或"全家待饷以活",或"卖儿质女"以救一时,更有"穷到尽头,相对自缢"者。至清亡前夕,已有数十万旗民沦为饥民。由于生活艰难,不少旗人家庭为了减轻生活负担,不得不离开繁华市区迁往交通闭塞、房租稍廉的内外城根或祖坟茔地居住,也有离开城市搬到郊区农村借以谋生。

(二) 贫困人口激增

鸦片战争以后,西方工业品大量涌入中国市场,严重地冲击了传统的手工业,导致传统手工业破产,造成大批手工业工人失业。如棉纺织业,棉货为中国进口货物大宗,以英国为最早。自1860年至1890年间,英国棉货几占中国市场。其后美货进口渐多,以粗布粗纱销售于北方诸省。直隶等地以河间、正定、保定各属,并京东、乐

---

① 《北京市满族调查报告》,辽宁省编辑委员会:《满族社会历史调查》,辽宁人民出版社1985年版,第89页。

亭、宝坻等县，向产棉花，既多且佳。近年民间织布，其线大都买自东洋。冀东的乐亭是以棉布著名的，这种布过去是用土产棉纱织的。但是由于进口的洋纱又便宜又好，因此便放弃了纺制土纱。① 北京的布店开始销售舶来纺织品始于光绪中叶，开始时仅有少数布店附售英美产的布匹。由于其物美价廉，日益为人们所喜爱。庚子年后，"外贸风行，土布渐归淘汰，布商之兼营洋布者十有八、九"。② 20 世纪 20 年代以后连普通的村民都穿用进口或国产的市布和粗洋布。再如烟草业，自光绪庚子年后，英美之纸烟远及北平。始仅由数洋商委托商店代售，继则专营纸烟者日众，而北平烟草业之形势于是大变。因为近来洋烛煤油的盛行，与洋蜡供销活跃情况相反，当地国人的制蜡业被迫渐行停业或转业。去年（1905 年）夏季尚有十户开业，今年（1910 年）仅有六户还在维持，从这里可以看出洋蜡的势力。③ 直隶雄县本以生产油脂麻油和棉子蓖麻油著名，但是也几乎尽皆失业。传统手工业的破产，导致大量工人失业，他们难以自谋生路，或流入城市成为游民。

另外，清政府为摆脱财政困境，采取了增加各种赋税的办法，严重地增加了小企业的负担，使不少企业破产。如咸丰三年（1853 年），放松了直隶"私烧"之禁，允许直隶烧锅，但是各个店铺都需纳银十六两。海禁松弛之后，朝廷允许各路茶贩销售，从咸丰五年（1855 年）开始，凡是有贩运茶叶的，都需要征收运销茶税。如直隶的丝织业就因为丝价腾贵，因此做出的丝绸也随之涨价，无人购买，各个织户都受到牵累，陆续关闭，到同治六年（1867 年）仅存两家。

清末贫民数量目前没有找到确切的数据，但是从清代的粥厂、善堂剧增的情况可略见一斑。咸丰年以后，大批市民沦为贫民，咸丰七

---

① 彭泽益编：《中国近代手工业史资料（1840—1949）》第 4 卷，生活·读书·新知三联书店 1957 年版，第 462 页。
② 娄学熙编：《北平市工商业概况》，北平市社会局铅印本 1932 年版，第 199 页。
③ 彭泽益编：《中国近代手工业史资料（1840—1949）》第 4 卷，生活·读书·新知三联书店 1957 年版，第 478 页。

年（1857年）六月因"值米价昂贵，贫民生计维艰"，下旨于"内城六门外各择地段，添设粥厂六处，俾城内旗民就近领食。每厂每日给粟米二石"。①并破例从六月开始赈粥，一直延至年终，并再延至次年四月。同治朝粥厂急速增加。同治元年（1862年），内阁奉上谕："因思内城住户亦多寒苦相，去外城较远，就食维艰。着五城御使于外城地面，附近内城处所，酌增数厂广为赈济。"②于是在内城门外，每城各增饭厂，并定例为五城15厂。后又陆续开了益生堂粥厂、培善粥厂、百善堂粥厂、崇寿寺粥厂、法塔寺粥厂、双关帝庙粥厂、崇效寺粥厂、罗道庄粥厂等9座。光绪朝粥厂又再增加了普善局粥厂、种善粥厂、继德堂粥厂、崇善堂暖厂、公善堂暖厂、广仁善堂、北育婴堂、育婴局、怀少局及东城的卧佛寺、西城的长椿寺、砖塔胡通、悦生堂、北城的圆通观、东城的小市口及朝阳、安定、西直门、蓝靛厂、挂甲屯等，计约48座。③从分布看，粥厂几乎遍布北京城。特别是靠近城门的地方，如西直门、广安门、阜成门等处，粥厂密度很大，竟有六七座粥厂。粥厂不仅由政府兴办，而且还大力提倡官绅私人捐办，并变通捐赈章程，捐赈一万两以上者，由户部请旨给奖。

由于每座粥厂就食人数激增，清政府不断增加施赈米的数量和施赈日期。据光绪四年（1878年）御史曹秉哲称，内城粥厂"就食之人每厂多至数千"④。广仁善堂内的收养节妇的敬节会，光绪七年（1881年）每年需粟米100石，至光绪末年该会已需250石才够用，可见收养的人数大量增加。光绪三十一年（1905年）御史王振生奏称：普济堂、功德林两暖厂，原"每厂收养二三百人，递增至五百余人"⑤。光绪末年仅24座粥厂每日所需粟米约43石，每月需粟米1200石。按六

---

① 吴廷燮等纂：《北京市志稿·民政志》，北京燕山出版社1989年版，第75页。
② 第一档案馆"清档"户部题本，卷17。
③ 依据《光绪顺天府志·厂局》和《北京市志稿·民政志》整理。
④ 《清德宗景皇帝实录》第53册，中华书局影印本1987年版，第80页。
⑤ 吴廷燮等纂：《北京市志稿·民政志》，北京燕山出版社1998年版，第99页。

门粥厂规定的标准算，每日赴粥厂领粥的就有 25000 人以上，还不包括能容纳 2000 人左右的功德林、普济堂等教养局。当时依靠粥厂为生的饥民就有近 3 万人。其中以妇女、儿童为多。因饥民不断增多，在有关赈济的上谕中，提到在原额量米石的基础上再加赏米石和展延赈期的情况比比皆是。如咸丰十年（1860 年）谕内阁："所有普济堂一厂，着如例赏小米三百石之外，再加赏小米三百石。"同治十年（1871年），"加赏普济堂、功德林赈米八百石"。特别是光绪年以来，除原赈济定额外，几乎年年都加赏米石，如光绪十六年（1890 年），开设各处粥厂，再"发银五万两、大钱五千万串，并拨发粳、籼米十万石，交顺天府尹、五城御史及各绅士核实散发"。光绪三十四年（1908 年）七月还赏朝阳、安定、西直门等处粥厂米 1200 石，蓝靛厂、资善堂、同仁堂、广仁堂米各三百石。① 煮赈米石的大量增加，说明来粥厂就食人数的增加。据记载，光绪三十四年（1908 年）冬季，仅通济门外粥厂每日来就食的饥民就达一万三四千人。

（三）大批流民涌入京师

清中叶以来，接连的战祸和灾荒以及大量的土地兼并、人多地少等原因使得大批小农破产，迫于生计，他们纷纷流入城市，寻找生计。这些没有土地，没有固定职业的人，被称为无业的"游民"。

在晚清惨重的"丁戊奇荒"、黄河决口改道等大灾之后，山西、河北、河南等中原地区涌现出一大批灾民，灾民纷纷涌向了京师。朝廷也意识到了灾情的严重和灾民的疾苦，因此增设粥厂，并拨给灾民银两度日，"命北京外城永定、左安、右安、广安、广渠五门添设粥厂，安插外来饥民，并拨米石银两"②。但是清政府实在是自顾不暇，因此根本无力应对越来越多的饥民，据史料记载，光绪初年，京城中外来的灾民日益增加，常常有饥民饿死在道路两旁，朝廷无力应对如

---

① 依据《光绪顺天府志·厂局》和《北京市志稿·民政志》整理。
② 北京市社会科学研究所编：《北京历史纪年》，北京出版社 1984 年版，第 246 页。

此多的饥民，只能下令顺天府随时收埋道毙尸骸。因此，随着灾民不断增多和清政府自身财力的锐减，灾民难以得到有效的救济和安置，他们也逐渐变为京城"游民"中的一部分，成为京城社会不安定的因素之一。

光绪九年（1883年），直隶、山东水灾，"流民纷至京都"，"著顺天府、五城御史查明所奏情形，妥筹抚恤，毋任失所"①。光绪十六年（1890年），近畿一带受水灾甚重，"顺天所属十九州县饥民众多，现届严寒，待哺嗷嗷，情殊可悯"②，朝廷特加恩再赏给京仓漕米五万石，以备冬抚之用。

由此，出现在京城社会中日益贫困的旗人、破产的市民、无业的流民以及不断涌入的灾民，他们一起，构成了晚清京城中的最底层。虽然他们的存在加剧了社会的动荡不安，但也正是由于他们一直处在贫困的边缘，随时面临生存的考验，才会在"正常的"社会秩序中无法生活的逼迫下，铤而走险，无论是成为民间秘密组织的成员，还是"逼上梁山"而啸聚一方，都成为了结束旧时代的掘墓者。

三 济贫理念从传统走向近代

（一）工商业的发展奠定了新型慈善事业的经济基础

19世纪60年代至90年代，面对一系列的内忧外患，清政府中的洋务派在全国各地掀起了"师夷长技"的"洋务运动"。他们主张摹习西方列强的工业技术和商业模式，利用官办、官督商办、官商合办等模式发展近代工业，以获得强大的军事装备、增加国库收入、增强国力，维护清廷统治。洋务运动引进了西方科学技术成果，翻译了大量西方著作文献，培养了一批了解西方的学生，打开了西学之门；学习近现代公司体制兴建了一大批工业及化学企业，开启了日后中国的

---

① 《清德宗景皇帝实录》第54册，中华书局影印本1987年版，第235页。
② 《清德宗景皇帝实录》第55册，中华书局影印本1987年版，第864页。

工业发展和现代化之路。

1894年的甲午战败,清廷被迫与日本签订《马关条约》,赔款、割让台湾岛等丧权辱国,内忧外患纷至沓来,加重了清廷的统治危机,并深刻激发了国民的民族意识。特别是1900年庚子事变后,国家陷入空前的危机。清朝统治者为了挽救危亡,决定实行新政,以图自强。改革措施之一是增设符合社会需要的新政府机构,鼓励工商,当时提出的口号是"商战于各国",在"设厂自救,广兴利源"的谕令下,国家资本主义获得了进一步的发展。"1895—1911年的17年中,新增企业490家,年平均29家,其中官办、官商合办、官督商办企业85家,资本额2929.6万元,大大超过洋务运动30年的19家和资本1620.8万元的水平。"①

1. 近代工业企业

北京的近代工业开始于洋务运动时期,最早是在三家店开设的神机营机器局和门头沟的采矿业。20世纪初,清政府实行新政,鼓励工商,率先在京城兴建起工业企业,民族资本企业也开始在北京发展起来。北京最早以官办或官督商办的形式修建了机车厂、印刷厂、制呢厂、火柴厂等。如京张铁路的南口机车厂始建于光绪三十二年(1906年),是由詹天佑亲自主持筹建的第一个国有铁路工厂。初名"京张制造厂",主要任务是制造机车车辆上的各种配件,修理客货车,制修道岔、夹板、螺丝各种信号灯、售票打字机、磅秤、路牌、电器、零件、铁木器等。② 清政府为了自身的需要,先后在京开办了度支部印刷局、印铸局等工厂,机器设备均由英国购买,开设了印刷、铸字、排版、装订、机房等车间,开始以铅字印刷邸报(即宫门钞),从此逐渐结束了近千年木刻版的印刷。印刷局引进了美国的万能雕刻机、凹印机全套设备和石印机等以及工业锅炉、发电机等动力设备,开始了我国采用雕刻钢凹版设备印钞的历史。光绪三十三年

---

① 蔡勤禹:《民间组织与灾荒救治——民国华洋义赈会研究》,商务印书馆2005年版,第15页。

② 北京市公路交通史编委会:《北京交通史》,北京出版社1989年版,第131页。

（1907年）陆军部在"军队用品应以国内自制供应，不失利权"的名义下，奏办了官商合办的溥利呢革公司。宣统元年（1909年）正式开工生产，产品是供应军队所需的粗军呢、军毯等，每月可生产军呢数千码，还生产一些普通呢。当时厂内有织机58台，走锭4800枚，职工300余人。就当时规模来说，不仅是本市现代化纺织工业的开端，也是当时国内毛纺工业中最大的工厂。① 丹凤火柴厂。光绪三十年（1904年）由农工商部招商承办丹凤火柴厂，股本7.5万两，其中商股7万两，官股5千两。开工之初工人仅数十人，日产量20单箱（每箱50篓，每篓140匣）。由于火柴厂获得了"于京城内外大兴、宛平境内，专办十年"的专利，工厂不断发展。1918年丹凤公司和天津华昌公司合并，成立丹华火柴公司，并在北京、天津、安东三地设厂制造火柴，满足了华北地区的需要。

清政府在"振兴实业"的口号下，还以官办、商办和官助商办等方式兴办了工艺局和工艺传习所工场。光绪二十八年（1902年）顺天府尹陈璧在广安门外四眼井处创办了京师工艺局，实行官办、商办和官助商办等办法经营。工艺局"共分十五科，约有工匠徒弟五百余人"。"所设工科，多系京中未有之艺事"②，其中有制作地毯、洋式木器家具、肥皂、织造毛巾、玻璃器皿以及新式打井等。翰林院侍读学士黄思永在前门外琉璃厂义仓开设工艺局，招募无业贫民，教授他们各种技艺。该局生产十余种产品，如肥皂、中西式家具、地毯、棉布、电器等。局内还设有英文学堂和夜学馆，对艺徒进行文化知识的培养，使他们学成之后或留下充任工匠，或自行开业从事生产。

在政府实行新政的推动下，民族资本获得了发展机会，北京兴起各种与民生关系密切的工厂企业。民营企业兴建之初主要涉及的是纺织、面粉加工、卷烟等行业，资本额在1万元以上的有十几家。开设

---

① 中国人民大学工经系：《北京工业史料》，北京出版社1960年版，第309页。
② 彭泽益编：《中国近代手工业史资料（1840—1949）》第2卷，生活·读书·新知三联书店1957年版，第505—509页。

于宣统二年（1910年）的贻来牟和记面粉公司，开办时资本12万元，主要经营机器磨面加工，有石磨4部、蒸汽机1台。到1911年采用新式钢轴磨麦机磨面，以后小有发展。北京的纺织业比较发达，民办的织布厂著名的有"三华"厂。北京各布厂所用的织布机均属于手织机，以人力为动力织布，主要生产爱国布和提花布，这两种又依布匹的粗细花纹不同分为电光麻缎、电光麻纱、仿直贡呢等。民国以后织布厂发展迅速，大小工厂约有上百家。针织毛巾、机织袜子等纺织品在清末传进北京。北京最初仅有英、日两国所产的毛巾，后来日本毛巾曾一度充斥全市。上海、天津民族工业兴起后，他们的毛巾也大量销往北京。北京最早生产毛巾是在光绪二十八年（1902年），即工艺局创办后，在织工科下设了"洋毛巾"一科，生产毛巾。随后普善、首善、普慈、教养工厂等也在"救济贫民""传授工艺的"的名义下先后开设工厂生产毛巾。宣统三年（1911年）一个英国人在台基厂设立捷足公司，开始推销英国的织袜机，北京开始机织线袜。民国初年，各种规模的袜厂纷纷设立。至20世纪20年代，北京的织袜业已成规模，"已不感受外货之竞争矣"[①]。创办于光绪三十一年（1905年）的京华印书局，淘汰了木版印刷设备，而选用铅石设备，承印书刊、教科书及大清银行及其他钱庄的有价证券和新式簿记等。民国后，工厂的业务越做越大，营业关系远达东北、西北等省。

2. 传统手工业快速发展

20世纪初期，随着宫廷手工业被纳入商品市场并迅速地进入国际市场，北京掀起兴业建厂的热潮。民间的手工业逐渐发展，特别是特种工艺品业，如玉器、景泰蓝、漆雕、宫灯、地毯、绢花等业，逐渐走入市场，20世纪初期更是以其高超的技艺和鲜明的民族风格，受到外商的重视，进入国际市场。于是生产各种手工艺品的工厂、作坊纷纷成立。北京的地毯业兴起于咸丰年间，最初多为家庭手工业，产量少，品种也不多。庚子年以后，北京地毯开始外销，并在光绪二

[①] 娄学熙：《北平市工商业概况》，北平市社会局铅印本1932年版，第205页。

十九年（1903年）的万国博览会上击败土耳其地毯，获得了一等奖，一跃而成为国际市场上的珍品。因北京地毯出口价高于国内售价的数倍，外商便到中国国内争相贩运出口，北京地毯由内销为主逐渐转变为以外销为主。1905年前后，北京约有八九家地毯厂，工徒200人左右。1915年北京组织毯业公会，在会的厂坊有68家，工人及艺徒共有5068人①。受北京的影响，天津也开始发展地毯业，京津地毯成为全国的重要出口项目，两地出口占全国出口额的90%以上。1912年天津口岸地毯出口金额只有45743海关两，1914年也不过才77475海关两。②1915年131792海关两，1916年则增加了5.5倍，达到737994海关两，较民国初年增加了16倍，③说明这时北京地毯业已经在世界市场上占有比较稳定的份额。

景泰蓝创始于明代，咸丰年间始流传民间。光绪二十六年（1900年）八国联军攻入北京，景泰蓝受到西方人青睐，且开始大量出口。20世纪初，北京的景泰蓝工艺品多次参加国际博览会，曾在美国的芝加哥世界博览会上荣获一等奖。此后景泰蓝开始受到国际关注。美英法等国商人在北京设立洋行竞相购买景泰蓝。当时在出口项目中景泰蓝制品占重要地位，清政府即在农工商部设立工艺局，下设作坊。民间商号也纷纷开张，如老天利、静远堂、志远堂等。同时，国内市场上也开始出现景泰蓝实用品，如水烟袋、盘碗等，且销售量很大。黄思永所办的善后工艺局生产景泰蓝、雕漆、地毯等，招募工人400多。1919年至1930年是该业最兴盛时期，大小作坊、工场近百家，从业人员2600余人。④

此外挑补花、花丝、绒绢纸花、玉器、刺绣、雕漆、镶嵌、象

---

① 刘家铨等：《旧中国北京的地毯业及工人状况》，《北京工运史料》第2辑，北京工人出版社1982年版，第3页。

② 方显廷：《天津地毯工业》，天津南开大学社会经济研究委员会，1930年版，第51页。

③ 同上。

④ 鲁追：《旧中国北京的珐琅业及工人状况》，《北京工运史料》第1辑，工人出版社1981年版，第14页。

牙、骨器等传统手工业也适应外贸出口和国内的需要迅速发展。

工商业的迅速发展，需要大批有技术的劳动力，极大地扩大了就业渠道，为改进济贫手段，采取传授贫民生产技能，使之能独立谋生的积极的赈济方法奠定了坚实的经济基础。

（二）西方社会救济思想的传播以及教会的济贫活动

中国的慈善传统可谓源远流长，但社会救济思想以"养"为主，养老、抚婴、恤嫠、助残和施粥、平粜等具体救助措施，以向被救助者提供物质援助为特征，目标仅限于使受助者活命，保持其最低的生活状态。而不能从救助者的长远着眼，更很少考虑如何使其不再接受救济，能自食其力。西方的新式社会救济思想则以"教养兼施"为特点，采用积极的救济手段对丧失劳动能力者施以物质救济，对于有劳动能力者则通过"授之以艺"的方式，使其获得自我谋生的能力。

鸦片战争后，西方文化强势东来，与中国传统文化激烈碰撞，导致了中国传统文化的近代嬗变。先是一些外国人在通商口岸开设书局，刊印和散发宣传品和西学书刊，后来又建起一些翻译机构，编译报刊，传播西学。第二次鸦片战争后，北京率先成立了同文馆，开馆后就将教学和翻译西方书籍和外交文件紧紧结合起来。当时很多外国教习如丁韪良、毕利干等参与或指导学生翻译了大量的书籍，对传播近代科学和知识起了积极的作用。甲午战后，国内外人士对西方慈善事业的介绍达到了高潮，使更多的人对西方慈善事业有了进一步的了解。

在此过程中，中国的社会救济思想也经历了批判和否定，开始吸收西方现代社会救济思想的营养。冯桂芬的名作《校邠庐抗议》中，对西方救济思想就有介绍。他的《收贫民议》一文，介绍了荷兰分类收养贫民的办法，既可以使老弱有所养，又可消灭游民。他说："荷兰国有养贫、教贫二局，途有乞人，官若绅辄收之，老幼残病入养局，廪之而已。少壮入教局，有严师，又绝有力，量其所能为而日与之程，不中程者痛责之，中程而后已。国人子弟有不率者，辄曰逐汝，汝且入教贫局，子弟辙誉，为之改行。以是国无游民，无饥民。"①

此外，还有一些思想家像容闳、郭嵩焘、薛福成、马建忠、王韬等有着出使和游历国外的经历，他们对西方国家的救济制度和方式有着切身的体会。一生从事工商业的郑观应，是早期改良主义思潮代表人物之一。他对贫困弱势群体极为关注，他提出："中国生齿日繁，生机日蹙，或平民失业，或乞丐行凶，或游手逗留，或流民滋事。"②他的名著《盛世危言》对西方社会救济的做法作了介绍，盛赞西方国家强盛的原因之一在于"教化"，"人无良贱皆有所教"，"疲癃残废、贫名孤婴"，均得所养，"市无游民，廛皆食力"。他主张要挽救国家于动乱，就必须从根本上入手，所谓的治本之方法，就是"政治改良，百艺俱兴，以工代赈，令饥民得食是也"③。表达了希望中国按西方模式改革旧式救济，设置新式机构的思想。他的思想对后来的康有为、梁启超、李端棻等维新派有极大影响。

戊戌维新期间，一些有识之士针对旧的救济方式，纷纷发表文章提出一系列改革的主张。如康有为将古代大同思想和西方民主人权等思想结合起来，提出了崭新意义上的"大同世界"，提出"公养、公教、公恤"等带有浓厚理想色彩的慈善公益体系。他在《公车上书》中提出，"务农、劝工、惠商、恤穷"为救国养民的四大策，救国须从"扶贫济弱"开始。其他人的有关论述较主要的还有：《论清查慈善堂事》《创兴红十字会》《效法泰西以行善举》《安置流民议》《创兴善会》（以上刊于《申报》）、《慈善公启》《救济善会公启并章程》等文章。他们都主张中国旧式的善堂善会应仿效泰西之良法，教养俱备，择其善者而从之；并呼吁尽快设立红十字会等新型慈善机构。同时，还提出要扩大慈善事业的救济范围，不应局限于穷苦无告之人，而要服务于广大下层民众。在全国救亡图存的背景下，由于各大报刊

---

① 冯桂芬著，戴扬本评注：《校邠庐抗议》，中州古籍出版社1998年版，第154页。
② 郑观应：《盛世危言》，内蒙古人民出版社2006年版，第210页。
③ 夏东元编：《郑观应集》下册，上海人民出版社1988年版，第270页。

的积极宣传，社会各界人士对慈善活动及其作用也有了新的更进一步的认识。

在国人宣传西方社会救济思想的同时，西方传教士也对新式社会救济思想的传播做了很多工作，并直接参与了大量的慈善救济活动，为中国"治穷"提出了许多建议。道光二十六年（1846年），基督教会在上海创办仁济医院，"以外国法治病，伤科犹妙"，兼为贫民免费看病，一定程度上发挥了社会救助的作用。基督教、天主教等西方教会，还通过创办育婴堂、天主教小学、孤儿院、养老院等来开展慈善活动。第二次鸦片战争以后，一批传教士依据不平等条约进入北京。他们希望通过开办学校、医院、出版机构等社会组织，传播西方的文化价值观，扩大基督教的影响。创办学校是教会在中国传教的重要手段，同治三年（1864年）由美国基督教公理会在灯市口创办育英学校，是为北京西方传教士在北京办的第一所学校。以后各差会陆续在北京开办了崇实馆、潞河书院、蒙学馆等；此外他们还开办女学堂，相继创办贝满女学堂、崇慈女学堂、慕贞女校等。早期的教会学校均属初等学校，设备简陋，教学也不甚规范。很多学校采取免收学费，向学生提供食宿等手段吸引学生来就学，有的学校甚至还提供衣服、床褥和来校旅费，并向学生提供食宿。当时教会学校学生多是无家可归的幼童或是家境贫寒的子弟。教会学校的学生毕业后，都有一技之长，获得了比他们家庭原来所处地位更优裕的工作。除了办学校教会还创办了很多其他的慈善机构，如咸丰十一年（1861年），伦敦会雒魏林开设了北京第一家基督教会医院。早期开设的教会医院一般不收费，主要靠捐款维持，目的显然是为了博得好感，争取信众。该医院每年就医者不下三万余人。[①] 各教会还附设施疗院，即只有门诊的小医院，为附近的百姓服务。光绪二十一年（1895年），一些外国妇女看到有许多中国老妪贫困无助，开办了冬季避难所收留穷困妇女，后来发展成养老院。养老院采取董事会的管理方式。董事会完全由外国

[①] 《英医士科龄致庆亲王禀文》，《北京档案史料》1989年第2期。

妇女组成。它的成员有北京各外国教会团体的代表，有外国商业界的妇女代表，有外交使团的妇女代表。养老院每年的经费在1300—1400元之间，全部通过个人捐助解决。不经董事会同意，不得接收任何妇女进养老院。养老院的老妪必须在60岁以上，而且经调查她们的家人的确无能力养活她们。此外，养老院无论如何都不接受卧床不起的病人，但可以在外面给她们一些救济。受外国妇女成功开办养老院的激励，一些有相当影响的中国妇女也为穷苦的老妪们开办了一个类似的老妪院，通过组织义演和募集个人捐助，维持经营。

教会还通过直接捐款、赈灾支持中国的慈善救济事业，"天主教各修会先后派到灾区的传教士有六七十人，基督教先后派到灾区的传教士有三十余人"①。1876—1878年，在近代著名的"丁戊奇荒"中，北方九省赤地千里，灾民多达两亿，直接饿死及无力掩埋人畜尸体引致的大瘟疫夺去的人命达1300万。由李提摩太等西方来华传教士、外交官和外商联合在上海成立"中国赈灾基金委员会"，从事募捐、收赈等活动，积极投入中国百年不遇"丁戊奇荒"的赈济活动。该机构的赈灾活动跟中国传统赈济方式完全不同，整个赈灾过程分为募捐、解赈、放赈等部分，并设有相对独立的运作机构，其中有专人负责，分工明确，相互协作，形成了一种全新的救济运作模式。西方传教士举办的赈济，对正在崛起的具有近代民族意识的早期维新思想家产生了强烈的刺激。光绪年间美国富绅喀涅曾捐款十万镑为中国建立救贫医院，而柏罗斯基大马戏团更是因为其为甘肃灾荒筹钱义演而广得人心。虽然教会的慈善活动内含吸引教民的目的，但正是在他们的影响下，逐渐觉醒的中国有识之士也开始自觉地学习先进的救灾理念，模仿他们的赈灾模式，创建出本土的义赈模式。

（三）南方士绅义赈活动的影响

所谓"义赈"，是与"官赈"相对应的概念，它是晚清以来用来

---

① 薛义：《中国华洋义赈救灾总会研究》，武汉大学出版社2008年版，第95页。

特指中国民间社会兴起的一种"民捐民办",即由民间自行组织劝赈、自行募集经费,并自行向灾民直接散发救灾物资的"义赈"活动。近代工商业的发展为义赈活动的开展提供了经济基础,传教士在华开展的一系列慈善救助,一方面刺激了我国士绅"国家兴亡匹夫有责"的使命感,另一方面也为他们提供了救灾赈灾的借鉴。除此之外,战乱和灾荒导致的民不聊生则可以说是促使义赈兴起的直接原因。

义赈兴起的起因是光绪二年(1876年)以来,北方多省发生罕见的灾荒,李秋亭等人率先发起义赈:"光绪二年,淮安、徐州饥,金镛首倡义举,与浙绅胡光墉等筹十余万金,前往灾区散放,并绘图遍告同志,所济者博。嗣后如山东之青州、武定两屑十余州县,直隶之天津、河间、冀州三属二十余州县,水旱各灾,金镛均亲莅查放,用款至五六十万金。"① 此后,丁丑至戊寅(1877—1878年)间,山西、河南等地大旱奇荒,经元善等人成立沪上协赈公所,使义赈在更大规模上开展起来。据《沪上协赈公所溯源记》所记:"从前未兴义赈,初闻海沭青州饥,赠阁学秋亭李君,集江浙殷富资往赈。光绪三四年间,豫晋大祲。时元善在沪仁元庄,丁丑冬,与友人李玉书见日报刊登豫灾,赤地千里人相食,不觉相对凄然。"……"遂拟募启、立捐册,先向本庄诸友集千金",又招集了一些志同道合者,并募得了更多的资金,"公举元善总司后路赈务"。元善"因思赈务贵心精力果,方能诚开金石。喻义喻利,二者不可兼得,毅然将先业仁元庄收歇,专设公所壹志筹赈。……沪之有协赈公所,自此始也"②。

经元善的上海协赈公所开始专办豫赈;后来了解到陕西也是"处处成灾,谋生无计"于是"议定兼办秦赈"。后因各地灾情都奇重,协赈公所遂将赈济范围扩大到直豫秦晋四省。一时,上海协赈公所成为赈济光绪初年华北大旱灾的重要机构和社会力量。在上海协赈公

---

① 《清史列传》,《李金镛传》,中华书局1987年版,第6371页。
② 《沪上协赈公所溯源记》,虞和平编:《经元善集》,华中师范大学出版社2011年版,第275—276页。

所的倡导和影响下，各地纷纷兴办起类似的组织机构。如绍兴协赈公所、安徽协赈公所、汉口协赈公所、烟台协赈公所等。在李培桢、李培养兄弟和严作霖、郭淇等人的主导下，扬州、镇江义赈也筹资过万，救济山东饥荒。在上海，唐廷枢、徐润等人依托轮船招商局转输的便利条件，吸收善款，转济灾区。苏州的义赈主要由谢家福办理，他通过在灾区设立义塾、收养婴孩所等措施救济灾区孩童。总之，光绪初年的大灾，使得南方上海、苏州、扬州、镇江等地的士绅自发兴起义赈。各地的协赈公所都与上海协赈公所保持着密切的联系，后者俨然成为义赈活动的中心。江南地区的士绅效法传教士李提摩太创立的山东赈灾委员会的赈灾模式，逐渐组织起了具有近代意义的义赈组织，制度化了救灾的各个环节，比如在筹赈中要借助报纸刊发捐启，办赈的过程中要借助政府的力量提高慈善组织的信誉，在钱粮发毕之后还需要在《申报》等报刊上刊登具体的收支账目等。

自民间的义赈组织兴起之后，虽然晚清的局势已经江河日下，但是民间的慈善组织却在内忧外患的国情之下迅速发展。每逢重灾，义赈团体便有组织有纪律地筹赈、办赈，为拯救灾民做出了实质性的努力。南方义赈的活动还受到了朝廷的重视，李鸿章曾在光绪八年（1882年）上奏朝廷，表彰士绅谢家福等人倡导捐助，救济直隶、山西、河南等省旱荒的义举，朝廷还因此赏谢家福为国子监学正衔，严作霖为国子监助教衔。在1900年开始的陕西大旱中，户部尚书崇礼曾上奏，希望能借助民间义赈组织来办理此次陕赈并且得到了慈禧太后的应允。后来上海的士绅们创议设立勤生院以收容和教化贫民，它就是贫民习艺所的开端。

应该说，清政府为缓解灾情建立了一系列的赈灾组织并为灾区拨粮拨款。只是晚清以来，随着国运多舛，清政府日益无力收拾残局，也无法为灾区拨出更多的人力物力。从这个意义上来说，南方的义赈活动，打破了传统意义上朝廷为主的赈灾局面，鼓舞了民间有识之士积极参与救灾的热情，开启了民间广泛参与救灾赈灾的先河，并且在赈灾的实际操作中，逐步确立起了中国近代的赈灾体制。

（四）有识之士及政府济贫理念的转变与实践

鸦片战争促使第一批先进的中国人开眼看世界，一些地主阶级的改良派与维新变法的思想家开始对国外的救济设施和机构进行了初步的介绍；在洋务运动和戊戌变法期间，进步的思想家们开始不断抨击我国落后的救济观念，大量介绍西方的慈善机构，出现了"以教养民"的方式，也就是"授人以鱼不如授人以渔"的方式来提高救济效果的理念。比如上海绅商经元善通过直隶的工赈明白了传统救济理念中的"救"，其实只是暂时的"养"，如果不能找到适合百姓继续生活下去的维生手段，那么等到救济的粮食吃完的那一天，百姓仍会受到冻饿之虞，因此真正的"救"，是着眼于百姓长久生计，帮助他们自食其力，也就是我们说的"教"。郑观应也讲到以往的救济事业总是费心在灾民的衣食上，这对于受苦受难的百姓当然是雪中送炭，但是如果只是一味注重"养"民，那么只会养成一群对社会没用的闲人、懒人。因此，广仁堂的各个所都以或书或农或工"教"人，务必使每一个人都能有一个谋生的一技之长。从天津的广仁堂开始，北京绅商袁善、朱百遂、冯光勋等在北京也办起了广仁堂。

洋务运动中开始兴办的新式学堂以及派遣的留学生，培养出了许多具有新知识和世界眼光的有识之士。他们中的一些人参与到官督绅办的慈善机构中，从而引导政府的济贫理念发生了转变。到了清末，政府赈济的方式有了发展，已不再是简单的施粥度日，而是创造条件尽量培养城市贫民的谋生技能。

北方最早进行新的救济方式实践的是顺天府尹兴办的广仁堂。光绪三四年间，恰值晋、豫灾馑，直隶总督在天津设立广仁堂，收养灾民妇幼进行抚恤，"法甚周挚"。光绪六年（1880年）兼管顺天府尹毕道远、顺天府尹周家楣在广仁堂设立义塾，招收沿街乞讨的孩童，在"宛平县属之西红门，通县属之长营村、普济闸，香河县属之香椿营，三河县属之北务村等处，陆续设立义学，延师教读"。就学儿童贫苦无力者，给以饭食，义学除教授文化知识外，"又立工艺所，各就其质地令人相宜，令人教示习学，以期多一手艺，即少一游民"。同时，广仁堂还设有纺织局，聘请懂纺织技术的妇女任教习，教授妇女们纺织技术，其学习所用的织具、棉花等俱由广仁堂供给。广仁堂还设有"借钱局，以贷贫家小本营生，按日还本，不取其息。局用钱本亦由堂垫发"①。在推行教养的济贫举措上，顺天府尹周家楣做了不遗余力的尝试，除了之前提到的义学、工艺局等之外，他还尝试着为顺天兴办养蚕织绸的活计。他不仅亲自带领家属实验养蚕成茧，抽丝织绸的整个过程，还鼓励附近的官兵家属参观学习，筹集富绅资金，扩大丝织规模，确实起到了广开贫民温饱之源的效果。这些新兴的"教"、"养"结合的救助方式，"民情欣感"，并获得京津官员的赞赏与仿效。

光绪七年（1881年），北京也仿效天津的办法，设立广仁堂。七月，在广安门内烂面胡同购屋84间，仿照天津成法办理。收养五岁至十五岁无依靠的孤儿，供给食宿。同时"另设义塾4斋，延师课读，逐月稽查，以期造就"。而那些身体强健而又不擅长学习书本知识的孩子，"另教各项工艺，以备日后资生，不致终归游惰。所有衣履等事，均由堂中供给，现已有百余名"②。至于广仁堂的经费，直隶总督李鸿章筹集补贴了购房款，还"按逐年筹款拨助，余由绅士量捐"，但仍难以维持长久。为了维持这样一项教养结合的救助方式，经办官员恳请朝廷拨发固定经费以维持开办。光绪八年（1882年）六月，顺天府尹周家楣曾上奏"为兴办近畿教养事宜，酌拨常款，以资久远"，即请求清政府"拨宁河船捐、粮捐以充经费"③。北京的广仁堂也向朝廷恳请：广仁堂不仅收养孤贫，供给衣食而且还要聘请教习，教授技术。希望能参照普济堂粥厂、资善堂暖厂每年由朝廷恩赏米石之例，拨放固定款项，以维持开办。

---

① 吴廷燮等纂：《北京市志稿·民政志》，北京燕山出版社1998年版，第135—137页。
② 同上书，第133页。
③ 同上书，第134页。

清政府在北京的济贫尝试在施行过程中存在各种各样的困难和问题，但也能看到政府和广大士绅济贫理念的转变，为今后进一步改进赈抚提供了可供借鉴的社会救济实践模式。

第三章

晚清政府主导的近代慈善事业

1900年庚子事变后,国家陷入空前的危难之中。清统治者深感数十年来"积弊相仍,因循粉饰",徒学"西艺之皮毛",未学其"富强之始基",以致政治腐朽,军备落后,国家积贫积弱惨遭列强的威胁勒索,国家处于危亡之中。在严酷的现实面前,清政府企图通过改良政治,而求自强之道,以期能继续维持其统治。改革的基点是"考酌中西政治",措施之一是改革政府机构,建立近代化的管理体制与法律制度等。光绪三十二年(1906年)清政府下诏"仿行宪政",预备立宪。并重新厘定官制,先后裁撤了詹事府、通政使司等衙门,撤并增设了与国计民生有关的农工商部、民政部、学部、邮传部等。在北京设立警察制度——内外巡警总厅,统一管理城市。在慈善救济方面,政府新建的管理机构与民间各种慈善组织,在社会各个领域深入开展新型的慈善活动。

一 内外城巡警总厅负责城市管理

20世纪以前,北京城市管理是以拱卫皇室、安定畿辅为目的的,多是由中央政府、各军政部门将城市在分割的状况下进行管理。城市管理缺乏统一的规划,各管理机构"事权不一,经费不裕,以致积久生弊,渐皆废弛"[①]。随着工商业的发展,传统城市的生活秩序,被

---

① 朱寿朋:《光绪朝东华录》,中华书局1958年版,总第5380页。

不断产生的新的商业活动、社会关系及新的交通手段所打破。原有的城市管理体制越来越不能适应城市的发展和建设,学习国外市政管理的经验,改革原有的管理体制,建立统一的城市管理机构已成必然。

　　清政府在北京设立警察制度,是在列强的压力下而被迫实行的。这一制度也经历了不断完善的过程。八国联军撤出北京后,为了维持京城的治安管理,清政府"仿照各国巡捕章程"[①] 设置善后协巡总局,但这是临时性机构,它专责不明,与其他步军统领、顺天府、五城等机构互相掣肘,因而仅维持了一年多便被裁撤了。

　　清政府认识到以前对北京的管理:原京师各治安机关"事权不一,经费不裕,以致积久生弊,渐皆废弛","若不能统筹全局,定有切实办法,难期整顿"。光绪二十八年(1902 年)四月,清政府筹办内城工巡总局,由肃亲王善耆为步军统领并管理巡捕事务,整顿管理地方事务。内城工巡总局设 11 科,总局下设中、东、西三个分局,各分局又划分为若干段,段是工巡局的最基层机构,负责本段的事务。内城工巡总局及各分局负责内城的社会治安、一些案件的审判工作,以及"清查铺户陋规,酌办捐项"、收容教养流民和轻微人犯,整顿户口,办理社会救济事业、修筑道路、管理卫生等。工巡局下属机构还有路工局、习艺所、警务学堂、街道局等。光绪三十一年(1905 年)仿内城工巡总局设立外城工巡局。上谕指出:"巡警为方今要政,内城现办工巡局,尚有条理,亟应实力推广。所有五城练勇,着即改为巡捕,均按内城办理。……原派之巡视五城及街道各御史、着一并裁撤。"[②] 就是说五城御史和兵马司均裁撤,外城各项事务也统由外城工巡局管理。内外城工巡总局初步担负起北京城市的行政管理工作。

　　光绪三十一年(1905 年)九月,为统辖全国警察事务,清政府设立巡警部,并接管了内外城工巡事务。同年十二月内外城工巡总局更名为内外城巡警总厅,直隶于巡警部。内外城巡警总厅负责京师一

---

① 奕劻:《拟请创设工巡局折》,转引自韩延龙、苏亦工《中国近代警察史》上,社会科学出版社 2000 年版,第 91 页。
② 朱寿朋:《光绪朝东华录》,中华书局 1958 年版,总第 5380 页。

切警政事宜。但巡警部对其有"督察之责"。光绪三十二年（1906年）清廷为深化官制改革，改巡警部为民政部。民政部下设五司二厅，即民治司、警政司、疆理司、营缮司、卫生司、承政厅、参议厅。其中民治司负责稽核地方行政、地方自治，编审户口，整饬风俗、礼教，核办保息、荒政、移民、侨民等事。民政部除将巡警部主管的警察事务并入该部外，同时将户部兼管的疆里、户籍、保甲各项，以及工部所掌城垣、公廨、桥梁等项，均归民政部所管。中央第一次设置了机构管理全国的民政事务。京师内外城巡警总厅改隶民政部，组织职权仍沿袭巡警部时期的旧制。

　　光绪三十三年（1907 年）肃亲王善耆接任民政部尚书，进行了一系列的改革和整顿，确定了内外城巡警总厅的设置。京师巡警总厅下设总务、行政、司法、卫生四处，各处下设科，负责全市的整饬风俗、保护治安、缉拿案犯、预审人犯、编查户口、稽核工程、交涉外事、卫生防疫、检查食物、考验医科、屠宰、清道等城市管理事务。总厅还下设事务、巡查、军装、守卫、刑事检查五所。总厅还设有拘留所、待质所、萌养学堂、工艺半日学堂，总厅还辖有路工队、内外城官医院、外城教养局。教养局的职责是收养贫民和较轻人犯，令其学习工艺，管理各粥厂和济善堂等。总厅下辖有分厅，各分厅之下设立区，内城设 10 区，外城设 10 区，各区之下又分段设立了派出所，其中内城设立 226 处，外城设立 141 处，① 警察实行分段管理。

　　从内外城巡警总厅的职掌来看，它不是一个单纯的治安机关，而是承担着绝大部分的城市管理职能，不仅负责城市的治安、刑事、户口等，还负责卫生、防疫、建筑、交通、医务、营业以及城市救济等，可以说它是初步具有近现代意义的北京城市管理机构。

　　清末，随着近代城市的发展，城市结构的变化，人口的增加，原有的管理体制完全不能适应城市的发展和建设。特别是北京这样一个

---

① 蔡恂：《北京警察沿革纪要》，北京特别市公署警察局1944年版，第5页。

大都市，迫切需要一个能够统筹全局的管理机构。因此，学习国外市政管理的经验，改革原有的管理体制已成必然。清末新政的实施，设立巡警部，以至改设的民政部，从中央来说有了统一管理民政事务的机构。隶属于民政部的京师内外城工巡总局以至后来成立的内外城巡警总厅，第一次将北京城市作为一个统一的机体，按近现代社会的需要，分官设职，各司其责，并制定了地方性的法规和实施细则，使城市管理有法可循。这同原来的职责不明、权限难分的旧时体制相比是一种质的飞跃。内外城巡警总厅的设置，最终完成了行政管理权与司法审判权及军事管制权的分离。应该说，内外巡警总厅是近代北京城市管理的早期机构。

二 新型官办慈善事业

庚子事变后，清政府为了挽救危机进行了一系列的改革，在慈善救济方面也进行了多方改革。一是相比于传统救济直接给予灾民收容或赈抚的做法，这一时期新办的官办慈善事业，更着重给予被赈济者自存自养的能力。体现现代慈善特色的技艺传授机构的兴办，包括工艺局、习艺所、教养局等，实行以传授贫民生产技能为主，使之能独立谋生的积极的赈济方法。在这些组织与机构的创办过程中，现代慈善救济思路越发明显。二是慈善的范围更加广泛，建立官医院、疯人院，建立以解救妓女为目的的济良所、开办赈捐等，体现了官办慈善机构救济对象的扩大以及官办慈善收容机构走向专门化。

（一）传技艺——工艺局、教养局、习艺所

晚清时期新创立的官办慈善机构，最为主要的即各类技艺传授机构。此类机构的设立，打破了传统以"养"为主的救济模式，转而突出"教"在社会慈善事业中的作用，同时也是官办慈善事业开始注重被救济者的群体特点的体现。可以说，工艺局等机构的创设，最能体现晚清时期官办慈善事业的特点，标志着晚清北京社会救济转型

的基本完成。

1. 工艺局

工艺局是晚清社会救济转型过程中出现的新式社会救济机构，它以贫民为收养对象，以提供技术培训为主要救济手段，以使贫民获得谋生能力为目的。在光绪二十七年（1901年），黄中慧向庆亲王奕劻上了《倡议北京善后工艺局说帖》，提出创设工艺局的建议。《说帖》谓：

> 联军入京，四民失业，强壮者流为盗贼，老弱者转于沟壑，一载于兹，殊堪浩叹。洋兵未退，有所慑伏，犹且抢案叠出，几于无日无之，将来联军全撤，无业游民生计日绌，苟不早为之所，则民不聊生，人心思变，更何堪设想。今欲地方安静，必先为若辈筹其生路，然后继以峻法，使之进有所图，退有所畏，善后之策，如斯而已。①

当时京师尚有各种手艺之人，不下数十万，"皆系客民，并非土著，本系安分之人，惟自洋兵入城，资本无出，坐食山空，不免流为匪类"。

要为众多无业失业之民"筹其生路"，在黄中慧看来，"惟有多设工艺局"。

最早进行尝试是有官方身份的绅士。光绪二十七年（1901年）已革翰林院侍读学士黄思永，申请在外城琉璃厂义仓筹创工艺局，收养贫民，但遭朝廷否决。顺天府尹陈璧等向朝廷上奏关于考察该工艺局的情况，朝廷批复同意顺天府创办工艺局："京师游民甚繁，以教工为收养，实于生计有益。著照所拟，于京师内外城各设工艺局一所，招集公正绅士，妥筹创办，由顺天府尹，督率鼓励，切实举行。

---

① 黄中慧：《倡议北京善后工艺局说帖》，见彭泽益编《中国近代手工业史资料（1840—1949）》第2卷，生活·读书·新知三联书店1957年版，第515—516页。

朝廷准立工艺局，意在养民，不同谋利。该兼尹等务当加意考察，使工有所劝，民有所归，方副国家实事求是之意。"①

光绪二十八年（1902年），在时任顺天府尹陈璧的组织和推动下，官办的顺天府工艺局在外城下斜街正式成立。顺天府工艺局的创办经费为5万两，由顺直善后赈捐内拨发，而该所的运行经费则从备荒经费中按月支取，每月定额1000两。清政府对于工艺局的投入力度与重视程度，由此可见一斑。

工艺局收容无业贫民及孤童，局内聘任教习，传授技艺。下设十六科，既有织工科、木工科、藤工科、绣工科、箱工科、镌磁工科等较为传统的科目，也有胰皂科、玻璃科等新式工艺科目，具体制造与传授的内容涵括书法、绘画、算术、雕刻、织布、织绒毯、珐琅器制作、铜铁手艺、瓦木工艺、凿井和铁工等农务，方方面面。② 工艺局不仅制作产品，供给国人，也积极仿制洋货，准备将来出售给洋人。顺天府工艺局作为慈善赈济机构，收养贫民学习工艺，后期也招收其他学徒③，但这并不影响其社会救济的性质。其时有称："有工厂以教养失业之贫民，复有养济院以恤无告之老废，且复有城外之粥厂以济乡间之乞丐。"④ 其中所称之工厂，正是工艺局等机构。

值得一提的是，虽然工艺局是典型的官办慈善机构，但与这一时期政府势力渗透到绅办慈善事业一致，政府也积极引入士绅等社会力量来推动工艺局的发展。据陈璧说，工艺局对于"易于仿造、成本不易亏折者，开局后即行招商承办；其不易仿造、必须筹垫成本者，由官仍招匠教徒，俟稍著成效再行招商承办。商办之后官仍然假以局所、地场、匠作、器具，并养赡艺徒，犒赏工师，该绅商

---

① 《清德宗景皇帝实录》第58册，中华书局影印本1987年版，第474页。
② 彭泽益编：《中国近代手工业史资料（1840—1949）》第2卷，生活·读书·新知三联书店1957年版，第518—519页。
③ 陈璧：《望嵒堂奏稿》卷3，《请将工艺局迁移他所保存原有义仓续筹积谷片》，台湾文海出版社影印本，第229—231页。
④ 《民政部度支部步军统领衙门顺天府会奏筹议变通粥厂整顿园法情形折》，《东方杂志》1907年第4卷第10期。

等得此利益，鼓舞乐从，接办一项则官本减轻一分，便可另办他项工艺"①，这符合晚清政府想以有限的投入实现更大慈善效能的追求。同时，工艺局还兼办展览场所，鼓励兴办工艺事业。顺天府工艺局呈现出与传统慈善救济事业明显不同的特点，可以说，其兴办迈出了清末社会救济制度改革的步伐。

顺天府工艺局创设之后运营良好。光绪二十九年（1903年）八月，陈璧报告工艺局情况时即称说，其产品"为抵销洋货之最"②。在顺天府工艺局的示范与激励下，全国各地掀起一股创办习艺机构的热潮。

光绪二十九年（1903年）七月十六日，清廷仿照西方制度，设立主管工商事务的商部。顺天府所办之工艺局连同其劝工学堂、京师劝工陈列所等机构都作为该部的附设机构被接收。工艺局由顺天府这一地方政府管理变成了由中央机构直接负责主办。商部管理时期，京师工艺局被重新整顿并扩建。

不久，由于清末政治组织频繁调整，工艺局的归属再次发生变化。光绪三十二年（1906年）十一月，清廷将商部改为农工商部，把工部的一部分职责归并过来，工艺局也随之转归新设的农工商部管理。在农工商部的管理下，工艺局的规模进一步扩大。农工商部认为："京师首善之区，尤宜鼓励维持，以期工业繁兴，俾为各省表率，自非由官设局厂，先行推广研求，不足以示模型，而资观感。"因此，他们奏准扩充工艺局的规模，原款原地归商办各科各厂使用，在原有局址附近购地"建筑新厂，增设工科，大加扩充，以宏模范"，新厂归官办各科厂使用。扩充之后的工艺局分设12科，招集工徒500名，并附设讲堂，实施普通教育，设立成品陈列室和考工楼等。光绪三十三年（1907年）十月初十，扩充后的工艺局重新启动。据称，此次

---

① 陈璧：《望嵩堂奏稿》卷4，《工艺局兼办商务渐著成效请续拨经费以资扩充折》，沈云龙主编：《近代中国史料丛刊》第10辑，台湾文海出版社1973年版，第371—374页。

② 同上。

扩充耗银共计 88000 余两。①

不仅规模扩大，商部和农工商部时期的工艺局在产品生产上也有很大发展。据《中国近代手工业史资料（1840—1949）》第 2 卷所载，1904—1908 年间，工艺局 12 科共有工师、匠徒共计 501 人。其中织工科织成各式爱国布 14820 件，各式床巾、毛巾 13750 件；绣工科完成大小绣屏 401 件，其质量与日本制品不相上下；染工科，用外洋煤染之法，染成大小印花巾 1896 件，染漂各色线料 4388 件……铁工电镀科可以用机器制造各种器具；井工科开凿水井 24 眼。②

从工艺局归部管理之后的章程来看，其社会救济性质仍然明显。如该局《招募工徒条例》中规定，工徒入局一个月甄别留局后即是"官费工徒"，由局内供给伙食、衣服，发给书籍、纸笔等用具，并且按月发给津贴，远道而来者提供住宿。工徒毕业后可升为工匠、匠目、工师等，不同级别对应的津贴随级递增；工徒毕业后或由局派往各工场、公司，或在局效力三年后赴外地做工。③ 可以看到，工艺局给予甄别合格成为工徒的被救济者的待遇十分完善，从吃穿住宿、生活物品、文具书籍到现钱，都有考虑。学员本人对自己学成后的去向也具有选择权，符合社会慈善事业的精神。

从顺天府到商部、农工商部，管理机构的变化无疑也带来工艺局地位的变动。清廷设立商部和农工商部，希望可以"振兴实业、振兴工艺"，而工艺局正是这一精神绝好的体现与实践者。因此，在商部以及农工商部的大力推动下，工艺局开始成为清廷大力推广的慈善事业范式。

从光绪二十八年（1902 年）开始，清政府屡次颁布诏谕，饬令

---

① 《工艺局添筑新厂力扩充谨将办理情形暨拟定开局日期具奏折，农工商部工艺局扩充试办简章》，见彭泽益编《中国近代手工业史资料（1840—1949）》第 2 卷，中华书局 1962 年版，第 509 页。

② 《农工商部工艺局概况》，彭泽益编：《中国近代手工业史资料（1840—1949）》第 2 卷，中华书局 1962 年版，第 510 页。

③ 《招募工徒条例》，彭泽益编：《中国近代手工业史资料（1840—1949）》第 2 卷，中华书局 1962 年版，第 514—515 页。

各省创设工艺局，收容孤贫幼童及无业游民，教之以技艺，俾使其足以自立。有学者统计，1902—1910年八年的时间里，直隶各州县总共设立了92个工艺局，山东、浙江、江苏、河南、陕西、甘肃、安徽、奉天、黑龙江、吉林、热河、新疆、湖北、云南、贵州等22个省也都创办了省级工艺局。截至清王朝统治彻底结束的宣统三年（1911年），全国一共设立了389处名称不一的工艺局。①

值得一提的是，其中还有专门的女工艺局。女工艺局的筹办，既体现出晚清慈善事业走向现代与专门化，也标志着清末妇女救济改革的开始。光绪二十八年（1902年），顺天府仿照此前绅士开办的女工艺局，呈请朝廷在顺天府工艺局之外，开办女工艺局，其呈文中称"外国教工不独男丁各执艺事，且兼及女工，即如上海纺织缎丝火柴毛巾各厂，女工亦多"，"京师贫家妇女游惰性成，较各省尤甚，若仿行织工，亦足以厚民生而挽颓俗"，同时，他们还建议顺天府及五城所属的所有具有收养妇女功能的救济机构，都开展女子工艺教育培训事宜。②

光绪三十年（1904年）十一月，由慈禧太后下旨，在内廷开办女工艺局。女工艺局得到慈禧太后的大力推崇。内务府乃从浙江等地招选了多名熟练女工师，到宫内教授宫女学习纺织、刺绣等技艺。③为了进一步推广女子工艺，"以期化民成俗"，慈禧太后随后又下旨扩大内廷女工艺局的规模，添招女工师，"无论福晋命妇等均准入内学习"④。宫内的女工艺局规模较小，而且其对象为宫女乃至命妇，这已经不属于社会慈善福利的范畴。但正由于宫内女工艺局的存在，对于整个北京乃至全国的工艺局、女工艺局的发展，都起到了良好的

---

① 《农工商部奏汇核各省办理农村工艺情形折》，宣统三年二月二十七日，中国第一历史档案馆藏。
② 《奏为开办女工艺局等事》，光绪二十八年，中国第一历史档案馆藏，档案号03-146-7212-043。
③ 彭泽益编：《中国近代手工业史资料（1840—1949）》第2卷，中华书局1962年版，第515页。
④ 同上。

推动作用。上行下效,中央及地方的各级政府都纷纷设立女工艺局及女子工厂,许多权贵也纷纷解囊支持。这对于工艺局等社会福利慈善事业,起到了重要的推动作用。

2. 贫民教养院

贫民教养院与工艺局类似,教养院也是以贫民为收养对象,以提供技术培训为主要救济手段,希望使需要救济的人群能够自己拥有谋生能力,从根本上实现社会救济的目标。

五城教养局 成立于光绪二十九年(1903年),这是北京地区第一所官办教养局。而其设立的参照对象,则是袁世凯任直隶总督时在天津设立的贫民教养局。北京五城教养局在设立之初,规模较小,收养能力不足,故此只能收养"罚充苦工人犯"[①]。其后,因其效果良好,官办教养局的数量与规模逐渐增加。陈璧在向朝廷汇报教养局运行状况时即曾提出,"议将前设教养局改为教养第一局,西珠市口现移天桥之常年粥厂改为教养第二局,梁家园之常年赈恤所改为教养第三局"[②]。

光绪三十一年(1905年),顺天府与五城御史举行联席会议,就五城地方解决游民问题达成一致意向,即推广五城教养局办法,"广为收养在街闲游乞讨之贫民入局,教以工艺酌给工资,以免流为盗匪云"[③]。次年,外城工巡局在卧佛寺内新建教养局一所,加大收养贫民的力度。[④] 相比于工艺局,教养局创设过程中吸纳流民、维持社会稳定的色彩更为浓重。

内城贫民教养院 光绪三十四年(1908年)八月,由内城巡警总厅设立:"以收留贫民兼施教养勿任失所为宗旨。"[⑤] 收留的人员

---

① 《光绪朝军机处录副奏折》,《巡警部折》,光绪三十二年(1906年)九月。中国第一历史档案馆藏,档案号3-107-5606-46。
② 《光绪朝军机处录副奏折》,《陈璧片》,档案号3-107-5608-93。原件无年。
③ 《大公报》1905年3月10日。
④ 《大公报》1906年2月23日。
⑤ 田涛、郭成伟整理:《清末北京城市管理法规》,北京燕山出版社1996年版,第241页。

为：老幼弱残、呆傻、盲等，暂定收养200人。凡年满12岁以上的男性，视其身体状况，送往相适宜的工厂学习技术，因没有收留女工的工厂，妇女暂留在院负责照看年幼体弱者，或是负责洗濯缝纫等事。有病的人，由本院医生诊治痊愈后仍派往工厂学习技术，以为他们将来的生计。7岁以上的男童，由院聘请教师传授文化，至适合上小学则送入小学学习。女孩则或送入女学或是在院里学做女红。章程规定，贫民入院后，须穿院备服装，不得随意出院，出院须由院司事发给执照，有亲属认领须取具铺保。教养院设监督一名，由巡警厅派官员出任，总理院里一切事宜。院设监察员、办事员、教席、司事、医生若干。内城巡警总厅派巡长及警察常驻教养院守卫。教养院的经费由民政部、步军统领衙门、内城巡警厅等官兵捐助，以及各官署协助部分款项，作为常年经费，并随时募集款项以便扩充。①

3. 贫民教养工厂

鉴于工艺局和教养院的经验，光绪三十一年（1905年）四月，御史王振声奏："变通官粥厂，改设教养局。""京师普济堂、功德林两粥厂原为教养老弱，非养游惰也。上年监放粥厂，逐日察看，每厂收养二三百人，递增至五百余人。所谓老弱废疾，为数无几，大半皆少壮游惰之人，每日两次饱食，出而游荡，聚处怡然。夫此辈少壮既得其所，而实在老弱废疾转或不能相容，与其徒费无益，不如因此变通。"② 经巡警部商议，决定照此办理，应查取五城教养局章程，体察情形，妥定成规，赶速举办。巡警部陆续将内外城各粥厂改设教养局，局设蒙养学堂、工艺半日学堂等，收留贫民，"寓教于养"，教授技术，以使其将来能自立为宗旨。

外城初级教养工厂　由外城巡警总厅创办于光绪三十二年（1906

---

① 田涛、郭成伟整理：《清末北京城市管理法规》，北京燕山出版社1996年版，第251页。

② 吴廷燮等纂：《北京市志稿·民政志》，北京燕山出版社1998年版，第116—117页。

年)。其房舍、经费就原来开办粥厂善堂的上级拨款维持。该厂招收8岁至15岁的无业乞丐"寓教于养","入厂教以读书识字,使有普通知识并各种手工,俾出厂和得以自谋衣食"①。工厂对幼童的教育分两种,一是文化知识,讲授孝悌忠信礼仪廉耻等道德规范,传授日常应用的文字、算术、粗浅的毛笔画、体操等。二是教授幼童能胜任的手工技艺。工厂规定:文化课每日3小时,13岁以上的孩子每日工作5小时,10岁至12岁每日工作4小时,8岁至10岁每日工作3小时,工作好、技术好的工厂还给予奖励。年满16岁送交中级教养工厂。

外城中级教养工厂 由外城巡警总厅创办于光绪三十二年(1906年)。其房舍、经费就原来开办粥厂善堂的上级拨款维持。该厂招收16岁至40岁的无业游民、残疾人等,以"使有恒业,以谋衣食,不至流离失所"为宗旨。工厂也对入厂的人员进行文化教育,包括道德规范、简单的日常实用的文字、算术等。工厂的产品以"民间家常日用之品,最易销售为主"②,工人的工作时间一般是每日6个半小时至多7个小时。工厂负责工人的饭食、住宿以及工作用的衣服。工人的酬劳分两部分,平时每日给一枚铜元,每月或半月一发;工人在厂学习劳动以两年为期,结业时工厂再发一部分酬劳,在20元左右,作为出厂后择业的资本。不及格者再留厂半年。结业者愿留厂工作的,按日给予工资;优秀者可充任艺师之职。

外城教养女工厂 由外城巡警总厅创办于光绪三十二年(1906年)十一月。其房舍、经费就原来开办粥厂善堂的上级拨款维持,不够时可请求上级增拨。厂内设总办、庶务、监察、女艺师等职务,负责管理工厂的各项事务。厂内设有工作厂、宿舍、储料科、饭厅、厨房、浴室等设施。该厂收留无业的50岁以内的女乞丐,有年幼子女的也可带入,男孩到10岁即可送初级教养工厂学习。在工厂她们必

---

① 田涛、郭成伟整理:《清末北京城市管理法规》,北京燕山出版社1996年版,第275页。

② 同上书,第297页。

须学习工艺,"使有恒业,以谋衣食,不至流离失所"。女工在厂的工作以"妇女力能胜任之工作,以民间日用之品,最易销售者为主"。除学习工艺外,厂内的卫生、杂务等均由女工来做。女工入厂后,一切饮食、服装都由厂里提供,女工如染疾病,或请医生到厂诊治或送民政部医院医治。女工在厂要接受严格的纪律约束,每天的行动要按照作息时间表行动,并要遵守厂内规定的各项行为规范,违纪者厂内会按情节轻重处罚。① 女工的工作时间一般是7小时至8小时。女工的酬劳给付、结业时间与中级教养工厂相同。

外城贫民工厂 宣统二年(1910年)外城巡警总厅申请设立贫民工厂。设立的宗旨是招收16岁至40岁的无业游民入厂学习,使他们具有一定的技术,得以自谋生计。贫民工厂还附设小学堂,招收年幼贫儿,教授他们文化知识,待结业后依据他们的资质安排前途。工厂暂时招收500名沿街乞食、各粥厂送来的乞丐或是自请来的贫民。工厂的教育分两类:一是手工业学习,包括织呢、织布、织毯、制造铜锡器皿、印刷、织带、缝纫、搓绳编制藤竹各器;二是浅近的文化,包括向贫民讲演基本道德、教授日常应用的简单文字知识、心算笔算珠算和加减乘除等。工厂规定贫民入厂学习2年,经考工员认为技术合格即可由家属取保领出。出售产品所得钱款,如有余利,其六成作为共产基金,四成分给工徒,待工人出厂时本息一并交给工人,以为其谋生之用。附设小学堂的课程参照两等小学章程办理,与中学程度相接,以为学习成绩好的儿童将来能升入中学。

关于工厂的经费,按500人计,一是请朝廷拨给,除原来拨付给贫民的粮食690石外,再奏请民政部每月拨发150石;二是外城各戏园义务夜戏的捐助以及外城戏捐的拨付;三是由捐局公益项下每月拨给银400两;四是将来工厂生产的产品出售后所得归厂所有。若上述款项再不够,则由总厅设法筹措。贫民工厂统由外城巡警总

---

① 田涛、郭成伟整理:《清末北京城市管理法规》,北京燕山出版社1996年版,第316页。

厅派警官充任管理，教员和技术人员外聘。凡一切钱款的收入开支及原料的购置、产品的储存销售等一切账目每月须造册 2 份，一份存厂备案，一份上报总厅。每年年终须将一年的账目和来年的预算统统申报总厅。①

4. 解决八旗生计的首善工厂

1900 年八国联军洗劫北京，使早已沦为城市贫民的旗人生活雪上加霜，旗人的贫困化成为严重的社会问题。清政府以设立工艺局厂的办法用于解决旗民生计。光绪三十四年（1908 年）奕劻提出设立首善工厂，他说：京师游民"觅食之艰，竟成流落，旗丁游惰失业者甚众"，因而"提议在京师内外城地方，分建首善工艺厂数区"。为解决经费问题，奕劻、世续、那桐、袁世凯等多方募捐，使首善工厂开设经费既有官府拨款还有各官员和官府的捐款。常年经费由外务部、度支部、陆军部、农工商部、邮传部等每年各拨银 1 万两，北洋每年拨 3 万两，南洋每年拨 2 万两，闽浙总督每年拨 2 千两，崇文门税关盈余项下每年 2 千两，陆军部公费拨 1.2 万两，共计常年经费 11.6 万两。为了减少成本，增强产品竞争力，奕劻请求朝廷允准凡购运原材料所"经过关卡、崇文门税局，概免税厘"，给予优惠政策。考虑到在外火器营及圆明园等地八旗各营校场内当时共建了 9 处工厂，主要解决贫困旗人的生计。在外火器营及圆明园、八旗、包衣三旗、精捷营等地，因"穷乏尤伙"，且旷地较多，"拟就各营校场内空闲地基，分设工艺厂七处"，专招各营旗丁；并在城内东西城分设工艺厂两处，兼招京师各旗民人入厂学习工艺。② 首善工厂的产品包括爱国布、斜纹布、刺绣、绸缎、玻璃等，因资金充足，该厂一直运转良好。直到清亡前夕，首善工厂仍在不断发展。

在光绪三十三年（1907 年），为解决八旗驻防密云满城的八旗兵

---

① 田涛、郭成伟整理：《清末北京城市管理法规》，北京燕山出版社 1996 年版，第 349—375 页。
② 《庆亲王奕劻等奏开办首善工艺厂情形》，彭泽益编：《中国近代手工业史资料（1840—1949）》第 2 卷，中华书局 1962 年版，第 525 页。

丁的生计，密云副都统德麟在密云满城南门外赁商房一所，兴办工艺厂，并购置东西洋机器，在京津延聘工师，招募八旗年幼子弟入厂学习，计划学习三年毕业，以后将陆续招集八旗子弟进行培养。"工艺厂分设四科：织造各爱国布匹、高机卧机织各种丝带、新式衣帽、改良靴鞋。工艺厂招募了百名学生，聘请了教习16名，开办一年，渐有成效。1907年已在满城南门就原有官地，筹款建有民房40间的工艺厂。①

1906年又在北京、热河等地开办了一些以解决贫困旗人生计为目的的手工业工厂。此外还专为贫困八旗妇女设立了工艺厂，为旗人妇女提供了一个自救的生存手段。

5. 习艺所

习艺所是清末司法改革中设立的新型司法机构，其工作内容为教养轻罪犯人学习技艺。许多罪犯其实并非大奸大恶之徒，都是因贫困无助而铤而走险，以至于沦为罪犯。而习艺所即是在其入狱期间向其传授技艺，俾使其出狱后能够开始另一种生活，而不会因为生活无着再次犯罪。

京师习艺所 早在光绪二十九年（1903年），顺天府就曾将德胜门外粥厂改设一处教养局，收养游惰贫民，教养局附设习艺所，专收留因无力缴纳罚金的应受笞杖人犯，命其在所做工。因经营好，后扩大习艺所，并开始收留顺天府和刑部解到之犯人。

光绪三十一年（1905年）七月，管理工巡局事务大学士那桐奏请创设了京师习艺所，地址在西城皮库胡同原神机营旧址。他创设的思路也是"固贵参各国之成式，尤必度时势之所宜"。创办的宗旨是："惩戒犯人，令习工艺，使之改过自新，藉收劳则思善之效"，同时，该所"并分别酌收贫民，教以谋生之计，使不至于为非"②。习艺所由巡警部派员直接管理，所应支款项"除各员养廉外，一切经

---

① 彭泽益编：《中国近代手工业史资料（1840—1949）》第2卷，中华书局1962年版，第526页。

② 哈恩忠编选：《清末开办京师习艺所史料》，《历史档案》1999年第2期。

费均以各省协济银两及医学堂经费并各厅犯人罚金充之，并由步军统领衙门、内务府慎刑司拨款资助"。如再不够由巡警部等拨接济。习艺所还聘请技师，教授犯人和贫民学习各种技艺。聘请事理通达、长于言语、能耐烦劳的警官充任教习官，教授年幼的犯人、贫民学习读书、写字、习算、修身四科，还负责劝导犯人改过自新使知改悔，化导贫民使能自立。

习艺所先招收内外城巡警厅、步军统领衙门、内务府慎刑司轻罪人犯入所学习，计划待经费充裕，再扩建规模后将轻重罪犯一律收入。招收贫民分两种：一种是自请入所，须其本身父兄呈请或有铺保。一种是强迫入所，这还分两类，一类是沿街乞食有伤风俗者，另一类是游手好闲形同匪类者。他们均须学有所成，可以自谋生计，然后准其出所。①

习艺所先设织布、织带、织巾、铁工、搓绳五种工艺，木工、缝纫等科，后又增加了印刷科。所里将织布、织带、织巾、铁工为正艺，犯人、贫民入所后依据其特点安排学习。凡较愚鲁不堪造就的，以及刑期不到90天的犯人，就派他们进行搓绳并洒扫、灌溉、操作等副艺。犯人学习正艺而刑期满却技艺不熟的，则酌情拨入贫民类中续习。所内工作时间是自9月至2月每日工作6小时；3月至8月每日工作7小时。工艺所生产的货物由所负责出售，所获利益"以所得之七成归公，三成归本犯自得。贫民则按四成计算，以示区别。其犯人、贫民应得之工钱，分别折存，限满如数发给，以为出所谋生之用"②。

教养局和习艺所属于晚清时出现的新型慈善机构，许多传统粥厂陆续被改造，体现出晚清时期受现代慈善思想影响，救济专门化思想的进一步推广和被认可。中央及地方各级工艺局所的开办，改变了清政府传统赈抚政策下的救济模式，使单纯的、临时性的救济向复合型的、长远性的教养模式转变。这种转变主要体现在以下三个方面：

---

① 哈恩忠编选：《清末开办京师习艺所史料》，《历史档案》1999年第2期。
② 同上。

其一，体现在各级工艺局所的创办宗旨上，如北京工艺局"以收养游民，开通民智，挽回利权，转移风气四端为宗旨"①，为了确保贫民在经过一至二年的学习后能有营业资本，工艺局所还设法为他们提供一笔资金，如北京外城中级教养工厂规定，贫民"卒业之时由厂中予以酬劳金以备出厂后营业资本之用，至少以二十元为率。其作工较勤者由总理酌量增给"②。

其二，体现在各工艺局所的救助内容上。如北京外城总厅所设外城贫民工厂除救济贫民衣食外，主要教授"手工及浅近文艺二种"，既学习就业技能也学习基本的社会道德和文化知识，使能够适应近代社会的需要，迅速自立于社会。学员入厂还规定了相应的时间标准，手工时间"日短时六钟半、日长时加至七钟半"，"浅近文艺""每日一钟，每星期六钟"③，以确保对贫民教养兼施的效果。

其三，体现在各级工艺局所的工食与经费来源上，它们的经费是政府用于赈灾救济经费的转化，如北京外城中级教养工厂就是"以原有之恩赏米石及房屋与其常年经费等改为工厂，寓教于养，收无业游民年在16岁以上40岁以下者入厂学习工艺，使有恒业，以谋衣食，不至流离失所"④。北京外城贫民工厂的工食与经费由五个部分构成，即"原有贫民所领恩赏粟米"、"外城各戏园义务夜戏捐助及外城戏捐"、"捐局公益项下每月拨银400两"、"将来出品售卖银钱"以及"前项拨给外如再不敷即由总厅设法筹济"。⑤ 因此，清政府希望各级工艺局既能解决严重的失业问题，给"游民"以谋生手段，又能消

---

① 彭泽益编：《中国近代手工业史资料（1840—1949）》第2册，中华书局1962年版，第518页。
② 《外城中级教养工厂章程》，田涛、郭成伟整理：《清末北京城市管理法规》，北京燕山出版社1996年版，第304页。
③ 《内城公立博济工厂中级章程》，田涛、郭成伟整理：《清末北京城市管理法规》，北京燕山出版社1996年版，第406—407页。
④ 《外城中级教养工厂章程》，田涛、郭成伟整理：《清末北京城市管理法规》，北京燕山出版社1996年版，第295页。
⑤ 《外城贫民工厂章程》，田涛、郭成伟整理：《清末北京城市管理法规》，北京燕山出版社1996年版，第354—355页。

弥社会的不稳定因子。

(二) 更加广泛的慈善事业

1. 妓女济良所

传统中国,妓女倡优的社会地位极为低下,不少女孩因生活所迫而卖身,也有的是被人拐卖,她们深受妓院老鸨和嫖客的多重剥削和压迫,身心备受摧残,处境极为悲惨。公娼制实行之后,妓女遭受到更加严酷的虐待。中国的济良所最早由美国传教士于1901年在上海创立,是以救助妓女为主要职能的新型慈善组织。时人称:"济良之意为凡在沦为下贱之人,济之使得从良,而不致永陷于火坑水井也。"① 而京城妓女受虐却无处求救,光绪三十二年(1906年),为了收留帮助一些不堪忍受奴役而逃出来的妓女,北京《京话日报》的彭翼仲联合开明官员协巡营帮统杨钦三等人提出创办济良所,说"上海妓女有新衙门可以喊冤,有济良所可以托命,有各善堂可栖身"②。为帮助济良所筹集经费,《京话日报》发文公开募捐,凡捐款之人的姓名、捐款数额都登载在该报上以资鼓励。凭借报纸的影响力,北京筹办济良所的消息传播开来,社会各界的捐款也随之而来。有了官方的支持,又得到社会各界的援助,济良所的筹备工作进展顺利。光绪三十二年(1906年)三月十一日,北京济良所正式建立,地址位于石头胡同玉莲班旧址。该所的宗旨"在拯救烟花妓女跳出苦海,再施之以教育,寓劝化于救济之中,期日后仍为有德之妇"③。此所一开,就有一些意欲脱离娼门的女子前来寻求帮助。同年八月,彭翼仲、杭辛斋因案被监禁后,外城警察厅接办了济良所。光绪三十三年(1907年)九月,经民政部批准,北京济良所更名为京师济良所。

京师济良所收容对象包括:"诱拐抑勒来历不明之妓女;被领家需索重价肯阻从良之妓女;被领家凌虐之妓女;不愿为娼之妓女;无宗

---

① 《济良所衍义》,《申报》1905年1月28日。
② 《慈悲慈悲》,《中华报》1906年3月7日。
③ 《北京济良所办事大纲》,《大公报》1906年5月23日。

可归无亲可给之妇女。"① 与其他官办慈善机构一样，妓女济良所采取自愿收容而非强制，在娼妓本人有意愿进入本所的基础上方予以收容。愿意进入济良所的妓女，可以通过若干途径申请：或亲身到巡警厅区呈诉，或喊告于守望巡警，或邮寄署名的申请给巡警总厅，当然也可自投济良所，但该所也没有收容妓女的权限，妇女如果想入所，必须先到外城巡警总厅接受审理。娼妓入所后，如有疾病，由该所送至养病室调治，但有传染性疾病的则需要送到民政部医院治疗。在所期间，被收容者由该所统一安排，由教员教授国文、伦理、算学、手工、烹饪、图画、体操、音乐等各项知识和技能，每天的学习时间在6小时左右。对于不遵守妓女济良所约束的被收容者，济良所会根据其行为的情节轻重分别给予"训诫、记小过、记大过、面壁端坐一点钟至三点钟，食无菜之饭一餐"等惩罚。可以看到，妓女们进入济良所后学习的内容，是与晚清时代同步的，具有中西汇同的特点。②

　　济良所的管理，外城巡警总厅重订济良所章程明确规定："京师济良所系外城巡警总厅申明前巡警部督同绅士创办"，③ 也即官督绅办。按照规定，济良所内一切事务由士绅经理负责，但必须受警察厅的监督，也即政府在事实上掌握着济良所管理的主导权。济良所没有与其他机关直接往来文牍的权力，不能收受禀词，也不能代人呈递。绅士经理由市政公议投票公举选出，任期一年，任期内如有舞弊及违反章程者，可由总厅撤销，另外公开投票选举。济良所的职员聘用，均须先经绅士提名，再报巡警总厅批准。所内文牍、册籍账目总厅可随时调查。所内设有"女董事"、"女检察"、"教习"和"男司事"等办事人员。女董事负责二门以内事务，即"与收容妇女发生直接联系的事务"，女检察负责济良所收容妇女行止出入及工作眠食之事务，教习专管教育，男司事负责二门以外之事。

---

① 《重订济良所章程》，田涛、郭成伟整理：《清末北京城市管理法规》，北京燕山出版社1996年版，第452页。
② 同上书，第451—466页。
③ 同上书，第451页。

妓女济良所的经费主要来自五个方面："工巡捐局拨款（每月银一百圆）、领娶者之捐助（无定数）、特别捐助（无定数）、原济良所房屋一处赁银，不足时总厅临时补助（无定数）。"其经费收支须每月造具清册，呈报巡警总厅查核。①

妓女群体是较为敏感的社会话题，或许正是为避瓜田李下之嫌，维护济良所的声誉，妇女济良所严禁外人擅自进入。参观者须持总厅发给的特别执照，或经女检察许可，方可进入济良所。②

妓女既然"从良"，则涉及终身婚配的问题。对此，济良所会将济良所内的女性印出照片，标明姓名号数，挂在照片陈列室。如果有愿意迎娶某一位的，则"在相片陈列室观看相片，认明后可到总厅及该管分区或所陈明指定愿娶之女姓名号数，请求入观券，持券到所，由男司事收券引至接待室，由女检察导引该女士，在接待室监临相见面商，以彼此情愿为相当之配合"。在取得愿娶之女的同意之后，愿娶所女者需要开具自己的年龄、籍贯、亲属、住所、职业、有无妻妾等情况，并取具妥实铺保水印切结或同乡官印结担保，无假冒及卖奸转卖等弊，才能发请总厅查复批示。总厅批准后，男子又须提供自己的照片两张交给所呈厅备查，再由济良所发给愿书，愿娶的男子与被娶的女子，在官绅监督下，当面签字，即可发放。

济良所的慈善能力是有限的，但与其时的女工厂比起，至少可以给妓女们新的从良希望。同时，官方也努力借济良所宣传妓女解放，就在北京济良所正式开办的当年，"巡警厅把北京城内各妓院的掌班召集起来，对他们大谈济良所的宗旨，以期开通风气、祛除陋习。到场的北京大中小堂掌班共有600余人"③。

在官方与绅士的共同努力之下，北京的妇女济良所不断发展。

---

① 《重订济良所章程》，田涛、郭成伟整理：《清末北京城市管理法规》，北京燕山出版社1996年版，第452—453页。
② 同上书，第451—455页。
③ 李孝悌：《清末的下层社会启蒙运动（1901—1911）》，河北教育出版社2001年版，第116页。

1908 年,即"规制渐臻完善,发所择配的妇女已近百人。此外还收容多名 10 岁以下的幼女,为此特地在济良所中增设'幼女工场',招募老妇教以粗浅工艺及烹调、缝纫等事"①。

此外,这一时期京师还设有其他各类慈善机构,如内外城官医院、疯人院等。

2. 官医局

光绪二十八年(1902 年)五月,依五城御史上奏,经慈禧太后懿旨而设立的。官医局虽然经费少、规模较小,但担任总理的是张百熙和陆润庠,仍显得朝廷极为重视。官医局设在前门外琉璃厂孙公园,在内城另设四处分局。医局诊治、给药均为免费。官医局经费每年为银二万两,其中一万两为慈禧太后所赐,其余由有志之士义捐。②

3. 内外城官医院

内城官医院设在东城钱粮胡同,外城官医院设在宣武门外梁家园,院内的执行事务统由警察厅管理。两院均设有中医、西医两部。这是北京设立的第一所中国人办的医院。由民政部核定的《内外城官医院章程》明确规定:"本院系民政部奏请设立,纯属官立性质。所有来院诊治之人概不收费,唯住院诊治者饭食费用须由本人自备。"③宣统二年(1910 年)改归内外城巡警厅管辖。

官医院有中医官、西医官各五人,看护生十人,中西司药各三人,此外还有巡警、夫役等。医院除设立男女门诊病室外,还设立普通养病室、特别养病室、传染病室、癫痫病室等。其中传染病室、癫痫病室要与其他病室隔离。医院设有内科、外科、妇科、儿科、眼科、耳科、喉科、牙科、花柳科、伤科、痘科等。该医院因官办性质,"所有来院诊治之人概不收费,惟住院诊治者饭食费须由本人自备"④。官医

---

① 《政治官报》1908 年 11 月 4 日。
② 张宗平等译:《清末北京志资料》,北京燕山出版社 1994 年版,第 452 页。
③ 《内外城官医院章程》,田涛、郭成伟整理:《清末北京城市管理法规》,北京燕山出版社 1996 年版,第 103 页。
④ 同上书,第 104—105 页。

院开办以来，就医者众，据统计，开办五个月里，就医者达三万四千人次，徐世昌称："考之舆论，咸谓该监督等择方审慎，用药精良，务体人情，不染官司，是以就医愈众，全济愈多，受诊之人以辨证之明，起疴之速，且有登报志谢者，此医院开办渐著成效之实在情形也。"①由于"患病者多，内外城官医院，恐有应接不暇之势"，因前往就诊人员者颇多，于是在外城及西城各设一区，梁家园设立卫生医院，"以免贫而无力者有疾病夭折之苦"。

官医院经费由政府拨付，月终统一报销。所有院中经费，每届年终决算一次，列表申报警厅。官医院所用中西药料享受优惠，政府给予免税；随着来院就诊人数增加，医院为了维持运转，也想办法自筹一部分资金。先是鼓励病人捐款，如果捐得多，可以得到民政部授予的"急公好义"匾，但是捐款者极少，主要还是依靠政府拨款。

4. 传染病医院

1910年冬，东北鼠疫蔓延至北京。内务部决定兴建传染病医院，购置东四十条正白旗护军营署房产，筹建传染病医院。清政府拨土木工程司所存木料及2万元开办费，常年经费4万元。医院的建筑为中式建筑，分设：诊断、预防、检查、消毒四科，不仅从事各种传染病的诊治，医药的研究和制作，也研究传染病的预防方法，以及各种细菌的培养、消毒等。计划每年容纳1000多名住院病人，病人住院一切免费。传染病医院还负责全市传染病的预防检查和消毒隔离工作，实行每月向市政公所转报内务部有关疫情的制度。传染病医院于1915年建成，由市政公所管理。

5. 疯人院

附设于内城贫民教养院内，"以收留疯人勿使外出，致生危险为宗旨"②。疯人院无论男女老幼，凡疯人一律收留，警察可强制送院，家属送至也收留。疯人院并没有医生，但是院里对病人还是有一定的

---

① 徐世昌：《退耕堂政书》卷7，台湾成文出版社影印本1968年版。
② 田涛、郭成伟整理：《清末北京城市管理法规》，北京燕山出版社1996年版，第269页。

管理规定，如病人一人一室、住室内设施简单以确保安全；病人每日可出屋散步一二次，饮食应清淡无刺激性等。病人在院里痊愈后，须医生检查证明有独立生活能力方准出院，或送入工厂做工，老弱病残者则收入教养院。

6. 义务教育

光绪三十一年（1905年）学部成立后不久就通令全国，设立半日学堂，专收贫寒子弟，不收学费，不拘年岁，并规定，各县的官立、公立、私立各类小学堂都由"劝学所"主管。1909年学部为年长失学及贫寒子弟无力就学者开办简易识字学塾。课程只教授学部颁布的《简易识字课本》《国民必读课本》，并酌授浅易的算术或珠算，每日教授时间为二至三小时，学完两本书即可毕业。宣统元年（1909年）京师督学局即在各学区试办8所，有学生286人。① 翌年决定由各学区劝学员在各学区劝导设立，是年有半日学校10所，有学生294人。

7. 讲演所和阅报处

1900年以后，社会改革的呼声日益高涨，面对大量不识字人群，如何向民众传播新思想成为当前最大的问题之一。许多有志之士认为，"我国风气未开，实由人民知识不广，转移之术在广开宣讲所而已。盖欲使愚而明，柔而强，惟演说之感化力甚大"②。为此他们纷纷开办了讲演所，向百姓宣讲社会的改革及新的思想、新的观念。受此影响，京师督学局也相继在各学区建立了一些公立阅报处，1907年在公立第一阅报处的基础上，建立了公立第一宣讲所。以后相继在各学区设立宣讲所，1908年办有10所，有职员23人，年经费共计1980元。1909年办有19所，有职员65人，年经费1846

---

① 学部总务司编：《光绪三十四年分第二次教育统计图表》，陈学恂：《中国近代教育史教学参考资料》下册，人民教育出版社1987年版，第311页。

② 《松元等为开办普通教育讲演所致京师督学局的呈》，北京档案馆，档案号J4-1-1。

元。① 其中在内城内二区西单牌楼北路东，内四区西直门内路南九间楼；外城外一学区在观音寺路北升平楼及大栅栏茶园，外二学区在打磨厂铁柱宫，外三学区在花儿市火神庙，外四学区在广安门大街资善堂建立了宣讲所共7处。1909年办有19所，有职员65人，年经费1846元。② 总之，北京的阅报讲演活动以提高国民素质为目的，侧重介绍朝廷新制政要、国内外形势、科学常识和社会改良措施等。但是由于清政府的专制统治，公开的活动也只能是倡导改革社会风气，提倡启迪民智，维新派或革命党人不可能公开地宣传革命。

三　旧有机构的革新及传统措施的继续使用

社会动荡以及灾荒，造成大量急需救济的民众。为了应对社会需要，清廷最为直接的措施即改革与重振旧有慈善机构，使之能发挥必要的作用。许多粥厂、善堂经过改革变为教养局或贫民工厂，将那些年轻力壮的乞丐、贫民收纳进去，教授他们一定的生存技艺，使他们得以自谋生计。那些旧有机构包括一些常设的养济院、栖流所、育婴堂以及季节性的粥厂等仍然存在，这些机构则主要救济那些老幼病残以及妇孺。

（一）常设的收容、赈济机构

晚清时期北京常设的政府主导的慈善机构包括养济院、育婴堂、栖流所和留养局，此外还出现了专以节妇为救济对象的善会、善堂。以下择其要者，一一叙述：

1. 养济院

顺治五年（1648年）十一月，顺治帝诏告各处设立养济院，"收

---

① 京师督学局编辑：《京师督学局一览表》，1907—1910年。
② 同上。

养鳏寡孤独及残疾无告之人"。养济院的收养对象为"鳏寡孤独废疾"等不能"自食其力以谋生者"①。顺治八年（1651年）针对北京地区的养济院再次发布谕令："京城内外，有鳏寡孤独穷苦无依者，该部都察院著五城御史、兵马司、宛、大二县实察名数，酌量周恤。"② 养济院主要执行原籍地收养的政策，但是随着形势的发展，外地人也可以收入。如"军流等犯除年逾六十不能食力者照例拨入养济院，按名给予孤贫口粮外，或年未六十而已成笃疾不能谋生者，亦应一体拨给"③。清末在改造旧式粥厂、养济院，创办贫民教养院时，将幼儿、少年送进外城贫民初级教养工厂、壮年送入中级教养工厂和贫民工厂，而将年逾六旬以上的老年人仍收留在养济院。但是在京城周边的县，养济院则日渐废毁。如通州养济院在光绪九年（1883年）时，已"东西两房历久倾废，东院现存土房三间、隙地一区，西院现存土房二间、隙地一区"。由于房屋不敷居住，只得在通州城南门内外赁房安置孤贫人员。④ 这大概还算比较好的情况，至少其仍然能够维持运作，安置孤贫人员。光绪三十三年（1907年）五月，从通州养济院、孤贫院领取银两的花名册可以看到，收容的对象既有男性，也有女性。其中许多救济对象，有寡居的妇女，还有就是残疾人，如盲人、残疾等。

2. 育婴堂

清代北京育婴堂最早是由官绅于康熙年间设立，堂址在广渠门内西照寺西。雍正二年（1724年）开始，育婴堂归顺天府尹管理。⑤ 育婴堂运转所需的资金也由顺天府发放，当然也会有一些社会上的捐助。光绪末年，除去本堂生息银两外，顺天府每年发给育婴堂经费70两，

---

① 《大清律例会通新纂》，沈云龙主编：《近代中国史料丛刊三编》第2辑，台湾文海出版社1968年版，第923页。
② 《清世祖章皇帝实录》卷59，中华书局影印本1985年版，第471页。
③ 《大清律例会通新纂》，沈云龙主编：《近代中国史料丛刊三编》第2辑，台湾文海出版社1968年版，第925页。
④ 英良等纂修：《通州志》卷2，光绪五年刻本。
⑤ 陈璧：《望嵓堂奏稿》卷5，《拨给京师育婴堂经费折》，沈云龙主编：《近代中国史料丛刊》第10辑，台湾文海出版社1967年版，第441页。

常年收租银250余两，江浙海运局和各商号每年捐助银119余两。[①] 育婴堂直至清末宣统年间一直运转不辍，是与清政府的支持以及社会的捐赠分不开的。收养的婴儿长大后教其读书，男孩给予职业培训，女孩学习裁缝。女孩长大后，由总董代择配偶，娶女子者必须补偿该女子被收容以来的费用，目的在于弥补育婴堂的经费，尽量多收容孤儿。

3. 善堂

清代京师有许多由绅士开设的善堂、善会。对于其中规模较大或功绩比较明显者，清政府常给予一定的银钱与实物的支持。有的善堂由于长期接受官方的物质支持，最终形成官督绅办的特质，政府取得其运营中的主导地位。如著名的普济堂。

普济堂位于广宁门（今广安门）外，始建于康熙三十六年（1697年）。因其为和尚与居士所创办，故最初名曰"修路慈悲院"，后经扩建，更名"普济堂"。康熙、雍正、乾隆以及嘉庆四位皇帝都曾先后对其有所赏赐和褒扬。到晚清时期，普济堂已成为北京最大的慈善机构之一。或许是考虑到其所拥有的社会影响力，清廷在给予普济堂物质支持的同时，也不断加强对其的管理。嘉庆四年（1799年），嘉庆帝钦派满汉御史各一员监放普济堂饭厂。同治五年（1866年），乃定每年赏米银定例，并规定顺天府派员轮管普济堂之制。前文曾提到，顺天府设有专门管理普济堂的委员，其制度依据，正是由此规定而来。此后，普济堂成为官方管理的社会救济机构。拥有类似的发展轨迹的慈善组织还有功德林等，这一转换不仅可以更好地监督这些组织的慈善事业，保证其慈善效果，同时也能够以较小的投入扩大政府的慈善能力，维护社会稳定与政府职能。光绪末年，在新政的实施过程中，普济堂、功德林等类似机构相继改为教养局。

4. 栖流所

栖流所是北京城内收养流民的机构。它的主要职能一是收养无依

---

① 《顺天府档案》，第一历史档案馆藏胶片，档案号28-1-45-001（宣统元年）、004（无年）。

无靠的流民,二是为患病流民提供医疗救助,三是掩埋亡故的流民。北京栖流所的经费由户部统一调拨。这些栖流所,也就是用偏僻处的空房或现成的空庙改成的,后因管理不善多荒废。据《北京市志稿》记载,嘉庆十五年(1810年)户部曾奏请五城同设栖流所,清中晚期,由于社会矛盾日益加深,尤其是政府财政恶化,加上战乱不止,栖流所逐渐衰落。光绪末年北京有5处栖流所,均由户部支给经费。西城原有东栖流所和西栖流所两处,西栖流所已坍塌。西城东栖流所每年经费600两;中城栖流所在厨子营,每年经费400两;南城栖流所在高家营,每年经费530两;北城栖流所在正阳门外西河沿,每年经费600两。东城栖流所原在广渠门大街,房屋全部坍塌,仅存残碑,同治中,移至东河漕,每年经费470两。① 政府还办有五城赈恤所,位于外城梁家园,有60余间房,设总董一人,副总董五人,收容京中流民,供给住房、饮食。寒冬时生炉火并发粗布棉衣。有患病者时,检查实情请医生施药。若病死,官府买棺材埋葬。所收容的贫民不分男女老幼,亦无定员。据说可随意进出,据光绪三十一年(1905年)统计,上午男女328人,下午243人。② 清末,社会上虽已有主张向贫民传授手艺,给予自生之路,但还未能实行。

5. 粥厂

晚清时期,巡警部及民政部先后接管了粥厂,并依据新型的慈善理念对粥厂提出改制的提议。光绪三十一年(1905年),御史王振声奏请粥厂改制。他提出在粥厂领粥的人"所谓老弱废疾为数无几,大半皆少壮游惰之人"。因此,王振声提出"与其徒废无益,不如因而变通",希望借助粥厂旧有的基础略加改革,使其能够真正发挥慈善公益效能。他建议将这两所粥厂改为教养局,收养贫民,供给基本生活的同时向其传授一些粗浅的工艺。③ 这一意见得到清廷的采纳。光

---

① 张宗平等译:《清末北京志资料》,北京燕山出版社1994年版,第424页。
② 同上书,第425页。
③ 《商部议复御史王奏请变通官粥厂改设教养局折》,《东方杂志》1905年第2卷第11期。

绪三十二年（1906年），功德林、普济堂两处粥厂分别改制为习艺所和教养局，①并拓展到官办粥厂以外的其他粥厂。同年十二月，在御史黄昌年的倡导下，经光绪帝谕允，民政部着手对所属绅办粥厂、暖厂进行改制。②光绪三十四年（1908年），改制工作完成，停办四处粥厂，留办四处粥厂，改办为工厂或教养局的则有五处，改办为养济院有四处。③光绪三十四年（1908年）北京官办粥厂主要有：中城：玉泉庵；南城：普善堂及崇善堂；西城：砖塔胡同及礼拜寺；北城：圆通观及公善堂；海甸：挂甲屯粥厂；宣武门内：悦生堂。其中玉泉庵、普善堂、砖塔胡同、圆通观政府每月各拨给粟米240石，崇善堂、公善堂、挂甲屯粥厂、礼拜寺及悦生堂，每月各拨给粟米300石；继德堂及同德堂二处私设粥厂，官府每月也特别提供粟米各300石。④

（二）以工代赈等其他救济形式

除却以上固定的机构设置，清朝政府也采取许多其他措施促进社会慈善事业。这其中较为主要的方式是以工代赈。

以工代赈，又称工赈，是赈济的一种形式。具体措施即政府在灾荒之年兴修工程，雇募灾民为劳力，给予食物和工钱等报酬。修建的工程一般是城墙、水利等较为大型的国家工程。光绪二十八年（1902年），顺天府曾发放武清县以工代赈银1580余两。可见以工代赈的规模还是比较大的。⑤

以工代赈既可以解决灾民的基本生活，达到赈济的目的，同时也可以促进国家工程建设，堪称一举两得。以工代赈对于政府来说，实

---

① 《就功德林普济堂改设局所分收贫民罪犯折》，陈璧：《望嵓堂奏稿》卷3，台湾文海出版社影印本，第417—419页。
② 《民政部度支部步军统领衙门顺天府会奏筹议变通粥厂整顿园法情形折》，《东方杂志》1907年第4卷第10期。
③ 《民政部奏赏米石并变通收养贫民办法折》，《政治官报》1909年第28期。
④ 张宗平等译：《清末北京志资料》，北京燕山出版社1994年版，第423页。
⑤ 《光绪朝军机处录副奏折》，第一历史档案馆，档案号3-107-5607，1903年。

现赈济目的的同时，其财政支出也获得了工程建设的成果作为报酬，而灾民也得到了基本的生活物资，来供养家庭、灾后重建。而且，以工代赈能够使灾民有事可务，有利于社会的稳定，这对于政府而言，显然是一种意外收获。当然，以工代赈这种方式的使用受到政府工程兴修的限制，工罢即止，工程的兴建也不能完全与赈济需求同步，难以大规模长时间应用。

综上所述，晚清时期政府主导下的慈善公益事业，具有自己独特的特点。首先，在"实业救国"思潮以及西方先进救济理念的双重影响之下，清政府率先改变了救助理念，改变消极济贫的办法，采取"以教代养""教养兼施"的救济原则，在京城开设了教养局、习艺所等机构，对贫民进行以提高生产技能、改善就业条件的救助，而后逐渐在全国推广。使中国的慈善事业向近代化转变。

其次，晚清政府主导兴办的慈善公益事业的覆盖对象扩大，同时慈善机构更加专门化，对于妇女（女工艺局）、妓女（济良所）、疯癫病人（疯人院）、寡妇（恤嫠所）等传统国家救济中的福利对象做出了专门的区分，将其收容到专门的机构，不同机构的目标与旨归界定更加清晰，这在客观上有利于实现对这些人群更好的照顾与安排。

晚清政府能够投入慈善事业的能力是有限的，但社会贫困现象是急剧增长的。客观来说，政府主导的慈善事业并不能满足社会的需求，在北京流落街头、冻饿无依的灾民大有人在。因此积极推动社会力量从事慈善公益活动，使民众成为社会慈善救助的主体，由此共同形成近代新型的慈善事业的基础。

第四章

晚清民间兴办的各类慈善公益事业

晚清时期，政府财力日绌，加之天灾频仍，贫民流民增加，社会救济压力陡增。随着西方救济思想传播的影响，清政府的社会救济理念从"重养轻教"转向"教养兼施"，并在救灾实践中出现了"官绅合赈、官督绅办"的合作局面，北京地区的社会救济制度开始了向近代化的转型。在清政府转变社会救济理念，改革救济制度、救济方式的同时，民间涌现了大量的慈善公益团体，并通过兴办义学、开办读报处、工艺局等方式，开展社会慈善救济活动。在光绪十六年（1890年）本地士绅大救灾、光绪三十三年（1907年）各界赈救江北水灾中，民间慈善团体发挥了重要作用。

一 晚清民间慈善组织和活动

光绪二十一年（1895年），康有为、梁启超等人在外城琉璃厂后孙公园成立了中国第一个资产阶级性质的学会组织——"强学会"，从而结束了有清以来不准会盟结社及私人讲学的局面。他们还创办了我国第一份民办报纸《万国公报》（后改称《中外纪闻》）。虽然这一报一会仅存在了四个月，但"自此以往，风气渐开，已有不可抑压之势"，全国各地纷纷仿效京师，组学会，建学堂，办报馆。梁启超在《戊戌政变记》中，曾经列举"强学会封禁后之学会学堂报馆的名称"，其中学会共33个，而据张玉法先生的研究，至1898年全国共有学会78个，仅北京就有14个。① 20世纪以后，随着社会的不断开放，市民意识的觉醒，各类社会组织纷纷成立，其中有很大一部分参与了社会救助活动。

晚清时期，北京地区的慈善救济事业仍以官办为主，但是，由于政府财力下降，以及西方救济思想的影响，政府加大了"官绅合赈、官督绅办"的合作局面。这一时期，北京地区的民间慈善群体，多由具有一定政治地位的官绅或其眷属所组成，并依靠其显赫的政治地位、社会威望和号召力来募集慈善资源，即所谓的借重名门以资号召，如陈梁创办的北京恒善总会，江亢虎创办的女学慈善会等，当时比较著名的民间慈善组织有以下几种。

（一）中国妇人会

中国妇人会是北京历史上第一个颇具规模的慈善性质的妇女慈善组织，系北京某部侍郎廖劲闲之母廖太夫人于光绪三十二年（1906年）发起建立。

光绪三十二年（1906年）四月十七日《大公报》，载题为《中国妇人会之发起》一文，说明成立关于中国妇人会的缘起。廖太夫人在东京时即有举办红十字会的初衷。恰此时正值美国旧金山地震，即以此为中国妇人红十字会成立之契机。于是在北京创立中国妇人会，"隐寓红十字之意"。"首先代募旧金山华侨赈款，以此为该会开办之始效，期于二百兆之妇女社会中各尽义务，以急赈旧金山同胞华侨之厄难。"②

据中国妇人会章程规定，该会宗旨是：妇女同胞，对于社会、对于国家均有应担之责任，应尽之义务。"凡属公益之举，急难之事，本会当力谋所以扶助救济之道，隐然以赤十字之苦心，为进化合群、爱护同胞之表见。"妇人会的义务："一、救灾恤难：凡我同胞，无

---

① 参见李文海《戊戌维新时期的学会组织》，胡绳武主编：《戊戌维新运动史论集》，湖南人民出版社1983年版，第55页。
② 《中国妇人会之发起》，《大公报》1906年5月10日。

论外国、内地，设有水旱偏灾，刀兵疾病，我会中同志，皆有力任救济之责。二、扶助进化：我国女子教育，现实未能普及，本会有启迪相导之义务。或设学堂，或开演说会，以期开通智识，养成文明同等之资格。三、讲求实业：蚕桑、编织、刺绣以及各项美术，倘能实力振兴，尤为女界自立之基础。本会主张女学发达，自以讲求此项实业为要务。或设讲习所，或设女工厂，按期设展览会以相竞赛，以期智识交换，制作日精，不致再以前日依赖之习惯，为累男子，此为改良妇女社会之第一机关。四、敬爱同体：旧社会，妇女无教育之普及，无道德之可言，往往倾轧破坏，为害社会，其弊过于男子。本会结女界之团体，悟同胞之感情，尤以热血对待同志及同体之妇女为本务，不但于本会同人有亲爱扶持之任，即其他女界各社会，凡属公益善举，无不竭力赞成。"①

中国妇人会各会员为旧金山受灾华侨募捐，她们"呼号奔走"，曾先后4次公布募捐清单于报端，可见收效之显著。同年夏，暴雨连日，淮河泛滥，江、皖两省长江以北被灾惨重，倾家荡产、啼饥号寒者不下数百万人。朝野上下纷纷妥筹善款，以救灾恤难为宗旨的中国妇人会更是不甘落后，除了积极发动会员捐款外，还广开门路，走向社会多方劝募，在琉璃厂售《流民图》即是其中活动之一。她们特印《难民图》2万张，并编成浅显歌谣，在厂甸叫卖。在她们的宣传下，游人纷纷感动，争买图纸，还有许多人慷慨捐钱，据统计，仅初二一天捐款已有100元以上。10天内共收到捐款千余元。她们这种为社会公益事业奔走的精神被舆论推誉为"中国女界数千年来未有之举动"②。此外她们还积极参与了义演助学、筹办女讲报处等公益事业，使北京的社会风气为之一振。

中国妇人会吸引了众多上层社会妇女入会，这是中国妇人会的重要特色。在光绪三十二年（1906年）九月初六日的《北京五日报》

---

① 《中国新女界杂志》1907年第3期，第107—109页。
② 《顺天时报》1907年2月23日。

刊文称："探闻中国妇人会选举会员，拟举昆中堂夫人、裕中堂夫人及廖太夫人为总裁，肇秀珊女士为北京总会长，占柱臣夫人为评议员长，钟稚珊女士暂摄北京执行干事，刘碧泉女士为会计长，雷爱璜女士为掌书记，陈宣严女士为庶务干事，英淑仲女士为北洋分会总会长（驻天津），钟稚珊女士为南洋分会总会长（驻上海）。"① 由此看来，中国妇人会，实际上是由贵妇名媛组织、参与的女性慈善活动组织。据说该"会员总数，约数千人"②。

（二）中国妇女会

中国妇女会是因中国妇人会内部矛盾，从中国妇人会中分裂出来的妇女慈善组织。中国妇女会由黄铭训创办，黄原为中国妇人会驻京干事。中国妇女会成立于光绪三十三年（1907年）正月二十四日。中国妇女会积极参与了赈济江北灾民活动。在福寿堂戏会助赈活动中，不少会员到会场出售手巾，上印"中国妇女会"字样，由众女士挨次劝买并募赈捐。共计得洋50余元，当即交由华俄银行收捐处，"统俟汇齐上兑矣"③。

中国妇女会既从中国妇人会中分裂而来，其创建人黄铭训又本为中国妇人会之驻京干事，妇女会的组建方式并未离开妇人会的基本模式，仍以认捐为入会资格，先募赈征集会员，后通过章程并选举执事人员。

除这样一些专事慈善活动的组织以外，北京还涌现出多种针对某种灾难从事慈善活动的组织，如光绪三十三年（1907年），北京女学堂学生为赈恤江北水灾，在发起人的联络下，在北京琉璃窑开设女学慈善会。为募集善款，许多女学生制作了手工物品进城发卖，并且唱歌跳舞、招集马戏，以示宣传，呼吁市民慷慨解囊以拯救江北被灾同

---

① 《中国妇人会选举会员》，转引自姜纬堂、刘宁元主编《北京妇女报刊考（1905—1949）》，光明日报出版社1990年版，第75页。
② 《中国妇人会之分离》，《北京女报》1907年4月1日。
③ 《宦家女眷助赈》，《顺天时报》1907年3月13日。

胞。北京女学慈善会又别出心裁,认为演戏售票已经屡见不鲜,又"在琉璃厂开展绘画,展览会陈列学校成绩作品,夜间大放烟火,所收票价助赈"①。

光绪三十一年(1905年)底,杭州的驻防旗人惠兴女士因兴办女学受挫忿而自杀。在北京的张展云等报人,发起为了哀悼惠兴女士、捐资助学的社会公益活动。他们与京剧名角田际云等人,以新闻界与梨园行合作筹办团体,成立了妇女匡学会,决定举行义演,宣传惠兴兴办女学的事迹,筹款助学。他们商定以田际云的玉成班为班底,采用传统的堂会戏形式举办义演,并将惠兴事迹直接搬上了舞台编演了新戏《惠兴女士传》。阳历3月29日、4月2日、4月5日,妇女匡学会在前门外打磨厂的福寿堂饭庄,举办了三场义务戏。梨园界诸多名角参加了演出,"所收戏价,悉数汇寄杭州贞文女学校,以资经费"②。

此外,光绪十六年(1890年)京畿地区大灾时期,各绅商组织的以普善、同善、义善为首的10余家善会救助灾民的各种活动。晚清民间还出现大量各种组织从事更广泛的慈善活动,如由绅商共同筹划捐款设立的内城市政公益会、顺直绅士创办的农工学会等慈善组织,他们兴办义学、创办工艺局所、贫民工厂,举办讲演所、读报牌,举办养老院、育婴堂等各类慈善事业。

二 民间多种多样的慈善活动

庚子事变后,社会危机日益严重,政府社会救济能力下降,社会救济改革的呼声不断。以《大公报》为代表的社会舆论,或宣传西方社会救济思想和教化经验,或批判中国救济之弊端,报道北京粥厂施粥局面之混乱,或盛赞绅士拟设习艺所之举动,倡议社会救济制度

---

① 《大放烟火助赈》,《大公报》1907年3月11日。
② 《剧资兴学》,《大公报》1906年3月13日。

的改革。民间的慈善活动已经跳出传统慈善的条框限制,逐渐向活动内容更为丰富、救济主体更为多元的近代慈善公益事业过渡。民间组织的慈善活动,有的是摆脱政府控制,民间组织自办;有的是"民办官助""官绅合办""官督商办"等类型;还有个人或家庭自行举办小型的慈善活动,如捐衣、捐药等。

新的慈善公益团体不再拘泥于育婴、恤嫠、施衣、施药、施棺等临时性急赈救济,而更加重视"教"的功能,逐渐向"教养兼施"的方向发展,他们兴办义学、工艺局所、贫民工厂,举行大的赈灾募捐义卖活动,兴办讲演所、读报牌向民众宣传新思想、新观念。更有的绅士在办赈时声明不要政府的任何封赏。这些迹象是社会救济领域里的新现象,彰显了民众日益觉醒,以为社会服务为己任的意识,是清末社会发展的产物。

(一)社会救济中的义赈

在很长时期内,灾荒救济的基本形式,主要都是各级政府主持的"官赈",直到光绪初年,随着社会政治生活和经济生活新的变化,才开始兴起了一种"民捐民办",即由民间自行组织劝赈、自行募集经费,并自行向灾民直接散发救灾物资的"义赈"活动。北京出现了以普善、同善、义善三义局为首的民办公助的粥厂。这些义局又称善会,是在官方支持下由外城缙绅、商家发起组织的慈善机构。"光绪十六年顺直水灾赈救"和"1907年北京社会各界赈救江北水灾",是晚清时期规模最大的两次义赈,充分体现了全民慈善的理念和民间慈善救济组织的重要作用。

1. 光绪十六年顺直水灾赈救

光绪十六年(1890年)七月间,直隶地区淫雨连绵,永定等河纷纷决口,被灾之范围甚广、受灾之程度极重。据直隶总督李鸿章的奏折提到:"自二十九日起,至六月初六日,大雨狂风,连宵达旦,山水奔腾而下,势若建瓴,各河盛涨,惊涛骇浪,高过堤巅。永定河两岸并南北运河、大清河及任丘千里堤,先后漫溢多口,上下数百里间一片汪洋。有平地水深二丈者,庐舍民田尽成泽国,人口牲畜淹毙颇多,满目秋禾悉遭漂没。""被灾极重之区共计四十余州县,庐舍民田尽成泽国,灾深民困,为数十年来所未有。"① 在这样一场"数十年所未有"的大灾难中,以普善、同善、义善为首的10余家善会积极参与救助,与清政府之官赈并举,赈灾救民。他们除散赈外,还收到各省捐款,广建义仓,在琉璃厂内不用之地所建义仓比官仓还大。据《畿辅振溺全图》记录,京师善会主要从事的救济活动有:一、雇佣船只运送食物,援助水困百姓,如普善各局绅商每日在永定门外街东茶舍四合号屯粮,携带馍饼等,乘船赴被灾各村散放;南苑大红门、菱儿堡、马家堡、寨子口九孔牐、花园龙王庙等多处,"洪涛之内,幸有救生船络绎载粮,救活甚众"②。二、水势稍缓之后,各善会在被水之地设立粥厂,救助无食百姓,草桥地方日领粥难民万人上下,连续开放九个月之久,一切费用均"绅捐绅办"③。三、拖至冬季,灾民忍饥受冻,各绅士在赈济时多随时发放棉衣。四、兴办以工代赈。绅商捐款疏通河渠、修筑道路,采用以工代赈方式救助灾民。如励学义塾绅商捐助修挖广渠门外河道以及平垫左安门内道路。再如,普善局以工代赈捐助挑挖河道、铺垫道路。办理以工代赈。五、灾后筹设义仓。其他的还有筹银近四万两,设厂留养灾民,办理工赈、义赈等。

为了解救直隶地区灾民,上海绅商也积极参与进来。为了募集赈款,本地绅士义赈救助灾民善举得到了官方的极高评价。晚清时期,北京的社会救济中本地绅士始终在官府主导的救济中积极配合,成为社会救济的不可或缺的力量。为了募集赈款救济直隶灾民,上海文报局内又设立"顺直赈捐收解处",兼办顺天、直隶义赈,并曾先后六次在《申报》上刊登六批解赈款消息,一方面解释赈款的来龙去脉,另一方面也是为了呼吁市民"续解囊金,俾得源源接济,以拯斯民于

---

① 李文海:《近代中国灾荒纪年》,湖南教育出版社1990年版,第537—538页。
② 王鸿钧等编,张云腾绘图:《畿辅赈溺全图》,三善局刊本1892年版,第10号。
③ 同上书,第5号。

呼吸","再为慨助,俾得救人救澈,造塔合尖"①。赈事结束之后,又刊行《光绪十六至十七年上海协赈公所解顺直赈款禀稿》,公布所有账目清单,力图透明。

经元善之《筹赈通论》,评价了义赈之于官赈的长处:"北省饥民,惯吃赈久矣。凡遇官赈,不服细查。有司虑激生变,只可普赈……义赈则不然,饥民知为同胞援救,感而且愧,不能不服查剔。查户严,则去其不应赈者,而应赈者自得实惠矣。"因而,经元善主张"即择诚笃好善,能耐辛苦之贤员,前往被灾之省份,就款多寡,任办一县或两县。此省人员到彼省,即可名曰义赈。委员选带朴诚司事,均照义赈章程,严查户口,躬亲散放,不假胥吏之手"②。

总而言之,正如李文海先生说的那样,"这是一套将募款、司账、运解、发放相互分开、各有专人负责的赈灾规程"③。它的根本目的,是防止出现中饱私囊,务求将募捐所得赈款,最大限度地给予真正需要帮助的灾民。1890年本地绅士大救灾,充分体现了绅赈与官赈、京中绅士与外地绅士的良好配合,晚清时期的慈善事业呈现着全民慈善的良好态势。

2.1906年赈济江北水灾

光绪三十二年(1906年),全国灾害频仍,不少省份发生特大洪灾:"春夏间,两湖地区连降大雨,江、汉、湘水同时并涨,泛滥成灾。湖南灾情最重,淹毙三四万人,灾民达三四十万。""江苏发生特大水灾,尤以苏北地区为重,灾民达七百三十余万人。""安徽自春至秋,雨水过多,江湖并涨,泛滥成灾;皖北灾情尤重。"④

这一年,江、皖两省长江以北被灾惨重,粮食颗粒无收,百姓倾家荡产,啼饥号寒者不下数百万人,每日饿毙者之多,惨不忍睹。为赈救江北水灾难民,北京地区各报连篇累牍地发表文章,宣传号召救

---

① 虞和平编:《经元善集》,华中师范大学出版社2011年版,第97—98页。
② 同上书,第103—104页。
③ 李文海:《晚清义赈的兴起与发展》,《清史研究》1993年第3期。
④ 李文海:《近代中国灾荒纪年》,湖南教育出版社1990年版,第720—724页。

灾活动；各式救济团体层出不穷，募赈方式多种多样，在社会救济领域出现了前所未有的新现象。中国妇人会驻津会员英淑仲发文《劝江北水灾赈捐小启》，号召国人爱国爱群、救济同胞，反映了其在清末民族危亡的背景下，对正在形成的国家和民族观念的认知，其慈善救济行为，已不再是个人性质的行善活动，而是从爱国爱群救助同胞的角度出发实施的慈善救济活动。

> 今年江北徐州淮州等处的，真是非常的奇灾。起初各报上说，也不甚着意，后来天气一天比一天冷了，绕知道被难的灾民，有几百万之多。无衣无食，啼饥号寒，惨苦的万分。虽然有皇太后发去的赈济，到底杯水车薪……近来各国的教士、各国的官商，都打发慈心，竭力的劝捐，难道我们本国人，为本国人，反倒不肯出点力量么？……比如你一月用十块钱，你为发慈悲的心，救遭难人的性命，每月撙省出五块来，不但把无用的变成有用，而且这个功德可就大多了。大家若是都这样办起来，聚少成多，岂不是救了无数的性命么。世间的善事很多，到底救人性命的善事，比什么也大，比什么也要紧，我们中国人，都明白这个意思，自然就有了爱群的美德了。知道爱群，国还有个不强么，那自然也不致于叫外国人讥笑我们是冷血的动物，专晓得自私自利，没有爱群的心了。①

1906年赈救江北水灾的各式救济团体，其募赈方式又层出不穷。除女界的慈善活动外，还有众多慈善救济团体的活动，"参与筹款救灾的阶层包括官商、绅士、女、学各界，时人低看的优伶、乞丐、妓女也参与进来"。可见，这是一场吸引全民各界人士参与，以民族国家责任为己任的慈善救济活动，这是受晚清时期"民族""国家"观念形成结果的影响，同时是晚清时期社会救济的一大新气象。

---

① 《敝帚千金》1906年第21期。

（二）兴办工艺局和贫民工厂

1. 北京工艺商局

光绪二十七年（1901年），北京官办工艺局设立，体现了一种全新的社会救济形式，反映了晚清社会救济制度的转型。随着工艺局的创立及发展，其呈现了多样的特点，但始终具备着社会救济的功能，是晚清时期社会救济卓有成效的方式。除了官办工艺局之外，北京地区出现许多绅办工艺局所，同样具备社会救济功能。如1907年顺直绅士创办的农工学会，1909年顺直官绅魏宸创设的京师蚕业讲习所，都在这一时期得到了官府的大力支持，表明了晚清时期清政府对新兴救济组织的重视和鼓励。

民间兴办的工艺局，比较重要的还有翰林院侍读学士黄思永和他的儿子黄中慧，以救助为目的创立的北京工艺商局。光绪二十七年（1901年）已革翰林院侍读学士黄思永，申请在外城琉璃厂义仓筹创工艺局，收养贫民，使之学习各种工艺。其目的"一为赈济贫民，二为开振兴实业之风气"①。该工艺商局资本10万元，纯为私立，不受官府补助。

工艺商局招募了300多贫民，制造十余种工艺品。该局设有十一科：景泰蓝科、羊绒毯科、木器科、织布科、雕刻科、铜铁科、电器科、染工科、洋胰科、化学各器科、画工科，制造十余种工艺产品：景泰蓝、地毯、肥皂、织布、电铃、印染、中西木器等。其中景泰蓝科最为出色，科里有70余工人，生产的景泰蓝非常精巧，曾在安南、东京博览会和美国圣路易斯博览会上获得金奖和银奖。因此工艺商局生产的产品市场价高而供不应求。此外，它的木器科，除制造中式器具外，还开始大规模生产西式器具，所用工人有60余人。工艺商局所生产的产品设有陈列处，进行售卖，在天津、上海还有委托销售。

工人食宿均在局里，徒工学习期限为三年，学到一定程度能生产

---

① 张宗平等译：《清末北京志资料》，北京燕山出版社1994年版，第371页。

产品了，每月也有 3 元至 10 元的津贴，对工艺学习有长进者还有奖金。那些特别贫困者还发给衣服。局里还设有英文学堂及夜学馆，对徒工进行文化教育。①

2. 内城公立博济工厂

光绪三十二年（1906年）由内城市政公益会绅商共同筹划捐款设立的。工厂分初级和中级两部。初级部招收 13 岁至 18 岁的贫苦少年，入厂学习工艺，使他们出厂后得以自谋衣食，工厂的创办宗旨是"教养兼施"②。

工厂的管理方式，因是绅商创办的，"所有办事人员概由绅商公举，巡警厅员只任督率监察之责，遇有重要事宜，仍由官绅公同商议办理"③。总厅任命的总经理以三年为期，三年后由总厅将工厂各类钱财报销册籍交市政公益会查阅，另行公举总经理，如连续选上可以连任。

收留的徒工分有保和无保两种，但是未满 8 岁和已过 15 岁，以及肢体残疾、盲人、有传染病者不收。徒工进厂每人发一件衣服，冬季没有棉衣的徒工厂里设法置办棉衣。伙食标准，一般为每人每天 1 斤 4 两粗粮及素菜。工厂教授的课程分两种，一种是讲解浅显的日用文字和启蒙画报等，宣讲做人的道德准则，以及一般的算术、体操、唱歌等课程，每周共约 18 小时。另一种就是学习工艺技术，主要是选择适合年幼孩子做的工作，一般一天工作 4—5 小时。工厂规定以三年为学习期限，不及格的酌情留厂一年或半年。毕业的徒工愿留厂的可留厂工作。徒工在厂生产的货物出售所得利润，厂里积攒起来，三年后按四成发给徒工，作为谋生的资本。

博济教养工厂的中级部 招收 15 岁至 40 岁的贫民入场学习工艺技术，办厂宗旨是"教养兼施"，使他们学得一门技术，以后得以谋生。招收的贫民分有保和无保两种，但是未满 16 岁和已过 40 岁，以

---

① 张宗平等译：《清末北京志资料》，北京燕山出版社 1994 年版，第 371—372 页。
② 田涛、郭成伟整理：《清末北京城市管理法规》，北京燕山出版社 1996 年版，第 377 页。
③ 同上书，第 378 页。

及肢体残疾、盲人、曾经犯罪性行悍戾者不收。中级部也是分两类教学，一类是学习文化，另一类是学习工艺，以民间日用易于销售的产品为主。工人每周学习 18 小时，每天工作 6.5 小时至 7.5 小时。工厂规定以两年为学习期限，不及格的酌情留厂一年或半年。结业的工人愿留厂的可留厂工作。工人在厂生产的货物出售所得利润，厂里积攒起来，结业时按三成发给工人以作为谋生的资本。

工厂的管理方式，因是绅商创办的，"所有办事人员概由绅商公举巡警厅员只任督率监察之责，遇有重要事宜，仍由官绅公同商议办理"[1]。总厅任命的总经理以三年为期，三年后由总厅将工厂各类钱财报销册籍交市政公益会查阅，另行公举总经理，如连续选上可以连任。

（三）兴办女学、义学

甲午战争后，维新运动蓬勃兴起，慈善公益事业的发展与时局紧密相联，因而在许多方面又显示出较多的政治色彩。甲午战争的失败警醒了国人，更多的人开始认识到旧的教育制度的弊端。康有为、梁启超等维新人士一致认为：中国战败的原因在于教育的不良，要救亡图存，实现变法维新，必须把"兴学校，开民智"放在首位。他们提出："变法之本，在育人才，人才之兴，在开学校，学校之立，在变科举"，而一切要其大成，在变官制。[2] 他们把办学堂，开民智，作为挽救民族危机的手段之一。庚子年后，各地的封疆大吏也开始上书要求递减科举取士名额，发展学校教育。清廷迫于形势，于光绪三十一年（1905 年）下令"停科举以广学校"，并主张多方办学，不仅由官办，而且民间绅富，亦共集资举办。

1. 兴女学

妇女解放是批判旧礼教、旧道德的症结所在，因此维新派以兴女

---

[1] 田涛、郭成伟整理：《清末北京城市管理法规》，北京燕山出版社 1996 年版，第 402 页。

[2] 梁启超：《变法通议》，华夏出版社 2002 年版，第 24 页。

学、戒缠足为切入点，猛烈地向封建伦理、陈规陋俗开火。他们呼吁兴办女学，使女子成为有文化的母亲，上可相夫，下可教子。1906年前后，一些有识之士在北京办起了一批女子学堂，慈善界诸多同人也都支持兴办女学堂，这也是民间慈善活动的重要内容。

光绪二十三年至二十四年（1897年至1898年），经元善会同严信厚、郑观应、施则敬和梁启超等社会名流，在上海发起创办了中国第一所女学堂。对于女学，经元善认为："我中国欲图自强，莫亟于广兴学校，而学校本原之本原，由莫亟于创兴女学。"同时指出兴女学与办义赈一样，均属义举，"女学堂之教人以善，与赈济之分人以财，可同日而论且并行不悖"①。北京最早兴办女学是教会办的女子学校，如贝满女学堂、崇慈女学堂、慕贞女校等。教会女学办学之初，招收的都是贫寒家庭的女孩。如贝满女校平均学生人数只有18名，且学生多是无家可归的幼童或是家境贫寒的子弟。慕贞女校虽称书院，"莫如说是以慈善为主"，据说学生有孤女，也有寡妇。② 维新人士在富国强种的着眼点上，呼吁兴办女学，使女子成为有文化的母亲，上可相夫，下可教子。光绪三十二年（1906年）前后，一些有识之士在北京办起了一批女子学堂，如四川女学堂、崇实女学堂及女学传习所、京师刺绣传习所等女学及女子职业学校。

淑范女学校　创办于1905年，校址在东总布胡同，是由东京帝大汉语讲师张延彦等人提倡并出资，并请求中外人士捐助创办的。每月需用经费十四两三钱。1906年有女学生80人，学生一律免交学费。学生每日上课四五小时，教育程度大体是小学。③

慧仙女学堂　是由慧仙女士临终前将遗产约五万两委托给内务府郎中诚璋，嘱设立女学校，经诚璋多方努力，于1907年开学，以慧仙女士之名为校名。慈禧太后还特赐匾额一面，以嘉奖慧仙办女学的功德，由此可见当时社会风气以参与兴办女子教育为荣。慧仙女学设

---

① 虞和平编：《经元善集》，华中师范大学出版社1988年版，第213页。
② 张宗平等译：《清末北京志资料》，北京燕山出版社1994年版，第219页。
③ 同上书，第208页。

立两科，一是机织科，学生多是学习机织；二是普通科，学生学习中文、机织、体操等科目，两科共有学生70人。①

女学传习所　由北京大学教习、学部主事江绍铨创办，并亲自经营管理。学校设两部，一部在西城的石驸马大街，另一部在外城骡马市绳匠胡同，约有140名学生。学科分为小学科、师范科、保姆科、技艺科等，但是还不太完善。技艺科以学习制花、织毛线为主。教师主要由中国女教师担任，还聘请了一位日本女教师。学校经费主要由中外人士捐赠和每月的学费支付。②

和育女学堂　一些贵族和官员也以"开明"自喻，纷纷创办女学，和育女学堂就是以热心教育而著称的肃亲王善耆在自己府邸创办的，学校免费，经费皆由肃亲王自筹。首先招收的是公主、嫔妃及王府的格格们。学生们学习刺绣、绘画，此外还学习算术等文化知识以及体操、唱歌和跳舞。

此外，西城私立第一女学堂，该学堂院长为冯女士，教员是五名女士。③外城女学传习所，其国文教习是彭程璋华，内城监督是彭程德华，二人为姐妹，为人热心善良，不仅学问相当且热心慈善事业，"可称女杰，一时传为美谈"④。

2. 兴办义务教育

义学在京师历史很久，据说兴起于乾隆年间，是靠热心好义者捐助设置和维持，以教育贫民子弟为目的的慈善学校。学生大多七八岁至十七八岁，所学不过是为应试科举而准备的。北京比较有名的义学除八旗义学外，曾有过所谓八大义学。该义学是由木材商人王海捐助土地，顺天府负责出租土地及管理，以地租为义学经费。但是庚子年后，八大义学全部废弃。⑤除政府兴办义务教育外，社会团体也积极

---

① 张宗平等译：《清末北京志资料》，北京燕山出版社1994年版，第209页。
② 同上。
③ 《京师第一蒙养院之组织》，《顺天时报》1907年7月3日。
④ 《学界调查记》，《顺天时报》1909年1月20日。
⑤ 张宗平等译：《清末北京志资料》，北京燕山出版社1994年版，第206页。

参与。如在光绪三十一年（1905年）北京的佛教界有感于日本佛教界从事社会公益活动，开设各种学校，决定在京设立中国佛教学务总公所，并在各省设立佛教学务公所，由各寺住持公选有德之僧人一二人兴办学校事务。办学经费"以各寺捐助金充之，以佛门慈善之心，求国民知识之助"①。京师佛教学务总公所在宣武门内西城根象来街路北购得官宅一所，设立初等民小学堂，定于11月11日开学，暂取学生50名，4年毕业，所有一切学费及学生午饭，均由寺院筹措。光绪三十一年（1905年）僧人觉先，在宣内象桥城根设佛教小学堂，堂设初、高两等，课程悉照定章。②光绪三十二年（1906年），龙泉寺立学招生。龙泉寺的方丈捐助款项，由观音寺觉先创立学堂，已经开学多日。现又在龙泉寺本庙建立学堂，招收僧学生四十名，民学生十名，……龙泉寺和尚首先兴学，化无用为有用，佛法慈悲。③白云观住持高仁峒在观内设立白云观私立小学堂，一切均照定章办理。僧道兴在龙泉寺内设立初级小学堂。④再如《京话日报》1906年3月30日报道，海淀绅士吴赞宾捐办初等小学堂，现已登报招考，"听说继子受侍郎，捐银五百两，作为开办经费，大员提倡学务，如此热心，真可佩服"。

还有一些教会人士针对一些特殊人群开办了特殊教育。如同治十年（1871年），英国穆威廉教士来华，鉴于瞽目者繁多，在京最早开创盲人的救济事务。光绪十三年（1887年）创立瞽目学校，1921年在京西八里庄购房置地，定名为启明瞽目院。1922年又添女校，学生共有23名，在1938年共有学生43名。学生在校学习盲文和手工艺技术。光绪五年（1879年），又有英国戈登库明女士来华，募款扩充，遂得于光绪十三年（1887年）在甘雨胡同创设瞽目学堂。光绪二十六年（1900年），又增置房屋地产数处。迄1921年，始行购置

---

① 《学部为设立佛教学堂事致内务府咨文》，《历史档案》1989年第2期。
② 耿申：《北京近代教育记事》，北京教育出版社1996年版，第23页。
③ 《京话日报》1906年4月1日。
④ 耿申：《北京近代教育记事》，北京教育出版社1996年版，第27页。

现院址，并定名为启明瞽目院。1922年又添设女校。至1924年，增至男生16名，女生7名。现有男生33名，女生10名。①

此外，在京还有一些称为"乡学"的学堂，主要由外省旅京人士为本省子弟的教育，共同筹措资金设置和维持的公益性的学校。这类学校有湖南同乡京官创办的湘学堂、四川同乡京官创办的蜀学堂、江西同乡京官创办的豫章学堂以及顺直学堂、畿辅学堂、愿学堂、东三省公立学堂、江苏学堂、浙江学堂、安徽学堂、山东学堂、河南学堂、福建学堂、江西学堂、湖北学堂、广西学堂、广东学堂及求知中学堂等。他们多在1901—1906年间设立。

最早设立的"乡学"为戊戌变法时期，由四川省在京官员捐款在宣武门外芝麻街设立的蜀官学堂，1904年改名为四川公立学堂。该学堂每月需经费银350两；课程设置有伦理、读经讲经、国文、算学、历史、地理、博物、英文、国画、体操等。②再如驻京江西官员在1903年筹设豫章学堂，专教本省在京子弟。学堂设中学，还另设初等小学和高等小学。学堂经费由旅京赣籍人士捐助，岁入银五六千两，每月经费约666.6两。③

总之，兴学以来，经过公私立机构的努力，京师学龄儿童已有一部分进入各类学校读书。

（四）读报处和讲演所

20世纪以后，社会改革的呼声日益高涨，清政府为了挽救摇摇欲坠的政权，不得不采取了许多改革措施。而面对如此大比例的不识字人群不能阅读书报的现实，信息的传播在很大程度上只能依靠口头传播，因此如何向民众传播新思想成为当时最大的问题之一。许多有志之士认为："我国风气未开，实由人民知识不广，转移之术在广开

---

① 吴廷燮等纂：《北京市志稿·教育》，北京燕山出版社1991年版，第459页。
② 京师督学局编辑：《京师督学局一览表》，1907—1910年。
③ 同上。

宣讲所而已。盖欲使愚而明，柔而强，惟演说之感化力甚大。"① 美国社会学家西德尼·D. 甘博（Sidney D. Gamble）在对北京社会调查后说："1902 年教育革命开始不久，北京开办许多私人讲演所，向人们传授一些受过教育人的新思想。讲演所附设的阅报室也经常开放。"② 他们开办的讲演所，由经过正规训练的演讲者向民众宣讲，使百姓了解社会的改革及新的思想、新的观念。

光绪三十一年（1905 年）以后，由于新的思想的传播，私人讲演所数量迅速增加。开办讲演所的人士主要是热心社会改革的知识分子、绅士等。如在 1905 年 4 月，东西牌楼六条胡同口外，会友堂药铺医生卜广海，将隔壁喝茶说书用的棚屋改为讲报处，并订购《京话日报》1 份，逐日为平民讲报。③ 光绪三十二年（1906 年）开办的京西讲演所，是由宗室觉罗八旗高等学堂中等头班、师范班学生荫佑和善懋等人兴办的。光绪三十三年（1907 年）普通教育讲演所由八旗右翼第三初等小学堂堂长松元和教师荣谦、宝源等人兴办的。广德楼设的第一讲演所是由文耀兴办的。宣讲的内容在清末和民初是有区别的。在帝制的情况下，宣讲的宗旨是"忠君、遵孔、尚公、尚武、尚实及提倡工商、劝办学堂、改良教育，一切有关公益者"，禁例是"排满革命、刺激政府、排挤宗教、陷迷信、坏公益、干众怒及一切离奇怪诞之言"④。民国以后普通演讲的主旨是"（1）鼓励爱国，（2）勤勉守法，（3）增进道德，（4）灌输常识，（5）启发美感，（6）提倡实业，（7）注重体育，（8）劝导卫生。教育国民，改良社会"，即宣讲以国家观念、国民道德、独立自营、公共卫生四者为纲目。⑤ 因为讲演所基本上是在政府控制之下，所以对于讲演的内容，

---

① 《松元等为开办普通教育讲演所致京师督学局的呈》，北京档案馆，档案号 J4-1-1。
② ［美］西德尼·D. 甘博：《北京的社会调查》上，中国书店出版社 2010 年版，第 146 页。
③ 耿申：《北京近代教育记事》，北京教育出版社 1991 年版，第 22 页。
④ 《京西讲演所为宣讲材料等事致京师督学局的呈》，北京档案馆，档案号 J4-1-1。
⑤ 《通俗教育讲演规则》，宋恩荣、章咸编：《中华民国教育法规选编》（修订本），江苏教育出版社 2005 年版，第 533 页。

政府也有具体规定,"必须语有根据,方于宣讲宗旨不至大有出入"。为此清末由学部审定宣讲书目发交各讲演所,要求各宣讲员按照所开书目宣讲。如果宣讲员自行找到可供宣讲的新书,"应先送督学局核阅,审查适用,再酌示办理,不得任取一书或自撰一说,随意讲演"①。

此外,热心公益人士还兴办了一些公共阅报处。据光绪三十一年(1905年)《京报》报道,一位湖南籍的张将军在西城开办了一处公共阅报处。他认为读报是人民摆脱无知的最佳方法,张将军捐资50元作为阅报处的开办经费,又为扩大阅报处规模提供了100元,他希望建立几处同样的阅报室。东珠市口三里河曾设立的公立第一阅报处,就是在光绪三十二年(1906年)由官绅合办的。光绪三十一年(1905年),京师大学堂教习刘瀛东捐资制作木牌30块,安设城内外各要路口,张贴《京话日报》,以开风气。不久驻德使馆翻译亦捐资设立阅报处。②

读报处、阅报社等民间公共阅览场所的创立,为民间社会提供了从未有过的公共活动空间,这是与义学具有相似的社会教育功能的新型公益事业,为晚清时期社会救济事业的转型增加了新的内容和活力。

(五)兴办粥厂、修建道路等慈善公益事业

1. 粥厂

清末,由于大批旗民和市民破产沦为贫民,为了鼓励民间兴办慈善事业以救济大量的贫困人口,清政府对于"以巨款捐赈者","准其援案给奖",按照常例收捐封典、虚衔、贡监等项。③ 直隶、山东、浙江、安徽、湖北等省,均援例办理,收数甚巨,唯士民中果能捐输巨款急公好义,捐款在银一万两以上者,地方官员则转折请旨给奖。

---

① 《京师督学局致劝学所的公函》,北京档案馆,档案号 J4-1-1。
② 耿申:《北京近代教育记事》,北京教育出版社1991年版,第22页。
③ 吴廷燮等纂:《北京市志稿·民政志》,北京燕山出版社1998年版,第111页。

因此一大批民间的赈济机构兴起。

据不完全统计，至光绪末年，北京的粥厂、善堂、育婴堂等赈济机构近90所。私立粥厂中著名的有北城的继德堂及同德堂等。"此等系多数志同道合者共同经营。官设者届时由官府派人，私设者由志同道合者选定总理、副总理，掌管施粥事务。私设粥厂中有同时设惜字纸会及义学者，或作为暖厂收容50岁以上之贫民，于每年清历十月至翌年三月底施粥，且有的留宿以渡过严寒。"① 私人经营的施粥厂也有在自宅举办的。在自宅举办的不限于冬季，有的在家的节日或父祖的忌辰施粥。

2. 修筑道路、添加路灯等公共设施

民间慈善还包括各种公益活动，如捐款助以工代赈，在光绪十七年（1891年）各绅办粥厂放粥未竣之时，南城宪张大人虑灾后各处"道路泥淖，河道淤塞"，筹划复劝商普善局，绅可否以工代赈平垫道路，修理桥梁，疏通沟渠河道，便于商民。普善局绅商勘丈绘图察明，不惮风雨，举办工程，不动公款，均系绅捐办理。该善局挑挖河道几达40里，并以土铺垫道路，修筑桥梁一座，均系该局绅士捐办。还有一些社会组织参与社会的公益，如捐款安装路灯等。

3. 水会

火灾在几千年的中国社会是令人色变的灾害。多少宫殿建筑都焚毁于大火之中。所以防范火灾是紫禁城内重要的工作之一，但是他们也不过是在庭院内摆放装满水的巨型大缸，失火时桶舀盆接地救火。至于普通居民区则没有任何防范措施。随着商业的发展，城市的繁荣，防范火灾成为城市生活中重要的问题。于是一些商铺为了确保自身的安全，防患于未然，发起组织公益性质的水会。

北京最早的水会是光绪十六年（1890年）成立的东安水会。水会由有识之士集资而成，会址设在东四牌楼路东一处民房内，备有极为简单的工具，主要对城内的火灾进行救护。光绪二十六年（1900

---

① 张宗平等译：《清末北京志资料》，北京燕山出版社1994年版，第423页。

年），义和团运动中，水会器具被抢掠，水会停办。

光绪二十八年（1902年）重新设立永济水会总会，以后各地陆续设立水会共8处，主要设置在内城。① 水会的组成，是以其所在地为中心，由方圆一里地区之内的商店集资而成，以商店的大小为标准，分等级出钱，购买一些消防工具，不过是一些手动唧筒、吸管、挠钩、梯子、水筒等。再雇一些闲散人员为消防员，主要是巡逻查看火警，遇有火情，迅速鸣锣报警，各铺户立即出人集合，奔赴火场。如果火势凶猛，再遇大风助威，救火人员只能混战一场，根本无济于事。

晚清，受政府财力日绌、贫民流民增加、西方救济思想传播的影响，北京地区的社会救济制度开始了向近代化的转型，民间慈善公益事业呈现出新的特点：

首先，在清政府社会救济理念向"教养兼施"转变的同时，民间的慈善事业也从传统慈善事业的狭窄范围，逐渐向活动内容更加丰富的近代慈善公益事业转变。晚清之前的民间慈善活动，其内容主要局限于恤嫠、施棺、施粥、施衣等突遇天灾人祸的临时性救济，维新运动之后，随着"教养兼施"理念的盛行，新的慈善公益团体更加注重教的内容，如工艺局所的开办，旨在授人以渔，而非仅仅授人以鱼。

其次，晚清时期救灾实践中出现了"官绅合赈、官督绅办"的合作局面。晚清时期，水旱频仍，而政治形势越发动荡，清政府财力日绌，天灾人祸导致各地灾民流民增加，政府已无力独自负担社会救济事业，加之政治腐败，舆论对民间慈善公益事业的肯定，官赈再也不是中国历史上一直以来的灾荒救济的主要形式，随着政府对民间慈善团体限制的放宽和鼓励支持政策的实行，民间慈善事业得到了极大的发展。

最后，民间慈善事业的极大发展，可以体现在多个方面。一是众

---

① 张宗平等译：《清末北京志资料》，北京燕山出版社1994年版，第252页。

多民间慈善团体组织的出现，如北京恒善总会、中国妇人会、中国妇女会、女学慈善会等一批具有极大号召力的民间慈善团体，甚至也出现了民间慈善组织的联合，活跃在晚清时期各种民间慈善活动之中。二是民间慈善力量中出现了新的主体，尤其以新式知识分子和女性慈善家为代表，为晚清时期的民间慈善活动注入了新的力量。三是晚清时期，正是国家、民族观念逐渐形成之时，民间慈善救济不再是以往简单的善行义举，而是强调"爱国爱群、救济同胞"的理念，充分与国家民族命运相结合。

三 政府与民间慈善活动之关系

清末，社会危机日益严重，贫困成为困扰社会发展的严重问题。然而政府社会救济能力下降，根本无力解决各种社会危机。而此时在西方公民社会的影响下，北京一大批有识之士纷纷参与兴办救济事业，他们所参与的慈善事业较以前有了更加广泛和深刻的内容，传统慈善快速向近代慈善转型，使政府与慈善组织的关系也展现出了新的格局。

总的说，在慈善事业中政府处于绝对主导地位。无论是对慈善事业的立法还是慈善管理机构的设置，政府都是处于领导的地位。对于民间慈善活动，政府也一直是采取管理与扶持的政策。

政府对慈善组织的管理，主要是根据《结社集会律》的规定进行的，慈善组织在成立前要求到巡警厅登记，言明宗旨，名称，社章，办事处，领导者及办事人的履历、住址，入社人数等。凡集会、结社、游行等活动都要受巡警厅的监督管理。对于教育或是讲演所等具有意识形态的事务，政府也是有严格的管理和控制的。如民间办的简易学堂，尽管教学程度简单，但是也要依据学部规定的教材内容进行教学。而讲演所基本上是在政府控制之下，对于讲演的内容，政府都有具体规定，要求各宣讲员按照学部所开书目宣讲。

政府对民间慈善事业也一直采取的是扶持鼓励的政策，随着慈善事业的广泛和深入转型,政府也相应调整对新型慈善的鼓励和支持政策。首先是允许和鼓励民间在更广泛的领域进行慈善活动,例如在办学、办厂、募捐等新型的慈善活动中,不仅允许而且给予更多的鼓励和支持。如在兴办新学的过程中,清政府明令奖励捐资兴学者:"绅民如能捐建学堂,或广为劝募,准奏请给奖。有独立措捐巨款者,予以破格之赏。"① 鉴于实业教育落后,《奏定实业学堂章程》第九条规定:"各省官员绅富,有能慨捐巨款报充兴办实业学堂经费者,或筹集常年的款自行创设实业学堂者,或指明报充官派出洋实业学生学费旅费者,应量其捐资之多寡,分别奏请从优奖励,以为好义急公者劝。"② 对于私塾改造成新式学堂,京师督学局于1907年12月派员查视内外城改良私塾,分别第等,所有列入最优等、优等、中等者,该局分别奖给名誉金。③ 1908年京师督学局又给42处办理优良的改良私塾分别奖给名誉金。另外还对办理优良、资金困难的私立学校给予补助。

民间兴办的贫民工厂、教养局等,虽然实行绅办,但是政府均进行一定的监督管理,或是给予一定的补助。如博济教养工厂由内城市政公益会绅商共同筹划捐款设立的,"所有办事人员概由绅商公举,巡警厅员只任督率监察之责,遇有重要事宜,仍由官绅公同商议办理"④。巡警总厅任命的总经理以三年为期,三年后由总厅将工厂各类钱财报销册籍交市政公益会查阅,另行公举总经理,如选上可以连任。

反之,民间慈善组织与政府在慈善事业上又是相互影响相互协调的。可以说某些慈善组织的活动影响了政府的决策,特别是南方士绅的慈善活动对北京的慈善活动具有很大的影响力。同时民间慈善灵活

---

① 赵尔巽:《清史稿》卷107,中华书局1976年版,第3126页。
② 朱有瓛:《中国近代学制史料》第2辑下册,华东师范大学出版社1987年版,第3页。
③ 耿申:《北京近代教育纪事》,北京教育出版社1987年版,第38页。
④ 田涛、郭成伟整理:《清末北京城市管理法规》,北京燕山出版社1996年版,第402页。

高效的优势，又极大地弥补了政府的不足。如民间兴办的养老抚孤等机构，弥补了政府的资金短缺，扩大了救济面。民间的施医、施药、施棺等救济活动，将社会对贫困人群的关爱向更深入的层次展开。

第五章

民国初年政府主导的慈善事业

辛亥革命后,中国社会经历了一场巨大的变革,慈善事业自然也在新形势下出现了新的特点,其中的一个重要方面——慈善思想在巨大的社会变革下发生了深沉而长久的转变。社会的开放,西方慈善理念的传播,并逐渐深入人心,这诸多因素互相联系、互相渗透,使近代慈善事业在更大的范围、以更大的规模得到进一步发展,最终促成了中国慈善事业的近代化转型。北京的慈善救济有了专门的机构进行管理,救助的理念和方式都有更广泛的改进,作为首善之区,北京的慈善活动都起到了首善标杆作用。

一 日益严峻的贫困问题

辛亥革命后,中国仍深深地陷入了内战和外侵的动荡之中,国内军阀混战给人民的生活带来了无尽的苦难,正如熊希龄所说,"辛亥以还,事变迭出,兵残匪蚀,已乏完肤。生计艰窘,物价翔贵,老者转沟壑,壮者散四方,不知几千万人矣"[①]。再加之自然灾害的肆虐,使贫民、灾民、难民等弱势群体大量涌现,成为中国近代苦难的注脚。

由于连年的战乱天灾,特别是二三十年代在北京附近发生的多次军阀混战,更使物价飞涨,大批市民破产,造成贫困人口急剧增加。

---

① 周秋光编:《熊希龄集》中册,湖南出版社1996年版,第1206页。

特别是由于北京特殊的人口构成——占城市人口近一半的八旗人口①，在清末大批失业、破产，沦为贫民。贫困人口成为困扰北京极大的社会问题。

何为贫民？也就是说，需要赈济的标准是什么？1914年北京警察厅对贫民有了比较确切的界定，他们将所有的贫困家庭罗列出来并注明了"贫困"或"赤贫"等级。负责具体工作的官员承认，这种分类是警察按照自己的判断综合上来的，他们通过对同一地区各个家庭的对比，决定需要救助家庭的等级，以备公私慈善机关办理冬赈。按照警察对两口之家或四口之家最低生活费用的估算，考虑到城市物价一般要高出乡村些许，一般来说，"贫困"家庭如果以二人计算，每天的收入不超过25枚铜板（相当于3—4斤小米面的价值，一年约66银元）；如果是四口之家，每天收入不超过35枚铜元（相当于一年93枚银元）。在这个数字以上则被认为能满足生存的需要。亦即只有完全处于赤贫状态时，才被称为是"贫困"②，才可能被救济。大体上说，有三分之一的人属"贫困"，三分之二的人属"赤贫"。事实上，警察一直在强迫乞丐们离开北京，这都使得北京城内的贫困人口数量和贫困程度比想象的要少而轻。如果对北京城门外郊区的状况进行一点最粗浅的研究，便会发现，那里赤贫者占了整个人口相当大的比例，绝非城里的情况可比。如果将郊区的人口包括进来，那么赤贫者的比例将要高出许多。③

1928年北京市社会局对内外城及郊区贫困人口进行过统计，在警察拟定的贫困人口共计有234800人，占全市人口的六分之一，即市民中每六人之中即有一贫民。其中极贫人口占贫民总数的77.6%。见下表。

---

① 据韩光辉《北京历史人口地理》（北京大学出版社1996年版，第126页）宣统二年的户口统计核算。
② [美]西德尼·D.甘博：《北京的社会调查》上，中国书店出版社2010年版，第286页。
③ 同上书，第289—290页。

1928年北平市内外城郊极贫、次贫户数丁口统计表

区署	极贫户数	男丁	女口	次贫户数	男丁	女口	合计丁口
内一区	1390	3183	2480	555	1105	1038	7806
内二区	1906	4297	3519	279	710	538	9064
内三区	4118	9492	9379	771	1493	1486	21850
内四区	4196	5998	4879	1087	4645	3769	19291
内五区	4585	6826	6333	1257	3678	3563	20400
内六区	1485	3455	2803	1211	987	850	8095
外一区	342	710	581	106	222	176	1689
外二区	172	347	326	115	258	214	1145
外三区	3677	7530	6923	871	2021	1739	18213
外四区	5009	15788	11649	246	489	437	28363
外五区	1909	3915	3585	436	980	821	9301
东郊	4642	10475	8881	409	1073	927	21356
西郊	3577	6611	5617	2211	5010	4165	21403
南郊	5963	13332	11398	1848	4368	3851	32949
北郊	2991	6683	5391	394	974	827	10875
统计	46002	98642	83744	11796	28013	24401	234800
		男女共计182386			男女共计52414		

资料来源：北平特别市社会局编：《北平特别市社会局救济事业小史》，社会局第一习艺工厂印制1929年版，第5页。

贫民的性别和年龄，妇女所占比例是最大的。光绪二十四年（1898年）候补知县刘泽监放粥厂的记载中提到，到粥厂就食的妇女比男子要多60%—80%，而妇女和儿童的总数竟是男子的三倍。① 民国初年，警察厅管理的7个粥厂对领粥人的调查结果是儿童占总人数的40%—45%，妇女占43%—46%，男性占11%—18%。而步军统领管理的粥厂统计的大致数字是儿童占总人数的27%，男性占27%，妇女占46%。在京兆尹管理的粥厂就食的人群中，65%—72%是妇

---

① 第一档案馆：《清档》，《顺天府·民政警务》卷49。

女，12%—22%是儿童，12%—14%是男性。① 单身的男性，特别是那些从外地来京的单身男人，极少被列为赤贫人口。大量的贫困人口是居住在北京的以家庭为单位的长年住户。

有关北京贫困者的凄惨的生活状况，许多笔记、著作里都有描述："隆冬沍寒，身无寸缕，行乞于市，仅以瓦片及菜叶遮其下体而已，见者无不粲然。"② 美国社会学家甘博在他的调查报告中描述贫民："他们尘垢满面，奇形怪状，用一星半点的破麻袋或碎布片抵御冬日的寒风。"在粥厂，"即使气温接近于零度，但他们许多人只穿着薄薄的单衣裳。偶尔看到肩上披着一块棉被的乞丐，他们的裤子都是破布碎片。有些男童只穿一件很薄的衬衫，下身则没有裤子"……"他们都是为了去盛一勺无偿施舍的热粥"。也有一些家庭就是靠粥厂每天施与的那唯一的几盎司热粥来熬过冬季。家里其他的人因为没有衣服甚至连外出乞讨以增加一些收入都做不到。③ 数量巨大的贫困人口问题，成为城市极为不稳定的因素，也严重阻碍了近代城市的发展。

二 慈善管理机构与经费来源

（一）政府的慈善管理机构

1. 内务部民治司

1911年10月10日辛亥革命爆发，清朝统治被推翻后，新的行政体制在中国建立起来。根据1912年7月公布的《各部官制通则》及8月颁布的《内务部官制》，内务部下设民政、职方、警政、土木、礼俗等司，其中民政司执掌贫民赈恤、罹灾救济、贫民习艺所、盲哑收容所、疯癫收容所、育婴、恤嫠、慈善及移民等其他事项。④ 民政司在后

---

① [美] 西德尼·D. 甘博：《北京的社会调查》上，中国书店出版社2010年版，第301页。
② 阙名：《燕京杂记》，北京古籍出版社1986年版，第125页。
③ [美] 西德尼·D. 甘博：《北京的社会调查》上，中国书店出版社2010年版，第300页。
④ 钱实甫：《北洋政府时期的政治制度》上，中华书局1984年版，第108页。

来颁布的《修正各部官制通则》中被改为民治司，民治司下设五科。五科中的第四科具体掌管慈善救助事宜。1914 年 7 月 10 日，公布的《修正内务部官制》规定，内务部直隶于大总统。1917 年 3 月颁布的《内务部民治司变更分科执掌办法》，将第四科负责的项目增加至 16 项。包括地方罹灾救济、地方蠲缓正赋钱粮、地方筹办赈捐款核准、地方捐赈人员奖励、地方粮食出口考核、地方备荒积谷、筹备八旗生计、红十字会之设置救济及奖励、京师平粜、京师冬防、收养贫民、散发棉衣及开辟临时粥厂、育婴恤嫠及其他慈善事业，经营游民习艺所、济良所、教养局和贫民工厂、地方善堂等。① 内务部民治司的设立确立了中央对全国及北京慈善事业的管理。由于北京作为首都的特殊地位，内务部对北京的赈恤事业给予直接的指导和资助。

2. 京师警察厅

1913 年袁世凯即下令将内外城巡警总厅合并为京师警察厅，从而结束了清末以来两厅分立的局面，使警察的权限更加集中。根据 1914 年 8 月颁布的《京师警察厅官制》规定：京师警察厅直隶于内务部，与京兆尹公署无从属关系。警察厅负责京师市内的警察事务、卫生防疫、营建、桥梁道路、社会赈恤贫民教养、集会结社、新闻检查、商业市场、捐税征收、消防等城市的各项管理。实际上在城市管理不完善的时代，京师警察厅肩负着城市管理的责任。

京师警察厅下设五处十四科，即总务、行政、司法、卫生、消防五处，除消防处设两科外每处设三科。社会救恤和贫民教养等赈济事务主要由行政处第二科负责。警察厅还直接管理着贫民教养院、疯人收养所、京师济良所、教养局、实业学校、贫民教养院和妓女济良所。他们还在全城各处开办了 53 所半日制学校，有 4000 名穷孩子在这里得到教育。② 2 所公共医院——内外城官医院，也由京师警察厅管理。京师警察厅还负责募收慈善捐款，作为办理慈善事业的专款。各项捐

---

① 《东方杂志》1913 年第 10 卷第 8 期。
② ［美］西德尼·D. 甘博：《北京的社会调查》上，中国书店出版社 2010 年版，第 69 页。

款的捐率各行各业均不同。原本没有定率，由各界自由捐款[①]。因为没有固定且充足的捐税收入，民国初年，大部分慈善机构都面临经费不足的困境，很大程度上还依赖于地方绅商、社会各界以及慈善家的捐助。各个慈善机构除了节流（很多工作人员为义务担任，没有报酬）以外也想了很多办法，通过额外途径获得经营的经费。

警察厅下设20个区署，各区署再把自己的管辖地区划分为若干段，每段设置派出所。派出所主要是负责管段的户口、治安并管理地区的一切事务。

3. 京都市政公所

近代城市的发展，警察的力量难以承担全部市政管理的重任。1914年在内务总长朱启钤的倡议下成立了京都市政公所。市政公所也隶属于内务部，主要负责城市的总体规划和基础设施建设，同时也负责一部分公共卫生、文化教育、赈济贫困及提倡实业、开办公用事业等工作。

市政公所几经改组、裁并，1918年设为四处，处下设科。其中第二处的行政科负责与通讯、工业、公共卫生、赈济及城市商业有关的事宜。在社会赈恤和公益方面，市政公所还负责管理工巡捐局、京都市仁民医院、京师传染病医院、城南公园事物所、海王村公园事物所等。

辛亥革命之后的北京城，新与旧相互交织、相互碰撞，在城市行政管理体制的近代化进程中，北京出现了由内务部、京师警察厅、京都市政公所等机构共管的模式。作为北京的管理机构，京师警察厅和京都市政公所各有划分明确的职责范围，它们彼此独立、地位平等，同时在许多项目上又进行合作。应该说，北京市政由内务部总长主持，实际工作由市政公所和京师警察厅负责。因此可以说，在这一时期，市政公所连同京师警察厅，两者的职能加在一起，大体上就相当于后来市政府的职能。在北京创建市政之初，这两家机构联合起来构成近代市政管理的基本成分。

---

① 雷辑辉：《北平税捐考略》，大象出版社2012年版，第84页。

在城市的赈济方面，京师警察厅在很大程度上更多地直接参与救助工作，包括补助慈善机构、兴办半日学校、管理机构运行、征收捐税等事务。因为警察机构与百姓的关系最密切，因而也最能了解哪些人需要救济或哪些人值得救济。在具体的实施过程中，各区警署、派出所发挥了较为核心的作用。市政公所对赈恤事业也负有一定的职责，它对城市的公益事业则负有更多的职责。尽管这时依然没有独立的机构处理这一特殊的城市事务，但是总体来讲，政府权力的强势出现在某种程度上已经代表着一种时代的进步。

（二）政府兴办慈善事业的经费来源

1. 中央机构拨款

作为首都，北京的慈善事业一直得到中央政府的支持，总统府、内务部每年都有拨款。如民国初年，大总统每冬发寒衣一万份，并施赈银。[1] 北京冬季官方开办粥厂所需的资金来源，据甘博调查，1915年京师警察厅经营粥厂的资金，从上述渠道中得到了下列数额：

总统府	5000 元
内务部	2000 元
市政公所	5000 元
交通银行	2000 元
民间或私人来源	50 元
总计	14050 元[2]

而步兵统领衙门粥厂得到的资金是：内务部2000元、京兆尹1000元、警方收取的捐助438元、个人资助800元。[3] 这只是固定的额度，但是如果确有困难，中央政府还是会再次拨款。如1915年冬季因领取粥食的人太多，尽管积极求助私人捐款，但仍不能满足粥厂

---

[1] 吴廷燮等纂：《北京市志稿·民政志》，北京燕山出版社1998年版，第149页。
[2] [美]西德尼·D.甘博：《北京的社会调查》上，中国书店出版社2010年版，第302页。
[3] 同上。

的开支。在警察总长的特别申请下，财政部补齐了这一年的赤字。

此外，由中央政府拨款的京师警察厅的经费，每年用于济贫等的费用也是有相当的数目，如在1917年警厅的全年经费是2235934元，其中用于济贫的经费包括：济贫3086元、两所救济院3473元、两所贫民学校10800元、济良所1200元、妇女救济所1116元、两所贫民工厂3936元，共计23611元。①

2. 地方政府自筹资金

北京市政管理部门的慈善资金主要来源于税收和绅商捐助。工巡捐局于清光绪三十三年（1907年），最初是在外城设立，后来推广到内城。第二年的八月，内城总局成立，开始征收铺捐，之后捐税推广到车、妓、乐户等。捐款用于补助地方公益经费，由民政部以及巡警厅来分配支用。1914年京都市政公所成立后，内务部批准将工巡捐局划归到市政公所直接管辖，但仍旧和警察厅一起管理各种捐务。

北京税捐主要包括国税和市税两部分，市税多由工巡捐局会同警察厅征收。其中和慈善事业最为直接相关的税种有贫民捐、慈善捐、自治公益捐。② 宣统三年（1911年）起，即有贫民捐，向乐户征收，完全用于妇女救济事业。其捐率为一二三各等乐户每月征收二元，四等乐户每月征收一元。每年大概可征收六千元左右。慈善捐则是办理慈善事业的专用捐款，由京师警察厅自由募收支用。慈善捐分六种，其一针对拍卖行，其二针对各戏园，其三针对各商号，呈报营业室随意捐助，社会各界、士绅也可随意捐助。另有偷电罚款一项，其中一部分作为慈善捐款。该捐款主要用于解决居民清洁卫生事项。由各警区向居民募捐，数量随意，用于雇用劳动力专门负责路面清洁问题。

工巡捐局的捐税率主要是依据征收对象贫富来确定，其征收所得全部（贫民捐、乐户捐、慈善捐等）或部分用于公益事业。例如铺捐依据商号资本的多少，车捐依据车辆种类，戏园、乐户、妓的

---

① ［美］西德尼·D. 甘博：《北京的社会调查》下，中国书店出版社2010年版，第459页。

② 雷辑辉：《北平税捐考略》，大象出版社2012年版，第319—320页。

捐税也都依据各自的登记来定,并发给其牌照。捐税的税率也没有固定,每年的数额也会依据不同情况来定。大抵是铺捐分特别等每月捐洋20元以上,第一等14元,第二等10元,第三等6元,第四等5元,第六等3元,第七等2元,第八等1元,第九等每月捐洋半元。所收均为北洋龙元。九等以下铺捐每季4角到1元不等。1913年4月的《核定铺捐罚则》规定,铺捐由工巡捐局和警察厅共同执行。

戏捐,根据1915年4月《京都市政公所核定京都市工巡捐局戏捐章程》规定①,凡开场演戏剧或男女清唱及电影技术等都需要统一缴纳公益捐款。一等戏园每次捐银元6元、二等戏园每次捐银元3元、三等戏园每次捐银元1元半,四等1元。依据戏园的新旧、大小、设施等为之定级别捐款。对于一些公益性的演出,这笔捐款自然也就是免除了。《京都市工巡捐局戏捐章程》第八条明确规定,经警察厅特许专为地方公益或赈济灾荒特别筹款纯粹义务性质者概予免缴。从这些规定中,可以看出工巡捐局捐款的公益性质。它是通过调节社会收入、进行重新分配的方式筹得款项并用于公益事业。

车捐,依据《京都市政公所核定京都市工巡捐局车捐章程》②,按车分类,分汽车、马车、轿车、人力车、火车、手车、敞篷车裁定不同的捐率,并有自用与营业之分,有按年(一次全交、一次半年)、季、月来捐。其中,分月、季来交,会略高于按年捐的数额(例如自营汽车车捐,按月每月银元4元则每季捐银元12元,若按年交,全年只需44元,而营业车辆没有此优待)。车捐对于自营车辆的优惠政策也体现出工巡捐局有意识地对社会较高收入进行调节。说明此时,该局筹办慈善事业的理念在于调节社会财富分配的方法,通过对相对高收入的群体收捐税用于公益事业。

---

① 中国第二历史档案馆:《北洋政府档案》,《中国档案》第122册,2010年,第422页。

② 同上书,第426页。

乐户捐与妓捐的征收，依据《京都市政公所核定京都市工巡捐局乐户妓女捐款征收规则》①，乐户每月一等户24元、二等户14元、三等户6元、四等户3元。每名娼妓也按照各自登记纳捐，其中一等娼妓月捐4元、二等3元、三等1元、四等半元。

因为国库空虚，以后又陆续开征多种税捐，如长途汽车捐、平绥路货捐、铺底税、卷烟吸户捐、电车市政捐、牲畜检验费、四项加一捐、房捐、邮包税、公益捐、警饷附加税、奢侈品特捐、证券登记费等，共计31项，其中有一部分属于市政税收。如崇文门关税虽是国税，但是每月向北京市中小学教育拨5.4万元补助费。1927年6月开征的房捐，初期税费并不多，1928年改订分级加捐办法，收入便增多了，在1928年即达到1135630.509元。这一款项专充警察经费，全市警察经费完全赖其维持。

据统计，1914年全年各种捐税共计234539.835元，在1918年全年捐税515471.105元。② 但是这些远远不能满足整个市政的需要，短缺资金要由内务部从民国政府的资金中拨款弥补。遇有大的工程或是特殊的灾荒，也需向民国政府申请。

总的来说，这些捐税虽具强制性，但在征收上并不是十分苛刻的。例如遇到天气严寒，车捐即被豁免。又如在民国6年，北京发生战乱，当年所有捐税豁免。在征收法则上，以体恤民众为重，也和其兴办慈善救助事业的理念相一致。还有一部分慈善经费是通过向私人渠道募捐获得的。

三　政府兴办的慈善事业

民国初年，北京政府机构相继接管或建立了内城官立贫民教养院、游民习艺所、博济工厂、外城教养局、教养二局、首善贫民教育

---

① 中国第二历史档案馆：《北洋政府档案》，《中国档案》第122册，2010年，第445页。
② 京都市政公所编：《京都市政汇览》，京都市政公所印制1919年版，第19页。

院、外城收养贫民所，以及育善教养工厂、扑善教养工厂、商水会教养工厂、崇善女养济院、普慈女工厂等公私立救济机构，传授贫民以技术，组织他们做工以自救。京师警察厅担负起了更多的社会慈善救济工作，有资料显示，当时的京都游民习艺所、乞丐收容所、疯人收养所等多个北京公营社会救助机关都由京师警察厅管辖，而只有贫民习艺工厂由京都市政公所管理。

（一）以教代养机构
1. 游民习艺所

游民习艺所是清末刑部主持设立的，1915年12月18日公布的《游民习艺所章程》规定[①]，游民习艺所直隶于内务部。就其行政级别而言，和京师警察厅一样，由内务部直接统领，再后由警察厅接管，专门招收无家可归以及家庭无力抚养的8岁至16岁的男孩，习艺所给他们提供食宿。暂定名额为800名。游民习艺所主要职能是招收贫苦无依、性行不良者，使之获得普通知识、谋生的技能。游民习艺所分为初等、高等两种。初等为年龄较小的孩子，主要学习文化知识，每天上5小时的课，教学程度分别为初小和高小两种。其中初等小学，学习国文、修身、读经、习字、算术、图画、风琴唱歌、体操。高等小学，除了初等小学所学科目外，还有历史、地理、英文、商业或工业、理科等。其中还有一些孩子接受音乐或舞蹈的训练。凡年龄较大以及不堪就学的孩子要学手艺和做工。他们所学的各种手艺有：木工、印刷、造纸、制肥皂、织地毯、裁缝、纺线、织布以及织裹腿带等。就学年限，初等以4年为届，高等以3年为届，学生只可选其一。从时间设置上可以看出，游民习艺所的教育是经过详细规划的，有成熟的教学进度安排。作为民国初年的慈善机构来说，游民习艺所和半日学校有着较大差别，反映出两种不同救济模式。前者有着长期性的打算，从行政划分上来说，前者直隶于内务部，受到的政府

---

① 戴鸿映：《旧中国治安法规选编》，群众出版社1985年版，第103页。

投入的分量也相对较大。后者虽然是各区警察厅直接参与兴办的，但很大程度上还有赖于绅商捐助。另外，游民习艺所的管理也相对封闭，更类似于全日制的学校。所内设置有探晤室，游民亲属可与之在此室见面，但不得超过10分钟。① 而半日学校相对较为开放，只在半天或者选择夜间教学。1918年习艺所收留了660多名男童。做工的孩子每月最少能得到20个铜板，最多能得到60个铜板，这些报酬的一部分要送给孩子的家人，也允许孩子自由支配一部分。孩子到18岁以后要离开习艺所，回到他们原来的警区，由警察给他们找一份工作，使他们能够应用所学的技术谋生。②

除了内务部的直属机关外，北京还有许多其他的公营救济事业。在国民政府成立社会局之前，北京已有的公营救济事业，针对不同的群体，主要有以下几类。这些公营救济事业机关主要属京师警察厅管辖，经费亦由其发放。

2. 平民习艺工厂

第一平民习艺工厂③　创始于清光绪三十三年（1907年）。位于西城皮库胡同。原属清巡警部，后改属民政部，1912年改属内政部。该厂原名京都游民习艺所。1928年改属京师市政公所，并改名为京都习艺工厂。④ 平民习艺工厂的创办宗旨是，收养市内贫民授以相当教育与工艺使得能自立。该工厂仅招收男性，收容人数约有100名。其原定每月经费为4000元，其中由市政公所拨付2500元，内务部拨付1500元。后改为财政部拨付3800元。⑤ 工厂内设总务、工事、营业三股。

---

① 戴鸿映：《旧中国治安法规选编》，群众出版社1985年版，第106页。
② [美] 西德尼·D. 甘博：《北京的社会调查》上，中国书店出版社2010年版，第315—316页。
③ 北平特别市社会局编：《北平特别市社会局救济事业小史》，社会局第一习艺工厂印制1929年版，第15页。
④ 同上书，第14页。
⑤ 北平特别市社会局编：《北平特别市社会救济小史》，社会局第一习艺工厂印制1929年版，第15页。

从该厂所收对象，以及设立初衷可以看出，其创办理念在于教授贫民谋生之计，属于授之以渔的救济策略，通过教养相结合的手段，一则保障了贫民的基本生活，更重要的是为贫民尤其是无业游民提供了谋生手段，起到了稳定无业游民的作用。

第二平民习艺工厂 创始于1920年，位于崇文门外东大地沙土山。1922年改名为贫民教养院，收容男性400余名，女性46名。属于京师警察厅管辖，主要是收纳沿街乞讨的人群，教会他们自立更生的能力。[①] 经费来源主要是各警区代募捐款，但不充足。相对于只招收男性的游民习艺所来说，平民习艺工厂兼收女性，所能照顾的范围更大些。

3. 妇女习工厂

地址设在西四北石碑胡同。该院前身是内城贫民教养院，于1918年1月经内务部批准，在原教养院基础上"添造工场房间，购备各种缝纫机件，次第扩充"，改设为妇女习工厂。机构内部仍旧附设疯人所、济良所、验治局等原有附属机关，至1923年才独立出来。妇女习工厂专门收容贫穷无依的妇女，教授其养家的能力，可收容约100人，妇女可以携带8岁以下男孩。其经费由京师警察厅供给，属京师警察厅管辖。该厂经费常年不足，1922年其附设的济良所独立，导致警察厅拨划经费有一半被划走。至1925年左右，妇女习工厂经费几乎全部依靠私人捐助。从其拮据的财政状况，大抵也可以看出其经营之艰辛。妇女习工厂的实效也有待考量。

4. 感化所

地址位于彰义门内教子胡同，属京师警察厅，原名京师警察厅教养局，主要收留无业流民以及不及法律裁判的刑事犯，教养兼施授以相当技艺使能立足社会。收容约百余男性。

---

① 北平特别市社会局第四科编：《北平特别市社会局救济专刊》，社会局印制1930年版，第57—61、63—65页。

(二) 老幼残弱救济机构

1. 粥厂

粥厂兴办的历史悠久，是传统救助贫民的方式。民国初年，政府、宗教团体、私人、绅商等公私立的慈善机构，先后在京设立了20余处救济机构，收容、赈济贫民。粥厂下分不同的种类，有暖厂、粥厂等。北京的警察厅、步兵统领衙门和京兆尹共设立了13个粥厂。这些粥厂分布在城里和城周围。其中7个由警察管理，4个由步军统领管理，2个由京兆尹管理。① 1916年京师警察厅所属粥厂有：安定门外茶棚庵、东直门外内左四区操场、西直门外广通寺、阜成门外衍法寺、广渠门外同仁粥厂、教子胡同清真礼拜堂、永定门外兴隆栈。京兆尹公署所属粥厂有：朝阳门外观音寺、西便门外天宁寺。步军统领衙门所属粥厂有：京西第一粥厂、京西第二粥厂、京西第三粥厂、东郊清真寺粥厂。

1918年1月政府兴办粥厂的统计

	煮米数	就食人数（人次）			
		男丁	女丁	幼孩	总计
警察厅7座	9086 石	130865	322338	274412	727556
京兆2座	155 石	15209	77944	20396	113649
步军4座20天	1194 石	39179	70113	39859	149151

资料来源：京都市政公所：《市政通告》，统计类，1917—1918年合订本。

在寒冷的月份里，向贫民无偿地施舍粥饭。粥厂提供的食物"是由小米和大米熬成的热粥，其中十分之七是小米，十分之三是大米，平均每份粥的价值在1.2分左右。在这里每个人所能得到的粮食分量在3.5盎司到4盎司之间"②。自然这很难让人们把粥厂当作他们唯一

---

① 京都市政公所：《市政通告》，统计类，1917—1918年合订本。
② [美] 西德尼·D.甘博：《北京的社会调查》上，中国书店出版社2010年版，第300页。

的食物来源，然而也有一些家庭就是靠粥厂每天施与的那唯一的几盎司热粥来熬过冬季。据统计，1918 年警方在他们主持的 7 个粥厂每月施粥的份数在 350000 份到 400000 份之间；步军统领管理的粥厂平均每月施粥份数在 120000 份到 150000 份之间；京兆尹主持的两个粥厂施粥的份数平均每月在 80000 份到 90000 份之间。其中施舍份数最多的是 1918 年 1 月，共发放了 727815 份粥食。① 维持粥厂的正常实际费用取决于在粥厂就食的人数，由警方主持的 7 家粥厂每年花费 12000—15000 元，1915 年这 7 家粥厂共施舍了 963201 份粥食，全部费用是 11260.61 元，所用的粮食达到了 1723.17 石，每石的价值是 5.10 元。步军统领衙门所属的粥厂一年的花费在 4000—5000 元；而京兆尹所属粥厂一年的花费大致是 2500 元。②

此外还有一些粥厂是私人管理的慈善机构发放免费的食物，但这些机构规模很小，至多能为几百人提供救济。政府有时给予私人团体兴办的粥厂一些补助。如有的粥厂购买工具、燃料、劳动力等的花费，是由粥厂所在地区的士绅们提供，而粥厂所需的粮食则是由政府部门提供。还有一些私人办的粥厂购买粮食的资金用光后就没有来源了，然而粥食还照样在这里熬，实际上粥厂已由步军统领方面提供粮食，并派一两个人负责总的监督，其他方面的费用则由附近富绅提供。③

粥厂除了施粥的常规工作以外，还附设了其他工作，例如在施粥的时候，请人来演讲谋生之道，增加贫民知识。亦有设立工读学校的，如海淀粥厂，设立小工厂，专门收失学儿童，教会其谋生的手艺以及一些文化知识。

粥厂本属于一种消极的救助方式，但它的存在自有其道理：简单、快捷，在短时间内解决燃眉之急。但其局限性也是显而易见的，

---

① ［美］西德尼·D. 甘博：《北京的社会调查》上，中国书店出版社 2010 年版，第 301 页。
② 同上书，第 301—302 页。
③ 同上书，第 303 页。

因此粥厂附设的小工厂、讲演起到了一定的弥补作用，其中也体现了教人自救的思想。可是具体效果如何还有待考证。从这些措施可以看出，粥厂救济仍是遵循自救与救助相结合的方法。既给贫民以一定的生活保障，更是鼓励贫民自立更生，以度过艰难的时期。这大抵也是因为贫民众多而经费有限的缘故。

除粥厂外，北京还设有一些以收养对象为贫寒老人的暖厂，兴办时间是每年农历十一月至第二年三月。暖厂是为了帮助老人度过寒冬所开，救济的内容包括，给予棉衣一套，早晚施粥两次。① 在接受粥厂救济的同时，贫民还可以外出工作。

2. 京师老弱临时救济第一院、第二院

老弱临时救济院属于政府拨款，并参与筹建的慈善事业。1922年11月3日在内务部大礼堂召开成立筹备会。该院的救济宗旨是教养北京极贫之老弱残废得以度严冬。老弱临时救济院的开放时间为每年夏历十月初十日至明年二月十五日，拟招收2500人。② 贫民入院遵守一定的流程，临时救济院在报纸上刊登广告，并有招募员。贫民通过自愿报名方式，审核通过后可以入院，亦可以由各区报送入院。

该慈善机构是由内务部总长、赈务处坐办、青年会干事以及中西慈善家共同号召并联合政府力量共同兴办的。至于经费方面，由内务部拨洋1万元、赈务处拨洋2万元作为启动资金的一部分③。该机构中，政府的资金占了绝大部分比重。

据调查，1918—1919年时，北京共有5家养老院，原来都是由私人开办的，但是近几年他们或交由警方接管，或是由政府管理，由警方供应食物，其他费用由个人捐助解决。④

---

① 张金陔：《北平粥厂之研究》，《社会学界》1933年第7卷，第189—222页。
② 刘锡廉：《京师老弱临时救济会报告书》，京师第一监狱印制1923年版，第1页。
③ 刘锡廉：《北京慈善汇编》，京师第一监狱印制1923年版，第73页。
④ [美] 西德尼·D. 甘博：《北京的社会调查》上，中国书店出版社2010年版，第331页。

3. 育婴堂

1917年为收容弃婴，警方设立了育婴堂，最初设在崇文门外，后来又搬到后门大街。1918年统计，这里收养了130名婴儿，其中有女婴111人，男婴19名，婴儿的年龄最大仅4岁。这里会给婴儿接种三次牛痘，但是由于条件差很多孩子都夭折了。"育婴堂每年的费用在10000元到12000元左右，都是通过警方、市政公所、内政部和私人渠道的捐助。"据1918年4月30日的年度财政报告，当年育婴堂的收入是39006.48元（包括贬值的银行纸币），其中10106元是由个人捐助的，18093元是来自警方，4000元来自市政公所。为儿童筹集食物而举行义演募捐的款额是1038吊（合74元）。① 育婴堂将余款1000元向一个纺织厂投资，500元买了北京自来水公司的股票。育婴堂每月要向警方和市政公所上交财务报告，以便监督和管理。

（三）义务教育

1. 半日学校

主要是为失学贫儿设置，半日学校大部分是在民国4年至民国5年之间创办的。这类慈善机构主要是由京师警察厅发起兴办，各区警署具体操办，依赖其征收的捐税维持运行。半日学校分为国民、高等两班，男女兼收。之所以叫作半日学校，是因为该学校教课时间为半天，以让贫苦儿童半日学习、半日工作。其理念在于，首先要保障贫儿有一定的收入维持生计，也唯有这样他们才会愿意来半日学校读书。1915年警察厅在20个管区，为贫困男孩建立了贫儿半日制学校，学生免费就学。1919年北京有53所这类学校，有4000余名男孩在其中就读。过去这些学校的老师都是出色的警官，后来由于他们不能达到教学的需要，于是学校对全体教师进行

---

① ［美］西德尼·D. 甘博：《北京的社会调查》上，中国书店出版社2010年版，第310页。

考核，师资力量重新组合。学校经费一部分来源于京师警察厅，另一部分由学校所在的警区捐资支付。①

根据1914年2月9日教育部公布的《半日学校规程》可知，半日学校兼收男女，并有专教女子的学校，如草场胡同设立的区立女子半日学校。学生入学年龄在12岁至15岁之间。这个入学年龄段也就表明，政府兴办的这个机构是一个临时性、追求短期速成的机构。它的教育目的不在于能带给学生丰富的知识以及普遍提高素质，政府的政策主要是将其集中起来，教授最实用的知识、技艺，以求贫儿有一技之长，掌握安身立命之本领，能够早日养活自己。

半日学校教授的内容以实用性为主，都是维持生计所必需的学科。主要有修身、国文、习字、珠算、笔算、体操（年纪稍大的还学习兵式）。所用的教材和教育部编订的一致，由学校免费提供。所用书由商务印书馆出版，大体情形可参见如下一则刊登在报纸上的广告（见图）。

在北京的郊区也推广学校教育，一村或数村联合成立国民学校。办得较好的是通县，凡满百户之村，须设国民学校一处；其不满百户，不能独立设立者，须两村或三村联合设立，全县设立国民学校150处以上。同时要求村民，种地在50亩以上而有子弟者，即负有送其子弟入学之义务，每年每生出学费5元，违者则罚出四年的学费，择村中贫寒人家之聪颖子弟入之。②

半日学校各个区均有设立，选择合适的地点开办。出于经费考虑，半日学校的教员从各区警署的长警中选择，不付工资，纯义务教学。该机构虽然是政府发起兴办，但其经费仍依赖于各区绅商和公益捐款。

从半日学校毕业之后，政府对学生的出路也有安排，大体是继续深造、入职军警、工厂学徒三种途径。这一政策充分体现了警察厅办学初衷。各区半日学校开办的具体情况③，参见下表：

---

① ［美］西德尼·D.甘博：《北京的社会调查》上，中国书店出版社2010年版，第146页。
② 《都市教育》1917年8月。
③ 刘锡廉：《北京慈善汇编》，京师第一监狱印制1932年版，第1—18页。

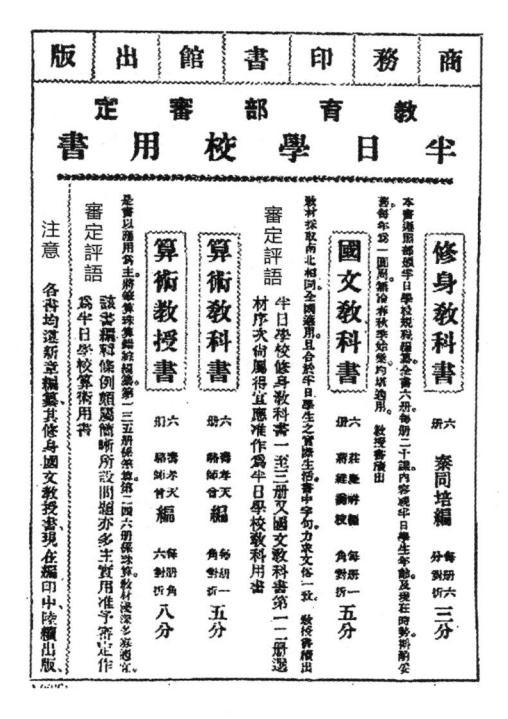

第五章 民国初年政府主导的慈善事业

半日学校用书广告

图片来源:《东方杂志》1915年12月第6期。

区	地址	名字	创办时间	备注
中一区	北池子25号	第一半日学校	民国5年2月	
	吉安所左巷13号	第二半日学校		
	内宫监30号	第三半日学校		
	北长街昭显庙26号	第四半日学校		
中二区	双吉寺	第一半日学校	民国5年3月	
	教场22号	第二半日学校	民国9年9月	
	内左一区:泡子河15号	第一半日学校	民国4年	有学生36人
	三元庵6号	第二半日学校	民国4年	有学生百余人
内左二区	西大街24号	第一半日学校	民国5年5月	
	关东店15号	第二半日学校		
	演乐胡同72号	第三半日学校		

续表

区	地址	名字	创办时间	备注
内左三区	北剪子巷梯子胡同9号	第一半日学校	民国5年3月	有贫儿70余名
	安定门大街天仙庵8号	第二半日学校		有贫儿140余名
内左四区	扁担胡同8号	第一半日学校	民国4年4月	
	南门仓12号	第一半日学校	民国7年7月	
内右一区	火神庙39号	第一半日学校	民国5年	约有贫儿80名
	府右街24号	第二半日学校		约有贫儿56名
	贤孝里81号	第三半日学校	民国4年	有贫儿50余名
内右二区	藤牌营大院24号	第一半日学校	民国4年	约有学生150名
内右三区	弘善寺胡同3号	第一半日学校	民国5年2月	
	甘水桥大街27号	第二半日学校	民国5年2月	
	西胡同1号	第三半日学校	民国5年2月	
内右四区	报子胡同33号	第一半日学校	民国5年1月	
	东新开路24号	第二半日学校	民国5年1月	
	南小街127号	第三半日学校	民国5年1月	
外左二区	花市大街32号	第一半日学校	民国5年3月	
	柳树井大街41号	第二半日学校	民国5年3月	
外左三区	花市大街46号	公立半日学校附设阅报处讲演所	民国4年7月	有学生40名
	天和大院12号	第一半日学校	民国5年12月	有学生80名
	下二条7号	第二半日学校	民国6年10月	有学生80名
外左四区	西利利市营10号	第一半日学校	民国5年2月	有学生60名
	南岗子厂20号	第二半日学校	民国5年2月	有学生40名
	南岗子街20号	第三半日学校	民国6年12月	有学生45名
	左安门大街4号	第四半日学校	民国6年12月	有学生35名
	夕照寺1号	第五半日学校	民国6年12月	有学生36名
外五左区	清化寺街40号	第一半日学校	民国4年11月	一班读书、一班营业
	精忠庙街26号	第二半日学校	民国4年11月	一班读书、一班营业
外右一区	三眼井51号	第一半日学校	民国5年	
	西河沿107号	第二半日学校	民国5年	

第五章　民国初年政府主导的慈善事业

续表

区	地址	名字	创办时间	备注
外右四区	法源寺后街 2 号	第一半日学校	民国 5 年 4 月	
	陈家胡同 22 号	第二半日学校	民国 5 年 4 月	
外右五区	灵佑宫 2 号	第一半日学校	民国 5 年 3 月	
	永定门内 24 号	第二半日学校	民国 4 年 6 月	
	阡儿路 25 号	第三半日学校	民国 4 年 6 月	

资料来源：刘锡廉：《北京慈善汇编》，京师第一监狱印制 1923 年版。

外左三区第一半日学校开学留影

图片来源：《京师教育报》1916 年第 29 期，第 1 页。

上图所见，乃外左三区地方公立第一半日学校民国四年八月十五日开学留影。从图片中可以看出，该校校舍简陋，招收的学生数量还比较有限。这大抵也是因为半日学校开设众多、经费不足之缘故。于是，半日学校也想出了一些具体的创收方法，比如创建乐队，进行商业演奏赚取一定的收入来维持运行。同时，警察厅核准通过了《贫儿半日学校乐队简章》，制定了其在外演出的规则。区警署除了会在报纸上刊登消息外，还会给一些公私团体寄函告知乐队情况，以期有人邀请或经其介绍演出。

例如1918年10月22日《北京大学日刊》上登载的一封信：《警察署致本校函》中写到，本京各局所、学校、私宅如有集会、宴会、婚丧嫁娶之事均可通知警署，约贫儿半日学校乐队演奏乐，酌情给费。大抵是外出演奏一次20元，每队不超过40人。并给一部分交通费补贴，3元到6元不等。所得收入一半作为该校经费，一半分给教员及学生。有意思的是，为了避免学生浪费这笔钱财，这笔奖励需由学生家长领取。可以说半日学校筹建乐队之事，既利于贫儿多习得一门技艺，接受艺术熏陶，也是学艺与实践结合的良好模式。学生通过这一行为能够赚取一笔费用，贴补学校和各自家庭。

2. 京师学务局兴办的补习学校

民国元年，教育部将清代的督学局与八旗学务处裁并，改设京师学务局。京师学务局直接隶属于教育部，负责北京市大多数中初等教育以及义务教育、大众普及教育的管理。为平民失学者兴办补习教育是学务局的责任之一。但学务局限于经济困难，所办学校数量过少。1912年开办公众补习学校三处，专收平民失学者入校补习，并授以简单工艺，如粉笔、油墨、肥皂及各种化妆品制造等，所有学习用品均由学校供给。1918年创办商业补习学校二处。此外，他们还负责办理通俗教育，如设立讲演所、阅书处、阅报处等，此外还设立儿童图书馆一处。

3. 特殊教育

1917年模范宣讲所也开办了第一公共盲人学校，基本上是在希利尔（E. G. Hillier）先生创办的北京盲人学校的基础上创办的。他们教授学生阅读用点读法和一些文学知识。在实业课上教学生学习织手套、围巾、帽子和短袜。上午8点到11点上课，两年毕业。校方提供衣、食，免交学费，毕业后如愿意学习仍可继续学习。很多学生住在宣讲所附近的宿舍里，录取前要对每个学生做详细调查。学生人数限定在10人，学校的一切经费由模范宣讲所支付。①

4. 讲演所、阅报处

1912年民国成立后，教育部下特设社会教育司，提倡社会教育，尤其倡导通俗教育。政府规定：在省会必须开设4家或4家以上的讲演所；在每个县城或繁华市镇也要开设2家或2家以上；在农村以各地条件和需要酌情推行。政府允许私人设立讲演所但必须向有关部门申报批准，并上报教育部备案。②

1912年5月京师学务局成立，下设通俗科，凡关于京师地区的社会教育事项统归通俗科掌管，"是为京师设立通俗教育之始"。京师学务局陆续创办讲演所、阅报处、图书馆、补习学校、巡回巡行讲演处等多处。1912年9月"开办公立讲演所8处，庙会讲演所1处"；1913年增设庙会讲演所1处，3月成立巡行宣讲1组，4月增设庙会宣讲1处，9月增设讲演所1处附阅报处1处，10月增设讲演所1处附阅报处1处；1914年5月增设庙会宣讲1处；1915年于4、5、6三个月内举办郊外庙会讲演共22次；在1916年北京有讲演所11处，私立讲演所1处。③ 1919年北京共有13家公立讲演所，这些讲演所有10家设在城里，3家设在郊区。其中12家讲演所由京师学务局管辖。位于南城最繁华的珠市口西大街的模范讲演所直属于教育部，它是京城最大且设备最完善的讲演处所。此外学务局还有一个有固定讲演员的巡行宣讲队伍，巡回讲演于庙会、集市，每月还在8个不同的讲演所里演讲。固定的庙会讲演主要有隆福寺、护国寺等。公立讲演所都是国家机构的一部分。

据统计，14家讲演所每日平均有1005人听讲，平均每个讲演所有71人听讲。听讲的人员主要有商人、学生、文职官员以及少部分

---

① [美]西德尼·D.甘博：《北京的社会调查》上，中国书店出版社2010年版，第152页。

② 《现行法令》京兆尹公署编：《通俗教育讲演所规程》，1917年，北京档案馆，档案号ZQ5-3-249。

③ 《民国五年教育行政会议京师学务报告书》，《京师教育报》1917年第38期。

劳工、军人。讲演所的主旨是"教育国民，改良社会"，讲演的主题包括：爱国主义、遵守法律、道德原则、一般知识、亲朋及睦邻关系、实业发展、体育运动、卫生等。①

（四）医疗救助

1. 内外城官医院

内城官医院设在东城钱粮胡同，外城官医院设在宣武门外梁家园，统由警察厅管理。两院均设有中医、西医两部。民国后京师内外城官医院，从以中医为主西医为辅的医院变为纯粹西医医院，与直接开办的西医医院相比，又没有明显优势，业务量逐渐减少，延续到1920年左右完成历史使命。

2. 京都市仁民医院

1914年市政公所成立后，针对市内贫民遇到疾病则生活更艰难，而公立医院仅有警察厅设立的内外城两处，由市政督办朱启钤动用工巡捐款作为建筑费用，在香厂建筑楼房，设立仁民医院。医院性质为京都市政公所兴办的公益性质机构，该医院医药费概不收取，以救济贫民。医院仿照国外医院的建制，设有男女候诊室，中医诊室、西医诊室、病房、眼科、扎缚室、药房、洗涤室、洗澡室、洗衣房等，设立的科室齐全，各方面设备甚佳。病房依费用分为一、二、三等，共计82张病床。1916年11月建成开诊。开诊不久因经费、土地等纠纷，于1917年5月停诊。仁民医院的原址由京师警察厅接管，将外城官医院迁入。后来内城官医院由于经费积欠，器械残缺，无法补充，又无病室设备，于1927年裁撤，并入外城官医院。所以至1928年，京师警察厅所属的两所医院只剩下一所外城官医院，再后因经费困难，"范围缩小，工作弛缓，门前冷落，病夫裹足"②。虽不久后因房产纠葛暂行停办，但它仍然有重要的意义。

---

① ［美］西德尼·D.甘博：《北京的社会调查》上，中国书店出版社2010年版，第144页。

② 吴廷燮等纂：《北京市志稿·民政志》，北京燕山出版社1989年版，第300页。

3. 传染病医院

1910年冬，东北鼠疫蔓延至北京。内务部决定兴建传染病医院，购置东四十条正白旗护军营署房产，筹建传染病医院。清政府拨土木工程司所存木料及2万元开办费，常年经费4万元。传染病院于1915年建成，由市政公所管理。医院的建筑为中式建筑，分设诊断、预防、检查、消毒四科，不仅从事各种传染病的诊治、医药的研究和制作，也研究传染病的预防方法，以及各种细菌的培养、消毒等。医院聘请了中西细菌学专家，医院共有医生8人，看护10人，司药2人，消毒夫役10人，以及各种管理人员。1916年传染病院住院病人392人。1916年传染病医院改隶市政公所，每月经费2960元。[①] 每年可容纳1000多名住院病人，病人住院一切免费。传染病院还负责全市传染病的预防检查和消毒隔离工作，实行按月向市政公所转呈内务部有关疫情的制度。

4. 疯人收养所

清末该机构依附于内城的贫民教养所，条件十分简陋。1918年1月改为疯人收养所，迁至安定门内的高宫庵2号。医院新址和房舍都很好，为中式四合院建筑。疯人院男女兼收，全所共有80张床位，西院收男疯人，东院几间房为女子疯人院。病房内三面是炕，一般病人在炕上，有暴力倾向的病人被铐起来安置在屋中央铺着的垫子上。收养所完全由警察厅管理，由警察厅指定所长、副所长、医师和看护人员，而且支付全部费用。收养所总费用一年约2400元。[②] 病人都是由病人住地的警察上报警署，得到批准后收容的，病人出院后也要由住地警察送回家。1932年疯人院划归市政府卫生局，改名为"精神病疗养院"，扩大到250张病床，训练了一批护理员。

这是由政府开办的全国第一家精神病院，没有这方面的治疗经

---

① 京都市政公所编：《京都市政汇览》，京都市政公所印制1919年版。
② ［美］西德尼·D. 甘博：《北京的社会调查》上，中国书店出版社2010年版，第120页。

验。据当时研究精神病的学者认为，院方对于病人的得病原因和治疗的方法不符合现代医学常识，疯人院和现代的精神病院有着很大的差别。称其为收养所似乎更贴切一些，因为它做的最大工作也就是将疯人集中起来，便于照顾和管理。并不具有太多的治疗、教化作用。

5. 预防接种站

北京对于传染病一直没有有效的措施，各种传染病一直反复流行。清咸丰六年（1856年）才有医生携牛痘浆来北京，开始为人们接种牛痘，但是由于没有有效的宣传，市民思想保守，以致种痘不能推广。同治年间，北京天花流行，死者甚众，以致路上葬柩络绎不绝。志士仁人筹款延医求种牛痘，设种痘公司于米市胡同南海会馆内，采取各种办法劝诱市民带小儿种痘，但是接种牛痘的人仍然很少。

民国以后，卫生处每年有几个月在城里一些地区设立预防接种站，大多数接种站免费提供服务。1917年，全市设立有66个接种站，接种的人数8794人，其中男性5021人，女性3773人。[①]

（五）其他

1. 贫民小本借贷处

1919年，市政公所成立贫民小本借贷处，"以借给贫民资本俾自小本经营以自食其力为宗旨"。小本借贷处的基金由市政公所筹拨，每区至少拨给京钞银1500元，折合成铜元发放。每户借款数额可分为铜元200枚或300枚两等，不收取利息。但是借款人须有保人，"保人须系开铺户之人，并于调查时声明完全负责"，须先到借贷处登记挂号，填写姓名、住址、营业情况，以及保人的姓名、住址、营业情况，等候借贷处调查属实，方准借与。借本多寡须由借贷处察看

---

① ［美］西德尼·D. 甘博：《北京的社会调查》上，中国书店出版社2010年版，第112页。

所营生业大小为定，但第一次借钱至多以铜元 200 枚为限。借户还本无论借的钱多少，一律限 50 日分 10 期偿清，如借铜元 200 枚每日应还铜元 4 枚，即每期应还铜元 20 枚，其余以此类推。每期缴本并没延误，期满准再续借，如逾期不缴或欠缴至三四期的人，即向原保人追还原本。借贷处的工作时间是按照旧历，每旬以一二六七日为借户挂号日期，以三四八九为调查日期，逢五逢十为放款日期，定于午前收款午后放款。①

游荡赌博不习正务或以抵债及业不需本者一概不借。保人若是为人帮伙或非商铺而是住家，则一概不准借与。市政公所鼓励绅商或团体进行集资办理此项借本处，但是须纳入市政公所和警察厅的管理范围。

2. 济良所

地点位于前门外琉璃厂梁家园。济良所之源流可追溯至清光绪三十二年（1906 年）。民国初期，京师警察厅呈明内务部设立济良所，主要是收养不愿为娼的妇女，教授其在社会上安身立命的技能，并由官方为其择配。具体而言，这些妇女包括被诱拐欺凌的妓女、不愿受人羁束的妓女、不愿为娼的妇女以及无家可归的妇女。

济良所的经费由京师警察厅拨发。根据《厘定京师济良所章程》可知，济良所经费来源主要是工巡捐局拨款（每月 100 元）、社会各界的捐助、房屋租金。当以上多种来源均不够支用时，警察厅还会给一定的临时补助。② 其经费除工巡捐局的拨款、房租有定数之外，其余都无定数，经费并不充足，其情况多类似于妇女习工厂，亦可预想其创办之艰难。济良所的具体行事章程以教养为主，也结合奖惩制度，对于不遵守约束的女子，也有相应的措施来惩罚。所内主要教授国文、伦理、算学、手工、烹饪、图画、体操、音乐等基本知识。

关于对妓女的救济措施，除了已经开办的妇女习工厂、济良所以

---

① 《贫民小本借贷处简章》，《京都市法规汇纂》，京都市政公所印制 1919 年版，第 196 页。

② 刘锡廉：《北京慈善汇编》，京师第一监狱印制 1923 年版，第 86 页。

外，社会舆论也是主张政府应针对旧社会的遗留问题，给予更多的关注和解决办法。对于妓女的救济，秉承依旧是教养结合、施救与自救结合的理念。

3. 人力车夫休息的棚屋

鉴于人力车夫处境的艰难，1916年初，一些中国人和外国人联合组织了一个救助协会。他们通过义演活动，募集了一笔款项，为人力车夫在街道上建造了一些棚屋，让他们可以在这些棚屋里取取暖，休息一下。刚开始所募集的资金只够建三处棚屋，后来利用义演筹到了资金又陆续修建了多处棚屋。1918年左右北京有9处这样的棚屋。① 后来棚屋全都由市政公所筹办。而且和半日学校、习艺所等机构一样，车夫休息所也不仅仅是给车夫提供一个可以暂时休息、喝水的地方。在棚屋内，还时有举行通俗演讲或者开展简易识字课程。这种设置和粥厂邀请有文化的人在施粥时进行演讲是一样的。说明创办者不仅是要为贫苦人士提供最基本的生活保障，也有意识地要提高其文化素养。这对于管理者和受帮助者都是非常有利的。

市政公所筹办的人力车夫休息的棚屋在各区的分布情况，大体如下表所示：

区	地址	成立时间
内左二区	东四南大街	民国12年
	猪市大街	民国13年
内左三区	交道口	民国10年5月
内右三区	丁字街30号	
外左一区	东车站市政公所人力车夫休息所	民国9年4月
	西车站市政公所人力车夫休息所	民国10年11月
外右五区	天桥南街	民国10年2月

---

① [美]西德尼·D. 甘博：《北京的社会调查》上，中国书店出版社2010年版，第306页。

由于经费困难，以解决贫民生计为主要目的的慈善机构数目少，且吸纳的贫民极为有限。为了解决巨大的贫民问题，政府也曾拨款雇用几千贫民去兴建从北京到通县的碎石路，以及修筑颐和园西边的公路，以工代赈解决他们的生活问题。由于经费紧张，无论是工厂还是以工代赈的工程，都不能解决北京庞大的贫困人口问题。

从上文所谈及的几个主要慈善机构可以看出，清末到民国初年这一阶段，各种救济、慈善机构纷纷设立。慈善事业也涉及医疗卫生、教育、社会福利等多个方面，受益群体面也在扩大。这个时期，政府兴办慈善事业主要目的是要解决民众的贫困状况，以达到社会安定的效果。然而，这个时期政府对于慈善机构的管理还不够成熟，机构设置上也还缺乏统一规划的思想。各机构创办后的宗旨、收养对象互有交叉。并且由于改名、重组、改属之后，管理体系显得十分混乱。政府兴办的几个主要的慈善机构，从晚清到民国初期的沿革大抵如下表所示[①]：

清代	民国时期（民国 17 年全国统一前）
京都游民习艺所（光绪三十二年）	游民习艺工厂（属京都市政公所）
内城贫民教养院（清末） 附设机关： 验治局 济良所 疯人收养所	妇女习艺工厂（属京师警察厅，民国 7 年改组） 附设机关： 验治局 济良所（民国 1 年独立，属京师警察厅） 疯人收养所（民国 7 年独立，属京师警察厅）
济良所（光绪三十二年）	与内城贫民教养院附设的济良所合并
教养局（光绪二十九年）	教养局（属京师警察厅，民国二年改组）

（六）官办慈善机构的特点

通过以上对于各个慈善机构的创办宗旨、经营情况分析，可以看

---

① 北平特别市社会局第四科编：《北平特别市社会局救济专刊》，社会局印制 1930 年版，第 57—61、63—65 页。

出此时政府兴办的慈善事业有以下一些特点：

1. 政府兴办的慈善机构

政府兴办的慈善机构大多是沿用了清朝末年创办的机构（诸如游民习艺工厂、济良所、疯人收养所、粥厂、教养局均可以在晚清找到前身，并且民国初期，政府新创办的慈善机构类型并没有增加很多），管理体系不是十分明晰。按照前述法规来看，慈善事业主要是由内务部下民政司（后改为民治司）来管辖。但具体操办中，除了游民习艺所是直隶于内务部之外，大部分慈善机构是由京师警察厅管辖。但由于各机构的改组、改属以至于各机关的管理层级显得较为混乱。如平民习艺工厂属于市政公所管辖，而在职员上，又多由内务部以及市政公所两处人员兼任。① 可见此时政府对于慈善事业的管理还没有专人专用，形成专门的管理以及行之有效的管理体制。

2. 经费不足（或者可以说是非常不充足）

政府兴办的慈善事业机构，在政府资金来源上，主要是依靠工巡捐局和京师警察厅征收来的各种税捐。经费主要是由京师警察厅拨发，并有一些社会募捐、房屋租税等收入。由于京师警察厅征收慈善捐没有定额，也就导致每年用于慈善事业的费用或多或少，没有稳固的保障，这些机构的经费大多不充足。例如，上述提及的妇女习工厂，到20世纪20年代末期，由于收容人数增多，警察厅补助经费减少而几近倒闭。因此，从经费来源上看，很多慈善机构，很难去界定它是民办还是官办。实际上主要存在两种情况：一是某慈善机构由政府主动兴办，但该机构资金还依赖于社会各界的募捐，甚至很大程度上必须依靠社会各界捐助，才能运行下去。二是某个由社会人士提议兴办的机构，取得了政府的认同后建立起来，政府也会为其拨款，辅助其运行。这个时期的各类大小慈善机构，体现了政府与民间合作办

---

① 北平特别市社会局：《北平特别市社会局救济事业小史》，大象出版社2012年版，第38页。

理的特点。

3. 秉承教养结合、施救与自救相结合的救济理念

政府慈善事业以教授技艺，帮助贫民自立为主。贫民习艺所、妇女习艺所等机构采取授之以渔的方针，教会贫民立身之法，则是更为明智的做法。并且如半日学校这样的慈善机构，在教授技艺上，都是以日用工艺为主。贫民学会这些实用的技术，可以很快地安身立命。在解决就业问题方面，政府也采取了多种方式。首先，诸如半日学校一类的习艺地方毕业之后，政府为毕业者提供一定的就业途径。习艺与职业介绍所相结合，对于从习艺所、工厂学习结束后的贫民而言，这些政策都有助于帮助他们早日找到工作，能自食其力。

4. 慈善救济范围进一步拓宽

为了解决贫民的根本问题，政府将自食其力开拓就业放在了济贫的第一位。首先是对妇女的救助，辛亥革命以来，妇女权益受到更多的关注，因而对妇女的救助也更多地强调对她们的生存技能的培养。半日学校的普遍建立，将对儿童少年的教育培养普及到了更广的范围。此外还建立了小本借贷处，为贫民创业提供资金的支持。此外在卫生防疫、特殊人群的救助等方面都有了进一步的发展。

四 政府对各慈善机构的管理与扶持

（一）政府对民间慈善事业的管理和扶持

政府对民间慈善机构总的来说是管理和扶持。首先是管理，政府制定了一系列的法律法规对民间慈善组织进行规范管理。如对宗教界，内政部于1915年颁布《管理寺庙条例》，1929年北平市政府颁布《寺庙管理条例》，特别规定，寺庙应按财产、规模的大小兴办一种或几种公益事业，如办学校、图书馆、救济院、体育场所、贫民福利等事业。所以不少有条件的寺庙纷纷创办慈善教育事业，其中以办简易小学、平民学校的为多。大的寺院多独立创办，独立不能经营的就几家合作，平均负担，共同办理，在京开办的学校

"不下数十百所"①。

对于民间组织兴办的平民学校，市政公所要求各校达到规定的教育标准：必须按照新学制教学，每级每周授课时数须 20 小时以上，凡招收学生在 60 人以上，市政公所将给予经费上的资助。再如对于私人兴办的旨在救助贫民的借本处，市政公所也采取指导和奖励的政策，凡经核查确有成效者，酌量补助经费或酌给名誉奖章；若是经查实确有办理不善等情况，得饬令改进并更换办事人员呈报核准。②

政府对于各个慈善机构的管理实际有限，有时亦缺乏专业知识（如疯人院之例），因此政府最有实效的支持就是给予资金帮助。京都市政公所认为："惟京都市政甫在萌芽，百废待兴，种种救济未遑组织，积极行动应俟异日。今则仅能就公私团体已组织之救济事业视当时之财力，量予补助而已。"③ 因此在《补助京都市各慈善机关经费规则》中提出，市政公所"为奖励普惠贫民健康之医院及救济贫民生济之工厂教养院等慈善机关起见，酌给补助费定额每年为 18000 元"。《规则》规定只有如下条件的慈善团体才能得到资助："1. 宗旨确系普惠贫民健康及着重贫民生计非以赢利为目的；2. 设在京都市以内该管官厅立案经过三年以上成绩优良者；3. 常年须有固定经费确系不敷支配者。"④ 北京市政公所效法今日欧美日益兴盛的以租税补充慈善事业之法，对市内各慈善机构进行补助，现举以下几例，略作分析：

龙泉孤儿院。龙泉孤儿院是清光绪三十四年（1908 年）七月，由龙泉寺主持集结乡绅募捐设立的。其性质为宗教界兴办的救济机构。民国后京师警察厅每月补助 80 元，学务局每月补助 50 元，财政

---

① 吴廷燮等纂：《北京市志稿·宗教志》，北京燕山出版社 1998 年版，第 39 页。
② 《京都市立贫民借本处简章》，京都市政公所编译室编：《京都市法规汇编》，京都市政公所编译室印制 1928 年版，第 145 页。
③ 京都市政公所编：《京都市政汇览》，京都市政公所印制 1919 年版，第 131 页。
④ 京都市政公所编译室编：《京都市法规汇编》，京都市政公所编译室印制 1928 年版，第 143—144 页。

部津贴 120 元，加之商界月捐、季捐、年捐等项，每年合计数千元。①

京师育婴堂。1917 年 6 月 15 日，京师育婴堂由京师总商会筹办，公举董事管理，其性质为社会组织兴办的救济机构。从创办之始，市政公所即每月补助京钞 400 元。从 1918 年开始，每月增加到 500 元。②

启瞽学校。启瞽学校于 1917 年 3 月 18 日创办。创始人为外国人士熙里尔、邓文藻、薛英、岳宗岱等。专为教授盲童普通知识及生活上必需之技能。学生在校学习文化知识和手工技术，如藤器家具制造等。学校免收学费并供给食宿。1918 年京都市政公所批准每月补助其京钞 600 元。③

临时粥厂。粥厂属于京都市政公所的临时救济项目。其性质为市政公所兴办的救济机构。因为北京冬天天气寒冷，为救济贫民所创办。1914 年，京师警察厅出资补助粥厂，每年京钞 5000 元。1917 年，遇到水灾，内务部特批增加 5000 元补助。④

利仁养济院。该机构主要是为收养老人、残疾、贫民而设立，由公举董事管理。之前由官府每年发给籼米 360 石，后由京师警察厅每年发给票洋 90 元 8 角用以购买粮食。养济院的其他资金主要来自绅商筹办。1918 年起，经该院申请，市政公所每月补助其京钞 100 元。公善养济院性质与利仁养济院同，主要收养贫苦儿童，教授其浅显工艺，其经费主要是由绅商筹办，1918 年经申请，市政公所每月补助京钞 100 元。⑤

博济工厂。博济工厂是 1917 年 1 月，京师警察厅为收养贫民，教其工艺设立的。市政公所每月补助其京钞 100 元。

政府不仅资助以上这些私人成立的慈善机构，还有许多私人机构也不同程度地得到了政府的资助，有的机构仅得到政府 1 元或 2 元的

---

① 吴廷燮等纂：《北京市志稿·民政志》，北京燕山出版社 1998 年版，第 183 页。
② 京都市政公所编：《京都市政汇览》，京都市政公所印制 1919 年版，第 232 页。
③ 同上。
④ 同上书，第 233 页。
⑤ 同上书，第 234 页。

资助，但是这也表明政府对这一事务的支持。甚至一些慈善机构因为资金不继，濒临破产，警厅不得不暂时接手。

（二）政府对民间慈善事业的褒奖和鼓励

民国以前，明清的统治者为了鼓励民间的慈善行为，他们会给施善者授予匾额或名誉性质的官衔，甚至准许他们营建牌坊以旌表扬。对施善者来说，帝王的宠遇一直以来都是无比荣耀的事情，随着封建帝王的消失，传统中国的这种特殊嘉奖形式自辛亥革命以后趋于消失。但社会的慈善行为依然需要获得官方的认可，新时代的发展会制造出新的奖励形式，很快北京政府就指定出了一系列有关社会救助的褒奖法规。

在1914年10月31日，北洋国民政府公布《修正捐资兴学褒奖条例》以"奖励人民捐私财襄公益，藉补国家财力之不逮"①，此《条例》规定人民或者华侨凡以私财创立学校或捐助学校、图书馆、博物馆、美术馆、宣讲所等有关教育事业者均可获得褒奖。根据捐资数额大小，褒奖分为匾额并金色一等褒章、金色褒章（分三等）、银色褒章（分三等），废除了明清时期授以官衔或恩准建坊的褒奖形式。此外，该条例还对团体捐资、遗嘱捐资等褒奖情形作了规定。②1914年3月袁世凯颁布了《褒扬条例》，6月内务部又制定了《褒扬条例施行细则》，1917年11月北京政府对该条例进行了修正，内务部亦对此细则作了修正。这个细则认为所谓的"尽心公益"是指致力于创办教育、慈善事业和其他为公众谋利益的事项并确实有成效者，或者由于办理上述事项而捐助财产满二千元以上者，也同样可以被认为是"尽心公益"③。国家通过褒扬的方式积极倡导民众增加对

---

① 泉州市档案馆编，陈志泽主编：《民国时期泉州华侨档案史料》，北方文艺出版社2006年版，第165—166页。
② 同上书，第166—167页。
③ 商务印书馆编译处编：《最新编订民国法令大全》，商务印书馆1924年版，第1569页。

社会公益的关注与参与，表明了国家对社会慈善事业的重视。为了给民国时期频发的自然灾害募集赈灾款项，1914年8月北洋政府内务部颁布了《义赈奖劝章程》，一旦发生灾情，政府会根据个人捐款的多寡给予一定的褒扬与奖励，该章程规定"凡捐助义赈款银一千元以上者由内务部呈请大总统依据《褒扬条例》褒扬之，未满一千元者由各地方行政长官依据款银数额分别给予奖章"①。

民国初年，北京社会慈善事业的褒奖亦受到了市政机关的重视。1923年京都市政公所颁布《补助京都市各慈善机关经费规则》，规定"为奖励普惠贫民健康之医院、医会及救济贫民生计工厂、教养院等慈善机关起见，酌给补助费定额每年为一万八千元"。受奖对象的资格认定亦有严格要求，该规则规定受奖对象应是"普惠贫民健康及着重贫民生计非以营利为目的者，在京都市内该管官厅立案经过三年以上成绩优良者，常年须有固定经费确系不敷支配者"②。市政机关重视对各慈善机关实际运营活动的监察，以提高补助资金的使用效率，因此规定受助的慈善机关须将该机关设立年月、实在状况及成绩详册具呈市政公所，由公所派员考察，确系经费支绌，成绩优良者依情况酌量补助；已受助的慈善机关由市政公所随时派员调查，如有中途变更宗旨或与受助条件不符者随时停减经费的资助。这些褒奖条例的颁布，反映了国家和地方政府对社会慈善事业的关注，民众有参与社会慈善公益活动的热情，政府也乐成其好，因此政府甘愿扮演社会慈善事业发展助推器的角色，力图激发社会各方面的积极力量。另外，民间社会慈善事业的发展，也很好地弥补了政府在社会救助中力量的缺乏。

---

① 蔡鸿源主编：《民国法规集成》第15册，黄山书社1999年版，第260页。
② 北京市政公所编译室编：《京都市法规汇编》，京都市政公所编译室印制1928年版，第143—144页。

第六章

民国初年民间慈善组织和社会名流的活动

互帮互助一直是中华民族的传统美德,近代以来,随着社会的进一步开放,新的慈善理念的传播和实践,人们认识到慈善是一种有益于社会和人群的社会公益事业,民间慈善力量勃然而兴,各类社会慈善组织应运而生。作为首都,北京云集着大批政府高官和社会名流,"京师官员有乐赈好施之习惯",他们许多人积极参与社会慈善活动,或以自己的号召力成立慈善组织,或是以身作则,作出表率。

一 民间慈善组织及其活动

辛亥革命以后,党禁解除,各种党派、社团纷纷出现,其中包括各种类型慈善组织。民国初年,北京基督教青年会对北京内外城的慈善组织进行调查,编辑成《北京慈善汇编》。该书"实人道主义之权兴,而北京青年会对于社会服务尤为热心,尽力派员调查各种慈善团体,分门列类编辑成书,冀以供社会之参考以发展此仁慈事业"①。据该书称:"革命之后,教育日昌,人人知博爱互助之理,各省水旱大灾无不倾城救济,全活甚众。京师一城创立慈善团体为种种抚恤教

---

① 刘锡廉:《北京慈善汇编》,京师第一监狱印制1923年版,序。

养者，相继而起。"① 据刘锡廉调查，北京的慈善组织总计370余个，大致可以分成以下几种：一是全社会综合性的慈善组织，二是救济特定人群的慈善组织，三是临时灾难而兴起的慈善组织，四是社会各界别的慈善组织。

（一）综合性的慈善组织

1. 北京恒善总社

北京恒善总社是陈梁于清宣统三年（1911年）五月在天津创办的，名为福建恒善社，附设电报预备所、贫民织布工厂，并兼办运柩事宜。1911年，在北京设立福建恒善总社，社址位于西城太仆寺街11号，以"平民工厂，贫苦工作为宗旨"，并在上海、福州、汉口等地设立分社②。1921年更名为北京恒善总社，总社设董事30余人，干事100余人，总社设四部：总务、公益、学务、实业。北京恒善总社在经费上完全独立，并不依靠政府财政，而是"概由陈梁独任筹划，或乐善之人捐资委托代办"，并且鉴于总社慈善组织的性质，"所有办事各员皆义务职"，仅"书记、社役酌支薪金"。③ 总社先后在北京设立了东分社、南分社、西分社、北分社，设有四郊掩埋队，掩埋露骨。

恒善总社在其各分社下先后开办了平民学校、贫民借本处、诊疗所，开设医馆、织袜厂、毛织绣花工厂、工读学校、挑花工厂、陕西灾童收容所、施粥厂、草帽传习所、妇女职业工厂、女子佛学研究社、公墓筹备处等。例如：1922年创办织袜厂、毛织绣花厂；1925年设工读学校，派掩埋队掩埋乙丑年阵亡将士遗骸；1926年因近郊发生战乱，特设临时难民收容所三处；1927年设第二妇女挑花工厂；等等。1933年又于北京开办了10处家庭工厂、3处粥厂、3处临时

---

① 刘锡廉：《北京慈善汇编》，京师第一监狱印制1923年版，序。
② 北京市地方志编纂委员会编：《北京志·民政志》，北京出版社2003年版，第278—279页。
③ 吴廷燮等纂：《北京市志稿·民政志》，北京燕山出版社1989年版，第177页。

难民收容所。恒善总社主办的慈善事业主要有施医、施药、施粮、施棉衣裤、施棺等，为受灾百姓提供了大量的帮助。1928年国都南迁后，恒善总社还"资助灾官还里者数达五千余人，而历年春秋两季运送各省无力旅榇回籍安葬者，前后亦有三千余具"。吴廷燮评价这些私人慈善团体说："或心发乎恻隐，或义缘于宗教，或造端小而成事大，或用力勤而著绩彰，或专注于京（圻），或遍及乎方宇。要之，仁人之所为，君子之用心，泽身利薄，沾溉黔黎。"①

由此可以看出，作为北京较大的社会慈善组织，北京恒善总社在慈善事业上有着很大的影响。其慈善事业覆盖面十分广泛，不仅仅限于临时的社会救济，还设立了许多工厂、难民收容所等，形成完整的社会慈善机构。

2. 红十字会

红十字会是一个国际性的组织，于1863年在瑞士创立，总部设在瑞士。光绪三十年（1904年）在上海绅商沈敦和等人的活动下，成立了旨在救济东北三省灾民的东三省红十字普济善会。为了获得国际公约的保障，更好地实现救济东北灾民的目的，在上海绅商们的努力下又成立了由中、英、法、德、美五国人士合办的上海万国红十字会。光绪三十一年（1905年）改名大清红十字会，民国元年其总部迁到北京，同时获国际红十字会的承认。1919年加入日内瓦红十字协会。1928年国都南迁，北京总会改为分会。1933年改名为中华民国红十字会。先后隶属内政部、军委会和行政院领导。

自开办以来，红十字会参加了所有国内国际上的灾难救助、战争救援。如"皖北疾灾、北五省旱灾、救治生活者数十万人。至于放急赈于徐州，救援震灾于日本，救援德、奥华侨返国，遣送俄国难民出境，以及历年国内各种战事从事救护，靡役不从"②。1926年南口发生战争，红十字会设立京师临时救伤医院，暂借养蜂夹道前上驷院旧

---

① 吴廷燮等纂：《北京市志稿·民政志》，北京燕山出版社1989年版，第127—128页。
② 同上书，第194页。

址为院所，医治负伤兵士。战争结束后，改为永久医院，1927年4月正式成立红十字会北京医院，公推全绍清为院长。医院每日上午施诊、施药，每月就诊人数三四千人。

3. 世界红卍字会

1916年，山东滨县人吴福永创立"道院"，提倡佛、道、儒、伊斯兰教和基督教五教合一。红卍字会就始于道院。1921年，钱能训、徐世光、江慧济、杜秉寅、李佳白等人在北京组织红卍字会筹备处①，1922年夏在济南成立"世界红卍字会总会"，1923年总院迁往北京，更名"世界红卍字会中华总会"，并得到北洋政府内政部的批准，总会会址设在西单牌楼舍饭寺17号。随即设立天津、北京、济宁分会。逐渐构建起遍布全国且远及海外的慈善救济网络。世界红卍字会以"救济实惠，福利社会，促进世界和平"②为宗旨。

世界红卍字会的成员，主要由当时的士绅、官吏、富商及市民组成。其中，下野军政要员成为该会领导，掌管会务。总会设名誉会长、副会长若干，会监一人，副会监四人等。下设总务、储计、防火、救济、慈业、交际六部，按事务繁简各又设若干股，按股负责具体慈善事务。③该会所需的经费主要依靠会费、事业经营收入和社会赞助款。④会员以交纳会费的多少及经办慈善尽力的程度分为普通会员、终身普通会员、名誉会员、终身名誉会员、特别会员、终身特别会员。如年纳会费5元以上者，为普通会员；一次交足会费36元，或是普通会员办事两年以上，成绩显著者即可为终身普通会员；特别会员为年纳会费500元以上，年募会费2000元以上；终身名誉会员为两年以上力慈不懈者。

世界红卍字会举办的慈善事业覆盖面非常广，救济活动分为临时

---

① 吴廷燮等纂：《北京市志稿·民政志》，北京燕山出版社1989年版，第187页。
② 北京市地方志编纂委员会编：《北京志·民政志》，北京出版社2003年版，第280页。
③ 《红卍字会之成立》，《申报》1922年9月5日第10版。
④ 北京市地方志编纂委员会编：《北京志·民政志》，北京出版社2003年版，第279—280页。

慈业与永久慈业。临时慈业指在战祸、天灾时的临时救济，组织一些临时性的赈济队、救济队、临时医院及收容所等，救护、掩埋、运送，实施救护伤兵及难民，或是赈粮、施衣、施药、捐款等。永久慈业指为帮助贫民而常年开设的学校、贫民工厂、习艺所、残废院、恤养院等。永久慈业其中既办有学校、报社、恤养院、医院、育婴堂、孤儿院、残废院、贫民工厂、平粜局、恤老局、因利局、贷济所、栖流所、施粥厂、施诊所、施药所、施棺所、惜字处等日常社会救助机构以及一些常规的社会慈善事业，还有临时性的救济队、赈济队、收容所、临时医院等。

1922年11月在北京还建立了世界红卍字会北京分会，该会会址最初附设于世界红卍字会中华总会内，后来迁入北池子妞妞房8号。北京分会以"救济实患，福利社会，促进世界和平"为组织宗旨。与其他社会慈善组织一样，世界红卍字会北京分会下设有总务股、救济股、福利股及交际股，分别负责具体的会务。经费主要依据会费、事业经营收入和社会赞助款。所办慈善主要有小学、施药所、中医诊疗所、义地公墓及夏施茶、冬施衣粮等。① 1924年直奉战争时期，红卍字会在天坛设立临时医院，办理西城急赈。从1926年起红卍字会在北京相继开设第一粥厂、第二粥厂、第三粥厂，在宛平、卢沟桥、门头沟等地分设收容所，以容战地难民。② 1927年仅两个粥厂就食人数达423217人，用米91420石，冬赈用款2000余元。1932年两个粥厂就食人数245241人；冬赈棉衣1950元，玉米面450935元，小米面56362元，梨园贫户赈济800元，警察贫户赈济44076元。③ 1928年附设了红卍字医院及平民医院。1931年除办粥厂外，设收容所6处，收容难民，并散发文贫米面费万元，贫寒梨园数千元。1937年卢沟桥事变，红卍字会立即组织联合救济队三队，分赴宛平四郊救护

---

① 北京市地方志编委会编：《北京志·民政志》，北京出版社2003年版，第280页。
② 吴廷燮等纂：《北京市志稿·民政志》，北京燕山出版社1989年版，第188—189页。
③ 同上书，第189—190页。

抬埋，施医药，又在城内外设收容所 13 处，又设临时医院，免费治疗，共耗费 29830.51 元。①

红卍字会没有像红十字会那样广泛的资金募集渠道，红卍字会大多数情况下只能依靠自筹资金进行各种慈善救济活动，其所组织的慈善活动的规模也极为受限。虽然如此，红卍字会的救济范围仍然相当广泛，不论是旱灾、水灾等天灾，还是战争、饥荒等人祸，红卍字会均提供积极的救济，努力实践"有灾必救、有难必帮"的诺言。

世界红卍字会作为一个民间慈善组织，由于在战争时期和平时的救济活动中的良好表现而使他们获得了很高的社会声誉，这与红卍字会遍布在全国各地甚至远及海外的慈善救济网络的努力，以及领导或支持红卍字会救济活动的政府官员与社会名流的努力是分不开的，如果从其规模和性质上来讲，世界红卍字会大概是近代中国规模最大的一个本土性民间慈善救助组织。

4. 京师公益联合会

京师公益联合会成立于 1922 年 4 月。其成立的直接起因是直系军阀和奉系军阀在北方开战，造成北京城内出现大量亟待救济的难民，他们流离失所，无处安身，饥饿冻馁，场景凄凉。恽宝惠、刘锡廉与北京青年会的董事及干事等磋商挽救时局对策和救护难民、伤员办法，决定成立京师公益联合会（1932 年改名为北平公益联合会），联合各慈善团体共同救助难民。会址原借用东城无量大人胡同 36 号的中国华洋义赈总会作为赈济会所，后迁会址于外交部街，1925 年再迁至西城养蜂夹道上驷院为永久会址。建会初期，公推国务总理汪大燮出任会长，恽宝惠和北京青年会学生部的干事步济时（J. S. Burgess）共同任副会长，总干事则由刘锡廉担任。所有会员分任各股主任。京师公益联合会实行监理制，理事会设有总干事掌管会务，下设总务、文教、医务、赈务四股，分别经办各项具体事务。其经济来源则主要依靠社会的捐募。

---

① 吴廷燮等纂：《北京市志稿·民政志》，北京燕山出版社 1989 年版，第 191 页。

京师公益联合会呈请内务部立案的申请中表示："时局紧急，群情惶惑。若非速组织公益团体，共谋保卫之法，诚恐人心不定，贻害治安。"① 他们希望能够尽快将在京公共团体及各公民组织集合在公益联合会，将分散的社会慈善力量团结起来，发挥更大的作用。在他们拟定的《京师公益联合会章程》里强调，公益联合会由"中外人士发起，以注重京师治安，维持市民粮食及保护妇孺，救济失业为宗旨"，致力于"联合本京各公益团体，互相协助，共图进行"反对军阀混战和开展临时救护救济的活动。②

在具体的组织与管理上，京师公益联合会实行监理制。理事会设有总干事掌管会务，下设总务、文教、医务、赈务四股，分别经办各项具体事务。其经济来源则主要依靠社会的捐募。

经过磋商，他们向当局筹款10万元，以实施赈济措施，希望能够尽可能地向灾民提供救助。该会即电请直奉息兵，并设妇孺救济会46处，在榆关战役办理掩埋尸体、运粮、筹款、赈济，办理京兆11县救济农民的贷款，对直奉战争时期北京的社会救济工作起到很大的帮助作用。战争平息后，发起国民裁兵会，以期永久弭兵。

京师公益联合会自成立后，历年以办理施放衣米、救护妇婴伤员、施药、运粮、筹款、赈济、施棺等事宜为其运作常务。并举办多项慈善事业：主办京兆赈务，设立华洋救济委员会；执行京兆华洋义赈会，分赴京南发放急赈物资；创办宛平石芦水利公会；修筑石景山至杨村沿河汽车路、重修京津道；修筑武清、宝坻、通县、霸县民堤，修筑跑马堤至卢沟桥汽车道路；与中国红十字会合办救伤医院；鉴于贫困产妇仍采用旧式分娩，经常发生危险，于是设立益产科医院，救护贫苦妇婴，提倡新式助产；设立公益诊疗院、公益高级助产职业学校；筹款兴修沟渠；等等。冬赈、施放衣米、舍棺助药、救护妇婴是每年均要办理的常务。

---

① 刘锡廉：《京师公益联合会纪实》，京师第一监狱印制1924年版，第13页。
② 同上书，第3页。

5. 中国三教圣道总会

中国三教圣道总会于 1923 年 9 月，由黄欲仁、牛逢春、王殿中、周允中等人发起成立。意在尊崇儒、释、道之精神，办理一切慈善事业。董事长为王殿中，下设文牍、会计、交际、庶务、调查、教育、救济、保管 8 组。会址在西城小乘巷 12 号。总会财产有：房屋 22 间，在平西青龙桥有地 50 亩。其慈善经费来源主要是会员捐助、营业收入、地亩租粮等。

所办慈善事务主要有：每年设立粥厂，从 11 月开厂到次年 3 月停止，通过施粥的方式对贫民进行救助。据《顺天时报》记载："俾贫民无叹向隅，中国三教圣道总会前在平则门内白塔寺及皇城根创办两处粥厂后，日来前往寄食者颇多，创办人为乐山和尚，为其普遍起见，每日除原定粥量之外，并增加若干，俾贫人前往饱餐，无向隅之叹云。"① 据统计，领粥贫民每日平均 2000 余人；每冬发放棉衣 200—300 套；夏季设置茶棚，施舍暑药。附设民众小学 1 处，救助失学儿童；设营业部 1 处（设有织袜机、织布机）；常年助葬贫民及一切其他临时救济。

6. 北京五台山普济佛教总会

1927 年 4 月，朱庆澜、朱绍阳、杨万春等人鉴于各灾难频仍遂发起成立北京五台山普济佛教总会，以弘扬佛法、实行慈善为宗旨。会址设立于东城朝阳门内老君堂 22 号。公推朱庆澜为监督、杨万春为会长、朱绍阳为副会长。总会设总务、救济、文牍、交际四股，承办各项事宜。各职员概不支薪，但事务繁重时得用雇员。会员纳入会费 2 元，常年会费 4 元。② 该会有房产 190 间。经费主要来源于会费和向社会募捐。

举办的慈善事业主要有：设万寿寺育幼院 1 处、北新桥报恩寺平民医院 1 处、女子挑花工厂，捐助各种慈善机构钱款，赈济贫困人口米面、衣物、钱款，设粥厂多处等。例如：1929 年设粥厂 5 处；购

---

① 《三教圣道总会两大规模粥厂》，《顺天时报》1926 年 12 月 6 日。
② 吴廷燮等纂：《北京市志稿·民政志》，北京燕山出版社 1989 年版，第 180 页。

玉米一列车，施放市民；临时施放善材 75 具，棉衣 3500 套，玉米面 4170 元。相继资助平西王府粥厂 300 元、育婴堂 1900 元、佛教学校 5449.54 元、华北赈灾会 4000 元、道德会贫民女子学校 1000 元，助市第一、第二监狱看守所棉被 600 元，市特别乞丐收容所鞋袜 300 元，文贫①60 名 2023 元，实善中医院 400 元，平民医院 700 元，慈工商店 300 元。②"总计弘扬佛法、补助教育、救济私（衺）及办理山东、河南、陕西、辽西各水旱灾赈及京市直接赈济，自十七年四月至二十七年十二月，共款一百一十万零三千七百六十一元二角八分二厘，……而施赈范围之广，于各慈善团体中首屈一指焉。"③

7. 佛教利生会

1937 年七七事变后，来京难民日众，京城绅耆等发起组织佛教临时救济会，设收容所，供给食宿，并开办各种救济事业，于 1938 年春结束。当年 9 月组织佛教利生会，会址设在西四牌楼弘慈广济寺。下设总务、交际、赈济、弘法、会计五组，主管各项慈善事物。经费来源于募捐，1938 年 9 月至 1939 年 3 月，共收功德金 17613.59 元，医院号金 19.26 元，杂项收入 2788.16 元，用于购买粮食、棉衣、医药、施赈等。举办主要慈善事业为：设立粥厂、暖厂，施放粮食、冬衣，施医、赠药、施棺、放生、掩骨，设立贫儿院及工读学校等。④

8. 万国道德会

万国道德会于 1921 年由山东历城人江寿峰在济南创办。1929 年正式移至北平，会址在东四三条 12 号。道德会在全国各地设分会，据统计，1935 年全会有会员 3 万人。该会以"改建社会、缔造大同、提倡世界进化、谋人群幸福、实行利民生"为宗旨，"以利民生、启民智、敦民德为三大纲要，而归于尊孔救世、兴女教、崇慈善"。⑤

---

① 因首都南迁，部分失业而陷于贫困的知识分子，被称为文贫。
② 吴廷燮等纂：《北京市志稿·民政志》，北京燕山出版社 1989 年版，第 181 页。
③ 同上书，第 185 页。
④ 同上书，第 186 页。
⑤ 同上书，第 195 页。

经费主要来源为会员费、捐助费和生产收入等。该会在北平设粥厂多处，举办义务小学、普设识字班讲学班、兴办妇女职业补习学校，举办演讲传习所进行宣传普及，设毛织工厂1处、印刷部1处，1933年在古北口等地调查难民，在京设难民收容所等。对于陕、豫及各地灾赈出力尤大。

9. 北京蓝卍字会

1935年10月，北京蓝卍字会成立于西城报子街，次年迁至东城西总布胡同。1939年，该会会员捐资，在东城小牌坊胡同55号修建永久性会址。该会以救灾济危为宗旨，设13人理事会，互推理事长1人、常务理事4人为执行机构，理事会下设调查、交际、总务、救济四股分管各项事务。"经费有经常经费，以每月收入会员缴纳之会费为正宗，不敷之数，由各董事负担。有施救金，以灾情之轻重定需用之多寡，临时开会商定，概由全体量力筹划，不外募。"① 资金主要依会费收入或董事分担。所办慈善事业主要有七项：（1）粥厂，历年在西城卧佛寺街鹫峰寺设粥厂；（2）在香山、温泉、模式口及德胜门外、东城根等处办冬季施赈；（3）施茶，每夏在市内人烟稠密地区施茶桌十余处；（4）施诊施药，设诊所向贫病市民免费诊治，并备有中药汤剂、应急丸散丹膏等，就诊贫民确实无力购药者概照方施送药物；（5）助葬，凡无力葬埋，持官府证明，经复查后，酌情资助；（6）在西城顺城街创设慈善小学一处，学生一切应用书籍、文具、制服等一律免费等。会内还设有道院、佛堂。

10. 北京地方服务团

北京地方服务团是以基督教信徒为主的市民慈善公益组织。1919年11月，经北京青年会干事步济时、刘锡廉及女青年会夏秀兰等提倡，决定成立地方服务团。在灯市口地区开展社区服务，以本地人服务本地为宗旨，该组织以董事会为立法机关，内分调查、交际、慈善、卫生、体育、学校、正俗、演说八部。地方服务团的经费主要来

---

① 吴廷燮等纂：《北京市志稿·民政志》，北京燕山出版社1989年版，第192页。

自志愿者的捐款。最初的启动经费是由基督教青年会和基督教女青年会以及公理会捐助了 600 元。后来服务团的成员又陆续捐助了 700 元，以及物资，而大部分捐助者并不是基督教会的成员。①

灯市口地区服务团 20 年代初的活动：一是对当地贫困人口进行救济，兴建了冬季收容男子的贫民院，建院的目的"不仅仅在于让贫民有地方住和有点东西吃，而是尽可能地让他们能够自谋生路，自强自立"②。贫民院里收容的成员被分成三组：年龄较大身体较弱的人负责照看院落并帮助打扫卫生；另外一组做工艺活儿——在两架刚购买的机器上纺棉纱；第三组则沿街叫卖一些商品。同时还开办了一个女子手工艺工厂，按件计酬。以很小的本钱，工艺工厂便使那些妇女及其家人摆脱了极端贫困的状态。

二是对失学儿童的义务教育。服务团全年都办着两个夜校班，学校一切免费。所有的教学工作都是由大学里的男女教师义务担任。还设立了两所免费学校，学生们在那里学习做竹器手艺和搓绳，同时也学习文化。

三是建立健康的娱乐方式。服务团每 10 天印一份白话文报纸，宣传科学知识和社会新道德、新思想，并兴建公共娱乐场地，组织孩子们玩有益于身心健康的游戏。开办了两个阅览室、娱乐室，供孩子们阅览或娱乐。服务团还在露天举行伴有幻灯放映的演讲。

四是宣传科学的生活方式。1920 年，服务团曾在市民中进行预防苍蝇，以及如何保持家庭整洁卫生的宣传活动。他们通过生动形象的宣传画和幻灯演讲等展示"苍蝇的危害"，以及"家庭卫生"的必要性，宣传活动的效果是明显的，许多店铺都采取措施有效防治苍蝇。他们还开设了一个免费接种牛痘疫苗的疹所，前后给 200 多名儿童接种了疫苗。

五是在应对突发灾难时的救助，如直皖战争时期，设立妇女儿童

---

① ［美］西德尼·D. 甘博：《北京的社会调查》下，中国书店出版社 2010 年版，第 440 页。
② 同上书，第 442 页。

救助及机构，保障地区妇女儿童的安全。

灯市口地区的地方服务团在提高市民文化知识，提倡近代化的生活方式，救济贫困诸方面收到了较好的社会效果。灯市口地区服务团的成功经验，带动了北京其他地区也成立了服务团。据刘锡廉的统计，1923年北京内外城共有6个地方服务团在活动，其中内城5个，外城1个。例如：弓箭营北京地方服务团设有学校2处，学生120名，施种牛痘者73人，冬赈施放小米3357人，贫民借本者34人[①]；外城地方服务团，有全日学校学生50名，儿童游戏场1处，露天学校有学生25名，施种牛痘者34人，施舍豆浆每日取者90余人，贫民借本者13人，并施放冬赈及卫生演说[②]；交道口北京地方服务团，设有学校1处，学生20名，施种牛痘并有卫生演说[③]。

甘博认为地区"服务团的实验表明，有大量的人们，包括基督徒和非基督徒，都非常热心于公益事业的合作，社会救济慈善事业正在变成整个京城的社会性运动"[④]。20年代，各服务团组织成立北京地方服务团联合会，以期全城慈善事业通力合作，扩充事业遍及全城。

（二）救济特定人群的慈善组织

这往往是针对某一特定的灾害，如水灾、旱灾、战争等，或是某一时段，如寒冬，亟须救助。慈善热心人士组织起来，积极进行救助，待灾害过后，组织解散。

1. 以特定人群为救济对象的慈善组织

对老弱残疾人群的救助。社会贫困人员和老幼病残是历代政府救济的重点对象之一，进入民国初年，这一群体依旧是慈善事业救济的主要对象。进入民国，据1923年《北京慈善汇编》记载，"闻京师一

---

① 刘锡廉：《北京慈善汇编》，京师第一监狱印制1923年版，第78—79页。
② 同上书，第80页。
③ 同上书，第81页。
④ ［美］西德尼·D. 甘博：《北京的社会调查》下，中国书店出版社2010年版，第449页。

城极贫老弱无衣无食专赖救济者尚有七万余人"①。而在当年的统计中，北京对老弱贫疾者进行救济的慈善机构已经逐渐增多，计有20余处。有针对冬寒时期老弱贫疾的救助组织、有针对贫困旗人的组织。

北京老弱临时救济会　1921年冬，内务部总长孙丹林、赈务处坐办悻宝惠、青年会干事刘锡廉及中西慈善家，因北京沿街贫民号寒啼饥耳不忍闻，老弱无依之人谋生乏术，平日饿毙自杀之案，已层见叠出，遂于1922年11月13日提倡发起组织，设立北京老弱临时救济会。北京老弱临时救济会以老弱贫民度严冬为宗旨，限定从10月10日起至翌年2月15日四个月为救济时期。救济会分设理事部、评议部、干事部、委员会。干事部内分总务、文牍、庶务、会计、教育、卫生、觅房、采买、招募等股，公推刘锡廉为主任干事。拟借宣外下斜街斗鸡坑感化学校设立第一院、老城根玻璃公司设立第二院，为收容贫民处所。"计划招收贫民两千左右，贫民进院后，供给衣、食、住而外，并施以教育工作，务于赈恤穷苦之中，寓教养兼施之意。"② 其款项由内务部拨洋1万元，赈务处拨洋2万元，募捐5288元，共收容男女老弱2084名，日授教育者678名。四个月期满后，该会解散，收容的贫民送至各救济院及教养所。③

京旗生计维持会　针对八旗贫民设立的慈善组织。民国成立之后，旗民生活陷入困窘之地。据《北京慈善汇编》记载，北京旗民居全城人数四分之一，因旗饷欠缺，生计日益困苦者，占旗民总数的大半。之前虽有八旗生计之筹设，但几乎等于空言。1920年罗振玉、柯劭忞、李襄奕、绍敏等人发起京旗生计维持会。他们通过在北京江西会馆举办雪堂金石书画京旗义赈即卖会，发动募捐等，得款13万余元，除少数赈济河南水灾外，大部分设为京旗赈济基金。冬季施粥施衣急赈，设文课以恤士流，设贞善堂以收八旗孤寡，设博爱工厂四处以收八旗子弟，设东华银行谋久远。据刘锡廉调查，"京旗生计维

---

① 刘锡廉：《北京慈善汇编》，京师第一监狱印制1923年版，序。
② 周秋光编：《熊希龄集》下册，湖南出版社1996年版，第1533页。
③ 刘锡廉：《北京慈善汇编》，京师第一监狱印制1923年版，第72—73页。

持会收录旗籍贫儿，教养兼施，俾能自立。并于西山及东西陵施放冬赈，抚恤孤寡等善举"。据统计获得该会救济者约有 114000 名之多。① 后来由于管理不善、资金不足等原因，1928 年冬工厂关闭，该会废止。

此外这类组织还有诸如柯劭忞创办的北京拯济极贫会，以筹设各种拯济方法。成立于 1913 年的三旗共进协进社，社长为赵庆宽，副社长高文淇、王继祥，目的是解决上三旗的生计问题。此外还有满族同进会、恤嫠会、八旗总研究所、八旗调查会、各省驻防会馆等社团，这些会、所或调查旗人状况，或提出解决八旗生计的建议，或多方筹款拯救贫苦旗人，或组织互助互救，等等，对解决八旗生计起了一定的作用。

窝窝头会 由士绅陈启沅（元）创办，夏仁虎在《旧京琐记》中记载："窝窝头会者始于清末，慈善团体之一也。此会专为救济贫民，每于年末，于严冬季节劝募款项，集资于众，不足则演义务戏以充之。不仅赈饥，兼筹御寒。"② "专购杂和面蒸成窝窝头，散给极贫之民。普通一人一日得窝窝头四五枚，即可以敷衍生活。价较贱，益较溥，而施放之手续又较简单，一年行之而效，于是每年冬季辄赓续行之。初则同志仅三四人，继乃渐扩而增多。其始仅由私人蒸放者，迨区域广、食品多，乃托由内外城警署代为办理。"③ 窝窝头会至民国年间才逐渐发展壮大。窝窝头会所筹资金很大程度上用在了北京旗人的群体上，据 1923 年《顺天时报》记载：窝窝头会加大了对各旗营的发放力度，"前拨与二十区署玉米面三十余万斤曾志本报，该会因旗籍困苦贫民尤为众多，故又发给两万余米面，一万斤内火八旗小米六十四石、玉米面五千六百斤，由各旗营总分配，并由管理内火营器事务奎仲元赴各旗监同散放"④。

---

① 刘锡廉：《北京慈善汇编》，京师第一监狱印制 1923 年版，第 66 页。
② 夏仁虎：《枝巢四述 旧京琐记》，辽宁教育出版社 1998 年版，第 82—83 页。
③ 《纪北京窝头会》，《申报》1921 年 1 月 14 日。
④ 《顺天时报》1923 年 1 月 24 日。

北京临时窝窝头会 北京临时窝窝头会，创办于1914年12月，办事处设在西板桥杨钦三宅。每年冬季，由发起人向各慈善家劝募捐款，捐款由琉璃厂赏奇斋代收。由会中购买玉米面，或由捐款人自买玉米面若干，由临时窝窝头会制成面票，上写明玉米面斤数，分送各区，代散发给食不充饥的贫民。创会的宗旨"无非是救赎苦人，暂不挨饿"，"便可出去谋明日的生活……日日勤俭不息，或能积攒出两天的用度，也就不至于有一日打柴一日烧"。①

救助旅京外省人士的组织有：柯劭忞创办的京旅生计维持会，以救助旅京贫民；冯煦办的京旅生计维持会，开设工厂教养工徒使其能自养。

2. 贫民自救的组织

北京贫民中有一种"带子会"，晚清开始创办，入会者都为工业平民。他们每月交纳少量的会费，遇有会员或家人死亡，便全会动员，每人腰系一条白带子，帮助丧家准备一切"鼓乐棚杠，以迄庖茶奔走，皆会员也。人各系一白带，故曰带子会"②。

另还有一种"寿缘会"，以千人为一组，遇有会员故去，每位会员交三角赙金，丧家可得三百元之赙赠。邻里关系日益重要，甚至取代了一部分亲缘关系。"远亲不如近邻"就反映了这一现象。

（三）针对特定事项的临时慈善组织

1. 针对战乱的慈善组织

中国红十字会北京女界分会驻津事务所 1920年7月14日，直皖战争爆发于京津一带。原国务总理熊希龄及其夫人朱其慧奋力操持，设立中国红十字会北京女界分会驻津事务所（女红十字会津会）于大营门中学，有针对性地赈恤"因战事被难之妇孺"，并与天津各慈善组织携手救灾。内设总务、会计、庶务、调查、救护、医药、文牍、交际等部，附设天津妇孺救济会，并借南开学校设立收容所，"系联合本

---

① 《窝窝头万岁》，《群强报》1916年11月15日。
② 夏仁虎：《枝巢四述 旧京琐记》，辽宁教育出版社1998年版，第82页。

埠各团体共同组织",经费自行募集。他们分别在北京石驸马大街、天津大营门中学校两处,附设妇孺救济所,收容被难无依之妇孺,并联合各善团,编成救护队,前往京奉、津浦、京汉沿铁道战区,广为救济,兼办医治被伤兵民及掩埋尸骸等事。

2. 针对天灾设立的慈善组织

华洋义赈救灾总会 是一个由中外慈善人士设立的临时性公益机构,赈灾结束后即自动解散。1920 年北方大旱,灾民多达 2000 余万人,华洋义赈救灾总会由上海、山东、山西、天津、汉口各设华洋义赈会,河南灾区救济会及北京国际统一救灾总会合组于 1922 年 10 月 16 日,成立统一的华洋义赈会,专为救济受天灾人民或以预防灾患而拯济民生。在北京设总事务所,统筹全国救灾防灾事宜,并协调与政府专设机关的关系。总会统一支配赈款的使用。

根据《北京慈善汇编》记载,内部组织为执行委员会,制设 24 人,干事 16 人,执行之总干事为美国人梅乐瑞,副总干事华人章元,章元学通中外,以期实行华洋共作精神。善款主要以国内外捐款为主,其中国外捐款占绝大部分,以美国为最多。民国初年,常常举办募捐游艺会,因此经费充足,动辄万计,1922 年度开支共计洋 1243500 余元,于此可窥其巨大慈善事业之一斑。

义赈会的救灾理念是"提倡防灾事业",把工作重点放在提高民众防灾能力方面。该会章程规定,本会目的有二:(1)中国境内设有天灾发生,本会联络华洋人员合筹赈济之;(2)为图谋赈务收效起见,应将成灾原因、防灾计划详细研究,庶于筹赈之际,所有凭借本会。因此对于列次灾荒状况以及成灾原因搜集材料编造报告以资借镜。对于适当防灾办法本会从事提倡之①。该会一直致力于灾荒救助,是民国初年较有影响力的慈善救助组织之一。

1922 年,京兆地区发生水灾,因此设立京兆水灾华洋义赈会,以救济京兆水患被灾之灾民为宗旨。该会于 1922 年 11 月成立,公推

---

① 刘锡廉:《北京慈善汇编》,京师第一监狱印制 1923 年版,第 51 页。

华人理事恽宝惠、孟宪彝、刘锡廉,洋人理事林懋德、铎尔、孟赫约翰等。内分总务、赈务、调查三所。根据《京兆水灾华洋义赈会办法说明》,该会经过调查后认为京兆 20 县,灾情原有 8 县,最重 5 县,次重 7 县,成灾之调查现拟分期赈济,第一期暂拨款 17000 元,第二期视募款进行之情形再为规定,并确定放赈日期。[①] 京兆水灾华洋义赈会在制度上设计严谨,规章明确,条例清楚。并在该会赈灾办法中一再强调"本会款项有限,专以救济农民为宗旨,譬如田亩甚多,房屋整齐,牲畜成群,当然在免发之列,而人口极众,田亩被冲,房屋损坏且病不能医治者,当以极苦论"[②]。

此外还有不少这类组织,如赵尔巽在 1921 年因山东水灾而组织兴办的山东水灾急赈会,募捐公家补助筹赈,灾毕即结束。

(四) 各界别成立的慈善组织

在北京当时还有以界别组织的各类慈善组织,如教育界、妇女界、宗教界等相继成立的慈善组织。教育界主要有北京教育会、北京通俗教育会等;妇女界主要有北京女学界联合会、基督教女青年会、北京妇女救国同志会、北京女界中国红十字会分会。宗教界的慈善组织很多,他们或是以寺庙为活动中心,或是以教派为中心,或是联合组织起来活动,等等。在第七章将有详细的叙述,这里就不再赘叙。

综上所述,当时北京民间的慈善组织,大部分的倡导者、组织者一类是社会名流、政府高官,他们具有雄厚的背景,因此往往在社会救济(例如赈灾、救伤等)等慈善事业上具有号召力;另一类为宗教性质的慈善团体,由于其具有宗教性质,历来有社会慈善传统,例如施粥、救济贫困人民等,故也是社会慈善事业不可或缺的一部分。

[①] 刘锡廉:《北京慈善汇编》,京师第一监狱印制 1923 年版,第 60 页。
[②] 同上书,第 61 页。

第六章 民国初年民间慈善组织和社会名流的活动

北京内外城慈善机关一览表①

北京内城十区慈善机关一览表											
	中一区	中二区	内左一	内左二	内左三	内左四	内右一	内右二	内右三	内右四	总计
区属半日学校	四	二	四	三	二	三	三	一	三	三	二十八
平民小学校	二	二		五	三	一		二	一		十六
平民夜学校	二										二
聋哑学校					一						一
敬惜字纸	一			一				二			四
施舍善书											一
工厂		四		三	二	二		二	一		十四
习艺所								二		二	四
工读团					一				一		二
养老院				四							五
贫儿院					二						二
育婴堂											
收养院			一		一				一		四
疯人院											
残废院	一										一
慈幼院		一									二
善社	一			一			二	一		二	七
水会				一			二	二	一		八
粥厂	一							一			四
防灾会				三	一						四
赈灾会				四			一	二			八
救济会				四	一		四	四		一	十四
地方服务团				一	一		一		一		五
贫民借本处				一	一	二	一		二		九
失业介绍所		一									一
施舍米面	三			一				二	二		八

① 刘锡廉:《北京慈善汇编》,京师第一监狱印制1923年版,第41—46页。

续表

北京内城十区慈善机关一览表

	中一区	中二区	内左一	内左二	内左三	内左四	内右一	内右二	内右三	内右四	总计
施舍棉衣	三		三	一	一				一		九
施舍棺木			一	一		一			一		五
施舍钱文	一										一
京都市人力车夫休息所			三	二	一		一		二	二	十一
施医院		一	二	二	一	一					七
诊疗所					二				一		四
施舍药品	三		二	一				二	四	二	十五
施舍茶水暑汤	三		八	一					二		十四
贫民养病所						一					一
其他服务社会机关				二	二						四
总计	二十五	十一	四十	三十三	二十八	十三	十三	十八	二十四	二十二	二百二十七

北京外城十区慈善机关一览表

	外左一	外左二	外左三	外左四	外左五	外右一	外右二	外右三	外右四	外右五	总计
区属半日学校	一	二	二	五	二	二	二	一	二	四	二十三
平民小学校	一	二	二	一	一	一	一		三	三	十五
平民夜学校								一			一
瞽目学校				一							一
敬惜字纸	一			一	一				一		四
买鸟放生							一				一
施舍善书						一					一
工厂	一		一			一	二	一			六
孤儿院									一		一
育婴堂					一						一
敬养院				二	二				二	五	十一
善社		二							一		三
水会	二	三				六	五	一			十七

续表

北京外城十区慈善机关一览表

	外左一	外左二	外左三	外左四	外左五	外右一	外右二	外右三	外右四	外右五	总计
粥厂				一					一	一	三
赈灾会						一	二	一	一		五
救济会						一		三	一		五
北京地方服务团			一								一
贫民借本处	一	二						一	一		七
济良所											一
施舍米面						一					一
施舍棉衣											二
施舍棺木	一						二				四
京都市人力车夫休息所	二	二						一		一	六
施医院					二						三
诊疗所				一						二	三
施舍药品	三			一		二		一			八
施舍茶水暑汤						四			一	六	十一
贫民养病所									一		二
其他社会服务机关								一			一
其他慈善事业				一							一
总计	十二	十二	十	十二	九	二十五	十四	十四	十五	二十六	一百四十九

二 社会名流和政府官员的慈善活动

作为首都，北京云集着大批的官员，他们无论在职或者离职，对国家权力的运作都有比较具体的认识，在职期间作为权力结构中的上层力量对社会事务产生过重要影响，离职后依旧保持相当的威望；而社会名流则是指那些在社会交往中树立起来的，为众人所知并所尊敬的人，他们大多来自政商界、知识界、演艺界等。应当指出的是，政府官员和社会名流这两种人群的分类并没有严格的界限，政府官员离职后依旧可以活跃于各类社交场合，并依靠其以往的政治资本成为社会名流；社会名流也能因为他们在自己领域所做出的突出贡献，而被政府任以要职，实现从社会名流到政府官员的转变。

据刘锡廉在1923年的调查，北京内外城的慈善组织有370余个，而其中有不少慈善组织都是由某些政府官员和社会名流所主导的。他们热心参与和主持各种慈善活动，如熊希龄、汪大燮、孙宝琦、赵尔巽、钱能训、朱启钤、恽宝惠、王人文等，当然也不乏博学多识、忧国忧民且颇具眼光与胆识的新型知识分子。他们为贫民、灾民、难民的生存奔走呼号，号召政府加大救助力度，号召民众慷慨解囊，对慈善公益事业在运作、资金、理念和宣传等领域有特别的见解和贡献，对良好慈善公益气候的导向和形成具有巨大的影响力，是北京成为全国慈善表率的重要支撑。

（一）社会名流、官员创办或参与的慈善组织活动

1. 积极创办慈善组织，投身慈善事业

（1）世界红卍字会总会的创建者和领导者。1922年，钱能训和徐世光、李佳白、杜秉寅等在济南创建了世界红卍字会总会。

钱能训（1869—1924），字偯丞、干臣。钱能训出生在文风浓郁的浙江嘉善魏塘镇，他秉持家学，贯通经艺，清光绪二十四年（1898年），29岁中进士，翌年留馆为翰林，后授编修。以后任检察御史、广西学政、刑部主事、顺天府尹、陕西布政使、护理陕西巡抚等职。辛亥革命后，多次出任政府要职。1913年10月任北洋政府内务次长、约法会议议员。曾任段祺瑞内阁内务总长、王士珍内阁内务总长，1918年11月任国务总理。12月20日起任北京政府第13届国务总理。1919年引咎辞国务总理职。以后他历任苏浙太湖水利工程督办，参与浙江18名士绅联名呈请北洋政府减免田赋，应聘为外交部顾问，参与组织华盛顿会议中国后援会，主张山东省应无条件归还中

国等。1922年参与创办世界红卍字会，并为第一任世界红卍字会中华总会会长。此外他还参与了多个慈善组织活动，如悟善社、京师地方救护团等。1924年在京病逝。

徐世光（？—1929），字友梅，号少卿。徐世光是天津人，擅书法、国画、诗词，同时他更是北洋政府大总统、国务卿徐世昌的弟弟。他曾任青州知府、济南知府、山东登莱道道员、青胶道道员，兼任山东海关监督。辛亥革命后出走青岛，曾任濮阳河工督办，竣工后，回天津寓居。晚年在天津致力慈善医疗事业，1922年成为创办红卍字总会者之一，曾担任中国红十字会会长。1929年于天津去世。

民国初年，最著名的慈善家当首推熊希龄夫妇。

熊希龄（1870—1937），字秉三，号明志阁主人、双清居士，法号妙通。熊希龄天生聪慧，被喻为湖南神童，15岁中秀才，22岁中举人，25岁中进士，后点翰林。熊希龄积极主张维新变法，兴办实业，开办新学，他在军事和实业方面的才华和纵横捭阖的手段得到了晚清官场的初步承认。中华民国成立后，熊希龄担任内阁财政总长。1913年组阁任总理兼财政总长，由于他反对袁世凯复辟帝制，不久就被迫辞职。熊先生晚年致力于慈善和教育事业。熊希龄的夫人朱其慧是清朝沅州太守朱其懿的妹妹，1895年嫁给熊希龄，成为熊希龄一生事业的知心伴侣。

夫妻二人在民国以后创办、组织、任责了许多民国时期的慈善组织。1917年，直隶、京畿地区的特大水灾，为了统一放赈，熊希龄组织成立了联合办赈机构——"京畿水灾筹赈联合会"，自任会长，统筹放赈中的种种实际问题。在赈济灾民的同时，他又开始了对河工的治理，开展以工代赈，既救济了灾民，也为受灾地区留下了永久建设。此后他长期从事救灾慈善活动，拯救了无数生命。

1920年秋，北方直隶、山东、河南、山西、陕西五省发生特大旱灾，灾情较顺直水灾尤甚，饥民有3000多万。熊希龄邀集北京的各慈善团体共商办法，决定组织"北五省灾区协济会"，举黎元洪为名誉会长。根据他的设想，此次办赈对灾民的救助分为急赈、冬赈、春赈三个步骤。1920年7月14日直皖战争爆发于京津一带。熊希龄及其夫人朱其慧奋力操持，设立中国红十字会北京女界分会驻津事务所，有针对性地赈恤"因战事被难之妇孺"，在京津两地设立"妇孺救济所"，并与天津各慈善组织携手救灾。1920年他创办了著名的香山慈幼院。1922年4月直奉大战爆发，熊希龄又组织救护队，前往战地救治难民。长时间的救灾办赈，使熊希龄感到有必要将全国各地的慈善团体联合起来，以求呼应协作。1922年钱能训、江慧济、徐世光等中外人士与在济南创立的民间宗教组织——道院，联合发起成立的一个以"促进世界和平、救济灾患"为宗旨的慈善救济组织——世界红卍字会在北京成立。1925年会中人推熊希龄为会长，直到1937年他去世为止，熊希龄连任三届历时12年之久。在他的主持下，世界红卍字会在灾荒、战乱频仍的中国作了大量的慈善工作，其用意均在辅助政府，救济平民。1923年成立中华平民教育促进会，朱其慧任董事长，为平民教育多方奔走呼吁。

1932年，熊夫人朱其慧去世，恰值淞沪战争爆发，熊希龄组织香山慈幼院的师生200人为义勇军开赴抗日前线，女生则加入红十字救护队，往战区医院帮助工作。为表明自己奔赴国难，矢志于社会和慈善的决心和意愿，熊希龄作出惊人之举，宣布捐出全部家产，创办熊朱义助儿童幸福基金社，用于北京、天津、湖南三地的慈幼事业。根据当时他的全部捐产目录进行统计，他所捐献出来的全部财产总计折合大洋27万元，还有白银6万多两，这不仅仅在当时罕见，即便在今天把自己的全部家产捐献出来的人也是很少有的。

作为政界名流，在历次赈灾、战乱等慈善事业中，熊希龄充分利用了自己的影响力和广泛的社会关系，积极呼吁政府为赈灾提供诸多便利，劝诫军阀息战，并以身作则，积极捐款捐物。如在1917年的大水灾中，他利用自己在社会上的影响力，向全国各省发出请赈通电，希望全国各地诸君子"胞与为怀，本其己饥己溺之心，为披发缨冠之救"。赈电发出，熊希龄以身作则，先捐现洋500元，又命家中女眷缝纫棉衣100套，捐给难民。在他的呼吁带动下，团体、个人捐衣、捐款者不断,外国的慈善团体也有帮助。并凭借个人声望,向外国洋行借款数百万元,作为救济专款。此外,他发电请求唐山、开滦等地矿物局捐赠煤炭 5000 吨,并要求北洋政府为赈灾提供诸多便利。1920 年 7 月 14 日直皖战争期间,"女红十字会"理事长朱其慧致电大总统徐世昌及其夫人称:"京直发生战祸,居民困苦颠连,以妇孺为尤甚","设法救济,为本会之天职",但本会向无经费,现在设法借垫款项,恳请"大总统夙以救民为念;大总统夫人为本会(荣誉)会长,会事尤赖维持。拟恳赐款提倡,并分饬各机关拨款佽助,以成义举"。熊希龄、朱其慧先"捐京钞一千元",又联名致电各省军民长官:"需款甚迫,非求各省捐助,不足支持……拟求提款捐助,俾成义举。"

1937 年抗日战争爆发,熊希龄以世界红卍字会中华总会会长身份赶往前线救护伤员,同年 12 月 5 日在中国香港病逝,享年 67 岁。他逝世时身无长物,继室毛彦文女士只得借贷治丧。长女熊芷继承乃父精神,留洋专修幼儿教育专业,学成归国后即在香山慈幼院服务。继室毛彦文在熊希龄死后也继续主持慈幼院工作。其德昭昭,实为民国时期的一位巨人。熊希龄不仅自己全身心地投入慈善事业,而且还提携、培养了许多有志于慈善教育事业的人才,如陶行知、晏阳初、陈鹤琴等。①

作为民国初年著名的社会名流,熊希龄、钱能训、徐世光三位为民初的社会慈善事业做出了不可磨灭的贡献。

李佳白(Gilbert Reid,1857—1927),字启东,近代美国在华传教士。生于纽约,毕业于纽约协和神学院,后获汉密尔顿学院授神学博士学位。1882 年奉美国长老会之命赴华,在山东烟台、济南等地传教,1892 年回国。两年后辞去长老会工作再次来华,正值中国甲午战争战败,他大力宣传维新变法。1897 年 2 月由总理各国事务衙门批准,他在北京正式成立尚贤堂(The International Institute of Chi-

---

① 以上参考周秋光《熊希龄传》,百花文艺出版社 2006 年版。

na），主要举办各种中外联谊活动，周旋于北京上层人物之中，与恭亲王奕訢、李鸿章、翁同龢等人时有往来。1900 年尚贤堂被烧毁。1903 年李佳白在上海购地重建尚贤堂。除举办新年茶会等各种中外社交活动外，还开设学堂、藏书楼和华品陈列所，并邀请多种宗教人士聚集在尚贤堂，进行演讲和探讨，宣扬宗教大联合的思想，也因而受到许多传教士的批评。1911 年在北京支持宗社党，反对共和革命。1917 年因反对中国参战，被驱逐出境。1921 年李佳白再度来华，除恢复北京尚贤堂外，参与世界红卍会的筹建，致力于各种和平活动，但是受欢迎程度已经大为下降。1927 年 9 月 30 日李佳白在上海去世。

杜秉寅（1854—1923）字宾谷，道名默靖。江苏淮安人，清代拔贡，光绪十九年（1893 年）任邹县知县，后任高唐州知州、临清直隶州知州。民国时期，成为山东有影响的官僚之一，并且开办实业，是华庆面粉公司董事长。1921 年 3 月杜秉寅和刘绍基等人在济南上新街创设济南道院，制定了院纲、院则，道院的最高组织是"统院"，下分设五院。各院设掌籍一个，杜秉寅为济南道院统掌，负责道院一切事务。1921 年杜秉寅和美国传教士李佳白等人在北京组织红卍会筹备处，以"促近世界和平，救济灾患"为宗旨。

（2）京师公益联合会的创建者和领导者。1922 年 4 月直奉战争爆发，两军在北京附近的长辛店、琉璃河、固安、马厂及卢沟桥等地展开激战。造成北京地区出现大量亟待救济的难民，他们流离失所，无处安身，饥饿冻馁，场景凄凉。恽宝惠、刘锡廉与北京青年会的董事及干事等磋商挽救时局对策和救护难民、伤员办法，决定成立京师公益联合会，以挽救时局，救护妇婴伤员战争难民。公推时任总理的汪大燮为会长，恽宝惠、步济时为副会长，刘锡廉为总干事。这些社会名流和政府官员，利用了他们的社会威望和影响，才可能使这一民间组织的慈善活动进行得风声水起。他们不仅能够从政府筹款 10 万元，并且将救济区域逐渐推广到京兆全境，救济内容也非常丰富，除一般的救助活动外，他们还主张垦荒开矿，介绍职业，以谋根本救济，特别是还发起裁兵运动，以期永久弭兵。京师公益联合会的活动

第六章 民国初年民间慈善组织和社会名流的活动

在民国初年对促进北京的慈善救助事业起了重要的作用，名流的作用不可低估。

汪大燮（1859—1929），原名尧俞，字伯唐，浙江钱塘人。汪大燮自幼聪颖，光绪四年（1878年）应童子试，考中秀才，光绪十五年（1889年）考中举人，在清朝末年和民国初年曾担任外交官员和其他政府公职，曾出任北京政府教育总长、平政院院长、交通总长、财政总长、国务总理等要职。与其他政要一同建立组织，积极参与外交事务。1920年10月任中国红十字会长，1920年汪大燮在北京创办私立平民大学，任董事长。1925年任"全国防灾委员会"委员，晚年致力于慈善事业。

恽宝惠（1885—1979），字公孚，江苏武进人。恽宝惠出生于一个官宦家庭，父亲是晚清宫廷史官恽毓鼎，小时候由父母授文启蒙，后以恩荫入仕。恽宝惠历任清政府陆军部主事、郎中，实录馆汉样校官、承政司秘书、科长、镶黄旗汉军副都统、正红旗蒙古都统等职务。辛亥革命后，曾担任北洋政府国务院秘书厅秘书长、赈务处坐办、京都市政会办官员及蒙藏院副总裁等职位。在1922年冬还与孙丹林等创立临时性的北京老弱临时救济会。

步济时（John Stewart Burgess，1883—1949），出生于美国一个城市平民家庭，1905年毕业于美国普林斯顿大学社会学系，后在哥伦比亚大学取得社会学硕士和博士学位。步氏在普林斯顿大学读书时就曾积极参加学生志愿者活动，1909年到北京任青年会干事。1911年他组建了隶属青年会学校部的北京社会实进会，主要在北京开展社会慈善性、救济性活动，开办夜校、演说、调查及儿童游戏等工作。他还创办《生命月刊》，是主要撰稿人之一。1922年在燕京大学创办了社会学系，并任系主任，该系是中国最早成立的社会学系之一。他还是将社会学中的田野调查带到中国的人。他在北京组织了社会联合会、学生社会服务社、产院、协助福利社团工作，并积极组织北京学生开展社会调查和社会服务，在中国社会学研究中率先倡导实地调查，《北京行会》即是他早期重要的社会调查成果。

刘锡廉 京兆安次（今河北安次县）人，除了在京师公益联合会任总干事之外，刘氏还任北京基督教青年会总干事，在北京基督教青年会致力于社会服务，积极参与领导社会慈善事业。为发展北京慈善事业，从1919年始，刘氏便组织调查员，历时四年调查北京全城各慈善机关团体，辑成《北京慈善汇编》，并编辑《京师公益联合会纪实》《京师老弱临时救济会报告书》，为我们了解民国初年北京地区的慈善事业发展状况做了相当重要的贡献。

（3）北京五台山普济佛教总会的创建者和领导者

朱庆澜（1874—1941），字子桥、子樵、紫桥。绍兴钱清镇秦望村人。6岁丧父，14岁丧母，自幼孤贫力学。后投东三省总督赵尔巽部下，深受赏识，历任三营统领、知县，东三省营务处会办等，光绪三十三年（1907年）任陆军步队第二标标统、陆军将校研究所督练公所参议。清宣统元年（1909年），随赵尔巽入川，任四川巡警道、第三十三混成协协统、陆军第十七镇统制，与同盟会员程潜等编练新军，成为西南主要军事力量。辛亥武昌起义，响应革命，宣布四川独立，被推为四川大汉军政府副都督。后因巡防队索饷哗变及川籍军人反对，不得已离川。1912年任黑龙江督署参谋长，后被聘任为临时总统军事顾问。1913年10月后改任黑龙江省护军使兼署民政长、巡按使、黑龙江省将军。1916年后任广东省长、广东新军司令。张勋复辟，首先通电声讨，并迎请孙中山来粤，引起段祺瑞不满，遂不得不离开广东，寓居上海。1922年重返东北，任东北特区行政长官中东铁路护路军总司令，积极维护国家主权，收回铁路沿线俄人所占100多万亩土地。1925年辞职，此后长期从事慈善救济与抗日救亡事业。1927年与朱绍阳等创建北京五台山普济佛教总会，被公推为总会监督。该会不仅在北京，而且对山东、河南、陕西等地进行的水旱灾赈、补助教育都是首屈一指的。此外朱庆澜还先后任华北慈善联合会会长、黄河水利委员会委员长、国民政府赈济委员会委员长等职，其"致力于社会事业，先后创办平、津、关外议赈，移山东难民十余万至东北耕作。陕旱成灾，公又倡募三元活一命之急赈。长江大水灾，公亲历灾区，四出筹赈，集公私款至七千万元，标本兼治，其施工之巨，获救之众，前所未有。其救灾也，闻讯即行，无间寒暑昼夜夷险通阻，躬与灾民共寝食。所至以工代赈，兼施教养"①。终因积劳成疾，咯血不治，于1941年病逝。

（4）京旗生计维持会的创办人

罗振玉（1866—1940），字式如、叔蕴、叔言，号雪堂，永丰乡人，晚号贞松老人、松翁。祖籍为浙江省上虞县永丰乡，出生在江苏省淮安县。近代著名的学者，是中国现代农学的开拓者，中国近代考古学的奠基人。对中国科学、文化、学术颇有贡献，参与开拓中国的现代农学、保存内阁大库明清档案、从事甲骨文字的研究与传播、整理敦煌文卷、开展汉晋木简的考究、倡导古明器研究。他一生著作达189种，校刊书籍642种。

1919年他从日本回国，看到民国以后旗民生活陷入困窘之地，于是在1921年在天津与柯劭忞、李襄奕、绍敏等人发起京旗生计维持会、北京拯济极贫会。他特别热衷捐资赈济等公益活动，为救助京中旗民和水灾难民，不惜展卖自藏碑刻书画，以所得大半放赈；又奔走于京津之间，向一班遗老旧臣募集捐款，打出"京旗生计维持会"旗号。随后在津城河北一带开设救济性博爱工厂，后来工厂入不敷出，罗振玉也曾以售字所得补贴之。对于自己的此类义举，罗振玉每以倡言"兼爱"的墨子自比，而对那些席履丰厚却吝于捐资的人则斥为"一毛不拔"的杨朱。

柯劭忞（1848—1933），字凤荪，号蓼园，山东胶州人。现代著名学者，尤擅长治史学。光绪十二年（1886年）中进士，历任翰林院编修、侍读、侍讲、京师大学堂总监督、清史馆代馆长、总纂。治学广博，尤精元史，他独力编著《新元史》，负责总成《清史稿》，学术成就为人们所肯定。他不仅和罗振玉一起组织了京旗生计维持会，同时还创办北京拯济极贫会，以筹设各种拯济方法。他还创办了

---

① 卞孝萱、唐文权编：《民国人物碑传集》，凤凰出版社2011年版，第164—165页。

京旅生计维持会，以救助各地旅京贫民。

（5）北京老弱临时救济会的创建者

孙丹林（1886—1971），字汉尘，山东蓬莱人。光绪三十年（1904年），考入山东大学堂，翌年加入同盟会，1912年1月11日他亲赴大连，带领革命军一举攻占蓬莱城，成立登州军政府，任军政府总秘书长兼军事参谋。军政府被解散后调任高苑知县。1922年孙丹林任北洋政府内务次长、内务总长。在北洋政府准备逮捕40余名中共党员时，他挺身而出阻止了这一行动，并密告李大钊暂避，以防不虞。1923年脱离政界，后任上海市中国兴业银行总经理。在1922年冬，孙丹林与恽宝惠、青年会干事刘锡廉等，因北京沿街贫民号寒啼饥耳不忍闻，遂提倡设立北京老弱临时救济会。他们利用自己的优势，请内务部、赈务处拨洋3万元，募捐5288元，救助寒冬中的老弱贫民。

（6）其他慈善组织创建者

王芝祥（1858—1930），字铁珊，直隶通县人。光绪十一年（1885年）考中举人。曾任河南、广西的知县、知府。光绪三十二年（1906年）后任广西按察使、布政使。辛亥革命爆发后，他与广西巡抚通电宣告"独立"，他为副都督。后曾任三军军长兼本部高等顾问官，南京留守府军事顾问，任统一共和党干事、国民党理事。1924年出任京兆尹，后任侨务局总裁。此后致力于社会慈善事业，出任世界红十字会中华总会会长，他在任内创办红十字会分会数十处，还组织救济队，分赴战地救亡。1921年，通县灾情奇重，王芝祥甚为不安，他组织地方人士成立粮食救济会及平粜处、督办赈务处、京畿粥厂筹办处、京兆灾荒救济会等，发放棉衣、粮米及赈款等，救民于水火之中。1920年10月，王芝祥呈请以工代赈的方式修建了通县经顺义、怀柔至密云的汽车公路。1930年在通县去世。

2. 利用自身的声望，积极参与组织活动

还有一些社会名流，他们不是慈善组织的创建人，但是他们参加慈善组织后，积极发挥自身能量并充分利用影响力，参与活动，尽自己的力量。

如钱能训,下野后加入了悟善社,积极参与兴办慈善事业,这让下野后的钱能训找到了另一个施展才华与抱负的舞台。很快,钱能训被尊为教统,并以训谕的形式确定了钱能训的领导地位和权威,这种权威在钱能训死后得到升华。1924年钱能训去世,被"授以金阙廉玄主掌,封号普明正化真人",更被视为救世新教第一任教主。可见钱能训在悟善社的发展中所起的作用。

再如赵尔巽(1844—1927),字公镶,号次珊,又名次山,又号无补,清末汉军正蓝旗人,原籍奉天铁岭。同治年间进士,授翰林院编修。历任安徽、陕西各省按察使,又任甘肃、新疆、山西布政使,后任湖南巡抚、户部尚书、盛京将军、湖广总督、四川总督等职,宣统三年(1911年)任东三省总督。武昌起义后在奉天成立保安会,阻止革命。民国成立,任奉天都督,旋辞职。1914年任清史馆总裁,主编《清史稿》。袁世凯称帝时,被尊为"嵩山四友"之一。1925年任善后会议议长、临时参议院议长。因赵尔巽的威望又因为他有从事慈善和公益的热情,所以很多慈善组织公推他为会长。如1920年北五省旱灾,约30余人发起成立"北五省旱灾救济会",公推赵尔巽为会长,汪大燮、熊希龄为副会长。① 1921年10月山东水灾,公推赵尔巽为山东水灾急赈会会长,募捐公家补助筹赈。救济会正是要借助他们的名望以增强救济会的权威性和号召力。而对于社会名流来说,资本、特殊才能和影响力正是他们的优势。

3. 支持慈善组织的活动

还有不少社会名流虽然没有参加慈善组织,但是他们能积极捐钱、捐物,为社会作出榜样。如民国初年成立的窝窝头会,得到了北京诸多政府机构、官员、商人和重要人物的支持。交通部等政府机构以及曹锟、吴佩孚、汤芗铭、鲍贵卿等文武官员多次捐款,其中曹锟

---

① 《北五省灾区协济会之成立》,《晨报》1920年9月12日。

巡阅使一次就捐出"玉米面二万斤"①。末代皇后婉容乐善好施,据《事实白话报》的记载,1923年冬,婉容一次就捐给窝窝头会600元大洋。此外一些商家如蕴珍斋、文珍斋、欣誉斋、悦古斋、博观斋、鉴古斋、余古斋、宛委山房、诒文山房、吉珍斋、荣林斋等文化古玩商店也是捐款常客。②

1920年7月14日直皖战争爆发后,熊希龄夫妇成立的女红十字会津会,主要救助"因战事被难之妇孺"。他们二人广泛发动、殚精竭虑,募捐颇见成效。各界捐款多通过"特别第一区女界红十字会转",如曹锟、曹锐"敬捐洋一千元",7月26日"已饬津署军需课就近交付"。8月12日,"女红十字会"刊载《启事》,鸣谢各方。其中,捐赠药品者以周学熙为大宗,"诸葛行军散二千瓶、藿香正气丸四千付、红灵丹四千瓶、纯阳正气丸四千付、痧药四千瓶"。

(二)社会名流或官员个人参与的慈善活动

很多社会名流亲自从事慈善活动,筹款成立养老院、办补习学校甚至在自家府宅施茶、施衣物等。如1912年近代著名实业家张謇60寿辰之际,决定把寿礼馈金及宴客费全捐出来,建起南通第一养老院。③ 1914年12月,时任察哈尔都统的段芝贵到京,政军两界人士,拟演剧公迎。段芝贵以战事颇多,事事维艰婉拒。奈何"欢迎之甚殷,再三相强",段有意"拟将所酬之戏赀,移助灾赈。在欢迎将军者既可略表至诚,而数千元巨款,实惠及民,可谓一举两得"④。1918年中央医院开诊,性质为京都市政公所兴办的公益性质普惠贫民健康的医院。该医院经费得到曹汝霖补助,具体数额为每月京钞500元,全年共计补助6000元,除部分由政府拨款外,其余经费来自民间捐赠。熊希龄夫人朱其慧在1921年和1922年,在同福夹道分

---

① 《顺天时报》1921年10月8日。
② 《顺天时报》1921年10月22日。
③ 南通张謇研究中心:《张謇全集》第4册,江苏古籍出版社1994年版,第340页。
④ 《群强报》1914年12月8日。

别创建了夫妇老人院和老年男子的老人院。1920 年，著名历史学家陈垣在翊教寺创办了孤儿工读团，收养贫民教书习艺。时任外交总长的颜惠庆，在大取灯胡同颜宅开办补救贫民夏令施舍茶水善举。1926 年京剧大师梅兰芳举行冬赈义演，后将所得券资全部捐给冬赈会，赈助贫民。① 20 世纪 20 年代，张謇、杨度、康有为、吴昌硕等各界名流都曾鬻画献字助赈，并筹得可观善款。② 此外还有许多上流人士，秉承热心公益的心肠，积极进行慈善事业。北京盐业银行经理岳乾齐之太夫人，在自己生日之际，特提出私蓄大洋 500 元，捐助北京窝窝头会，以为救济京城贫苦人民。③ 张镇芳，袁世凯兄嫂之弟，民国后任河南都督兼民政长，在天津任盐业银行董事、董事长。在香山慈幼院创建时，他曾捐 40 万元大洋兴建办公楼，故香山慈幼院用捐款人张镇芳之名命名为镇芳楼。诸如此类的例子，在民国初年的北京还是很常见的。

总之，民国初年许多政府高官或社会名流积极参与了慈善活动，像熊希龄、朱庆澜等全身心地投入社会慈善事业中；也有些人是政治上受挫，或是政治上有污点而被迫下野，他们转而从事慈善事业，重新体验自身的价值和社会影响力。

从 1912 年民国成立至 1927 年南京国民政府成立这一时期，北京的慈善组织数量众多，但大多数都各自行事，并无统一的规章或者总纲，也不受政府的直接管理和监督。步济时在《为北京组织慈善机关之提议》中，曾提出组建北京慈善总会，并指出北京慈善总会的宗旨如下：（1）使在京能施更有效力之赈济。（2）研究贫困之原因。（3）联合现有之各慈善团体。（4）激励创设他种慈善事业机关辅助慈善工作之进行。（5）免去慈善事业中一切重复弊病。（6）规

---

① 《沪绅商请梅兰芳演剧筹款》，《申报》1926 年 12 月 23 日。
② 曾桂林：《清末民初的慈善事业与社会变迁（1895—1928）》，湖南师范大学硕士学位论文，2002 年，第 32 页。
③ 《岳夫人捐款》，《顺天时报》1924 年 1 月 15 日。

准慈善事业之方法。① 这一提议并非没有事实依据,根据《益世报》的记载,民国初年,社会慈善组织内部也并非没有弊端,例如:职员世袭,公益事业成私人之营业;警察厅送入乞丐,前门入,后门放出,有违慈善之本旨;另有个别慈善组织对待乞丐任意虐待等行为。②因此,规范慈善组织的行为,使得慈善事业能有更好的发展,是今后亟须解决的问题。

---

① 刘锡廉:《北京慈善汇编》,京师第一监狱印制1923年版,第123—124页。
② 《慈善机关之黑幕》,《益世报》1923年10月28日。

第七章

民国初年民间广泛的慈善活动

两千多年的君主专制制度的崩塌使人性获得空前的解放，人们开始更加关注人的权利和地位、关注人的生存和发展，关注与自己息息相关的事情，个人主义和公共利益的观念逐渐凸显，这也成为当时思想界的一大趋势。在清末民初巨大社会变革中，中国传统的慈善行为在近代得到延续，也由于新思想的传入而发生了巨大的变化。这些都和以往社会慈善事业的皇恩浩荡的赈济有极大的区别。北京大批的市民和社会组织积极参与慈善事业，慈善方式和慈善对象呈现多样性并向纵深发展。

一 社会各界的捐资助学

晚清民初，社会鼎革之际，各阶层在社会事务上的活跃程度达到高峰。教育被提到富国强民的高度，各界人士均想通过教育的手段来提高国民素质，改变当时积贫积弱的国家状况。鉴于国力微弱，民间纷纷捐资助学，政界贤达、文化名流、宗教团体等各界人士乃至普通市民共襄教育盛业，在各个层次上创办了针对不同学龄的慈善性质学校，如熊希龄为灾童所创办的香山慈幼院、陈垣等创办的平民中学等。除此之外，还有传统的义学和供普通市民进行再教育的新式讲演所、文化补习所等，多种捐资助学形式竞相出现。

（一）民间慈善教育组织与活动

民国初年，以促进教育为主要宗旨的各种会社机构纷纷成立。其中起到了最大影响与作用的当数北京教育会与北京通俗教育会。这两个民间组织的发起者大都为京师学务局人员，即教育界人士以个人身份创办的民间公益教育组织，他们了解教育和教育问题，在官方体制外，有效地解决一些教育方面的问题，既在慈善公益方面有所建树，又推动北京社会教育的发展。

北京教育会 该会于1912年5月11日成立，旨在谋求北京地方教育的发达。活动主要侧重于研究发展教育的方法，开设小学研究会及通俗讲演研究会；举办内容侧重于各种科学的夏期讲习会；编辑教育报刊；举行巡行讲演和筹设图书馆等活动[1]。经费来源为会员会费（每人会费1元，于入会时交纳；常年2元，于开大会之日交纳）、会员特捐、自由认捐、会外捐助、地方行政官厅及自治机关公款补助[2]。从史料来看，该会与政府各机关交涉甚多，多次呈请发放助学经费，在早期发挥了很大作用。1913年1月14日，曾呈请教育部将旧有学田，移交地方，作为办理教育的专用经费[3]。北京教育会在民间也颇有名声，京都市政公所决定自1917年5月起每月补助100元。但在1921年该会无法力挽狂澜，不能为继，会长陈宝泉、副会长章桂升等均先后辞职。会中事务无人主持，形同虚设[4]。在民国初年的活动也就告一段落。

北京通俗教育会 该会于1912年11月成立，陈宝泉任会长[5]，旨在研究通俗教育设施方法，灌输国民常识，增进社会程度。主要侧重于实务方面，通过语言艺术、娱乐手段及印刷出版物感化社会，如

---

[1] 朱有瓛等编：《教育行政机构及教育团体》，上海教育出版社2007年版，第332页。
[2] 同上书，第333页。
[3] 耿申、邓清兰等编：《北京近代教育记事》，北京教育出版社1991年版，第63页。
[4] 同上书，第134页。
[5] 同上书，第62页。

宣讲、演剧、音乐活动画、影画、说书、展览等，同时也出版杂志、日报、讲演资料、歌词、剧本、小说及其他有关社会教育的图书。经费来源为会员会费（每人会费1元，于入会时交纳；常年2元，于每年一、六月开大会之日交纳）、会员特捐、私人捐款、公团补助费、行政机关补助费（如京师学务局、京师警察厅、步军统领衙门、京畿宪兵营、禁卫军、内务部等机构）。① 该会曾于1914年7月创办多处露天学校，并拟定《北京通俗教育会实施露天教育简章》，提出每个学区设一所露天学校，吸收失学儿童参加学习，每周上课一至二次，每次两小时②，管理严格，活动广泛。

值得一提的是，这一时期的教育促进活动并不只以专门的慈善教育、通俗教育、平民教育组织倡导而成。还有很多社会团体也积极热心教育，如北京平民生活社、中华民国国语研究会、世界语专门学校校友会等组织，均开办了平民学校、识字班等，许多社会组织也自发地将会费充作慈善教育之用。不仅如此，依托于高校的师生所创办的公益教育组织也发挥了很大作用。尤其是在袁世凯政权结束，北京政府的控制力减弱，官方所主导的通俗、成教事业影响也相应变小之后。这方面的活动以北京高等师范学校（以下简称北高师）、北京大学（以下简称北大）和清华大学为主力，开展活动的方式也多种多样，以下仅以北高师与北大两所学校为例，以窥办学之貌。

北高师与平民教育促进会 北高师成立于1912年，前身是京师优级师范学堂，改组后首任校长为曾任北京教育会及北京通俗教育会会长的教育界名流陈宝泉。因而与通俗教育、慈善教育关系相对紧密，主要活动通过倡导"社会服务"观念的"校友会德育部"策划主办，另有小部分接受无政府主义思潮理念的学生以参与后期的"贫民教育"为手段促进"激进社会运动"。1919年4月6日，北高师在校内创办平民学校一所③，10月10日由教职员和学生组织了平民教

---

① 参见《北京通俗教育会史料》，《北京档案史料》1994年第2期。
② 耿申、邓清兰等编：《北京近代教育记事》，北京教育出版社1991年版，第77页。
③ 同上书，第113页。

育社，并创办社刊《平民教育》，主张通过教育的革新和改良来改造社会。他们认为教育的改良是一切改良的根本，提出"教国民人人都有独立人格与平等思想的教育，就叫作平民教育"①。在平民教育社的基础上，"平民教育促进会"于1923年7月15日成立，其宗旨是通过平民教育达成平民政治。当年8月15日该会在北京创设的平民夜校开学。8月26日中华平民教育促进会在北京正式成立，推举朱其慧（熊希龄夫人）为董事长，晏阳初为总干事。平民教育促进会此后发挥了极大作用，史料显示，仅在1924年3月15日即开办平民学校32所，平民读书处29个。②依托于北高师进行慈善教育活动的人数与其他学校相比也较多。

北京大学与平民教育讲演团　北京大学最初的慈善公益教育活动则由蔡元培、胡适、陶孟和发起，希望通过"平民主义之大学"的口号，拓展高等教育的范围，提高大学在社会上的地位，使得学术、思想和"新文化"能够指导社会。在1919年3月23日成立了北京大学平民教育讲演团，邓中夏承担总干事之责。定于5月开始，每逢星期天在京师各地讲演平民教育，以"增进平民知识，唤起平民自觉心"③。讲演范围在1920年扩大到城市、乡村和工场。讲演内容有反日救国，民主自治、反对封建家族制度、破除迷信和普及科学知识，提倡平民教育等。④1920年北京大学学生会主办了一所平民学校。开学当天，蔡元培发表演说。该校共吸收了350名学生（男生240人，女生110人），最大的38岁，最小的6岁。学科有国文、修身、历史、地理、算术、理科以及乐歌、游戏等。⑤1921年1月1

---

① 耿申、邓清兰等编：《北京近代教育记事》，北京教育出版社1991年版，第119页。
② 1924年3月8日，平民教育促进会在太平湖饭店开会，由陶行知作"平民学校与平民"读书处之组织说明。到会者签订自办平民学校32所，平民读书处29个，定于3月15日同时开学。《晨报》1924年3月10日。
③ 耿申、邓清兰等编：《北京近代教育记事》，北京教育出版社1991年版，第112—113页。
④ 同上书，第115页。
⑤ 同上书，第123页。

日邓中夏所创办的"长辛店劳动补习学校",也是以北京大学学生会名义派教员教课。这所学校是北方工人的第一所劳动补习学校,分日夜班授课,夜班收工人,日班收工人子弟。主要课程为国文、法文、科学常识和社会常识、工场和铁路知识。① 20 年代初,民国大学附设平民夜校,已招收了 80 名学生。高等师范学校也附设平民半日学校。

从各高校慈善公益教育组织的创办及活动的开展情况来看,其最初的目的往往是通过这种带有"社会服务"性质的活动,促使青年学生形成社会视野和底层关怀。所开设的平民学校也往往附设于校内,方便教职员与学生往来。此外,学校募集慈善教育资金的方式也多种多样,如 1920 年 1 月北京学生联合会为筹办实业及平民学校,就以演剧 3 天的形式筹资②。学校的慈善教育与社会服务是相辅相成的,不仅仅局限于大学组织进行,不少专科、工科学校,中学乃至小学亦有开办。早在 1913 年 8 月 24 日位于东城区的立强女学就设立蒙养园,招收学生 160 名③。

宗教界的捐资助学 宗教界是予以慈善公益教育很多关注的社会群体,但因清末时各地政府大肆将庙产挪作他用,使宗教界自发性的慈善教育活动在清末受到了一定程度的破坏。民国初年,宗教界人士向政府屡发抗议,直至 1913 年 6 月,北京政府颁布了《寺院管理暂行规则》,起到了一定保护寺观庙产的作用,并于 1915 年 10 月出台了《管理寺庙条例》,在保护庙产的同时也规定"各寺院得自立学校,但其课程于经典外,必须授以普通教育",并且寺庙财产"但为充公益事项必要之需用禀该地方官核准"后即可挪用他处。因此自民国初年起,北京宗教界进行的慈善公益事业多以开办平民学校、补习社、讲演所为主,所用场地和资金也多以祠庙和庙产所得为主。

---

① 耿申、邓清兰等编:《北京近代教育记事》,北京教育出版社 1991 年版,第 132 页。
② 同上书,第 122 页。
③ 同上书,第 69 页。

佛教界　从当时宗教界人士进行的慈善教育活动来看，佛教界所开办的公益事业最多。一种是僧侣教育机构，寺院或民间开办的以讲经形式为主的佛教培训班和居士学校的数目也很多。较为正规的有 1924 年释大勇在北京慈因寺开办的藏文学院。佛教典籍的刊印、佛教杂志、报纸的开办都在一定程度上促进了教育的发展。另一种为普通教育机构，如慈儿院、孤儿院、平民学校、工艺厂等，较为著名的有龙泉孤儿院、开元慈儿院、北平法源寺平民学校、静安寺平民小学等。以 1908 年释道兴在其驻锡之处所创办的龙泉寺孤儿院为典型。龙泉寺孤儿院主要收养北京城内无依无靠的孤儿，进行半工半读。1921 年设全日制学校甲、乙、丙三班，半日制学校一班①，吸收了更多学员。1918 年到 1919 年间的社会调查报告曾经记述了该院的视察情况：

孤儿院由庙里的僧人主持，他们收养 12 岁以下的男孩。男孩或父母双亡，或只有母亲一方活着，同时男孩的亲戚也无力抚养。当年这里收养了大约 250 名男孩，收养的孩子必须有店铺或孩子家的朋友出面担保品行端正。孤儿院负责孩子们的一日三餐和住宿。这些孩子都要接受学校教育和工艺培训，每天听一小时左右的宗教内容的讲演，印刷、剪裁、木工、染色、纺织和编席都是孤儿院传授的技艺。1919 年这里有 12 名孩子已经在学习高小课程，有 5 名正在上中学，甚至有 1 名正在上大学。孤儿院每年的预算近 1 万元，主要靠个人捐助来满足，同时还有一些官方机构也提供资助，如"市政公所每月提供 1 元，京师学务局每月资助 5 元，警方每月提供相当于 60 斤的大米，五圣庵每月提供 20 元"②。

1924 年的调查显示，"这些机构的孩子们得到了很好的照顾，并受到了运用现代方式的一些基本科目的精心教育，而且每个人还被教以谋生之道。他们必须参加日常的佛教活动，当然也包括佛教徒的基

---

① 耿申、邓清兰等编：《北京近代教育记事》，北京教育出版社 1991 年版，第 59 页。
② [美] 西德尼·D. 甘博：《北京的社会调查》上，中国书店出版社 2010 年版，第 314 页。

本要求，尤其是五戒"①。据1929年的调查数据显示，该院已抚养教育了3000余名孤儿，在当时也得到了各界人士的财力支持。佛教界主导开设的平民学校，还包括善果寺开设的第一平民学校，夕照寺开设的第二平民学校，法源寺成立的平民小学等，"到20世纪30年代，各大寺院创办的平民学校'统计不下数十百所'"②。

佛教居士成为近代宗教界开展公益的主要群体。当时不少军政要人、工商业名流和知识分子都是佛教徒，具有雄厚的财力和较大的社会影响力。这使民国初年佛教慈善的资金来源发生了变化，从传统的寺庙收入（如政府赏赐、庙产出租费用、香客捐助）转变成为名流居士和大德圣僧的募捐收入、慈善团体的产业经营利润和会员会费。

伊斯兰教界　回族的文化教育，在民国之前以经堂教育为主。民国建立后，在五族共和、护国保教等理念的感召下，一些穆斯林有识之士认识到，需要改革传统的宗教教育，建立新式学校，唤醒民族自强意识，这样才能振兴民族、振兴国家，更好地发展伊斯兰教。于是，在北京城内伊斯兰教掀起了一场兴办新式学校的浪潮。这些新式学校包括小学、中学、师范教育及女子学堂等多种形式。

民国初年，北京回民所建小学多带有行业性质，可以看作旧时行业义学的某种延伸，其中以1921年北京羊行工会在东四清真寺开办的"育德"小学，1922年驼行工会在牛街糖房胡同成立的振育小学为代表，招生对象仅限于同行业的学龄儿童。后来这些小学因为校舍不足、经费困难等原因停办。虽然这些小学堂存在时间并不长，且带有行业性质，但毕竟解决了部分儿童入学问题，具有一定的社会积极意义。而民国时期回民所建最著名的中学当属西北中学。西北中学原名清真中学，由回民集资于1928年创办，校址在牛街中间路西，原为清代的南营守备衙门。学校一直持续到1937年抗日战争全面爆发，

---

① ［美］霍姆斯·维慈（Holmes Welch）：《中国佛教的复兴》，王雷泉译，上海古籍出版社2006年版，第103页。
② 左芙蓉：《民国北京宗教社团——文献、历史与影响》，宗教文化出版社2011年版，第12页。

北京沦陷为止。

民国时期北京地区大量回民学校的建立，巩固和扩大了伊斯兰教在北京地区的传播和发展的基础，回民社会的人员素质得到明显提高。这不仅顺应了时代的要求，也是伊斯兰宗教意识与国家意识紧密相连的产物。

基督教界 积极参与慈善教育，1921年在枣林前街慕贞女子小学校招收平民子弟，教授女界人才。灯市口地方服务团在1923年8月18日所设之平民学校，专为教育贫寒子弟，招收7岁至10岁学员，不收学费，书籍由学校供给，4年毕业。美以美会的亚斯立堂附设平民女子学校，教授贫民女子以相当学识。

（二）个人的慈善教育活动

除自成体系的会社组织以外，不少社会名流也参与到慈善教育事业中。其中最为著名的是1920年原国务总理熊希龄创办的香山慈幼院。香山慈幼院的创立，缘起于1917年直隶、京畿地区的特大水灾。此次水灾波及103县，共淹没19000个村庄。时任平政院院长的熊希龄受冯国璋之命处理水灾河工善后事宜。于11月聘请英敛之在北京设立两所专收受灾儿童的慈幼局：一设于二龙坑郑王府花园的男童局，一设于府右街培根女校旧址的女童局，共收养儿童千余名，由京畿水灾赈济联合会拨款支持。

灾情平定后，尚有200多灾童无人认领，遂商请时任大总统的徐世昌出面与清皇室交涉，求得西山静宜园地界建院。于1919年初动工，10月建成。① 香山慈幼院管理学校采取的是董事会制，办学宗旨是"教养孤贫失学之男女儿童，使其有适当之智能道德，俾可谋生于社会"②。根据慈幼院规定，所招儿童"专以孤贫为限"，入学的儿童"一经收录，即入正生学籍，学宿费全免，并一切衣食书籍等项，均

---

① 耿申、邓清兰等编：《北京近代教育记事》，北京教育出版社1991年版，第111页。
② 《中华教育界》第14卷第9期。

由本院供给，至毕业出院时止"①。慈幼院开办之初，除原有慈幼局的200余名灾童外，还容纳了香山附近满汉族贫苦儿童500余名，共700余名。后将女界红十字会和北方五省灾区协济会在北京设立的郎家胡同灾童临时教养院和湖南华洋赈会的350余名灾童也一并收容。香山慈幼院的经费来源，主要靠院长熊希龄联合政商界、教育界人士共同募集。熊希龄筹办矿业并出任多地工商业总办，官至财政总长、平政院院长的资历，有着常人所不及的活动能力，充当着民国时期慈善事业的"领头羊"与牵线人。当时的政府也对香山慈幼院倾斜照顾，史料记载：1921年1月20日国立八校校长上呈教育部，要求财政部援照香山慈幼院免税成例，对于八校用品一并免税。②

香山慈幼院的教育理念与方法在当时看来十分科学、规范。该院的教育模式有非常鲜明的特点，那就是"三合一"的教育体制，即学校、家庭与社会的"三合一"，教学要实现学校与家庭的合而为一，慈幼院与社会的合而为一。为了能够让这些孤贫儿童享受到家庭温暖，香山慈幼院创建了小家庭式的教育模式，这种教育模式比奥地利的世界第一所国际SOS儿童村早了十几年。

慈幼院最初只有小学部，男女分校，随后在男校增设中学部和中等职业部。职业部主修化学、金工、织染、农业四科。女校增设师范部，培训本校及乡村学校师资。熊希龄十分注重教学质量，还多次延请社会知名人士前来演讲。因教育水平较高，开办后还吸引了一些自费生就读。1931年香山慈幼院在教育部和北平市教育局立案。由董事会推院长一人，院长聘副院长一人，院下设五校。1930年香山慈幼院达到全盛时期，共分六个支部：蒙养部、小学部、中学部、职业部、职工部和大学部（非自设大学，而是为即将升入大学的本院毕业生奖给资助的专门机构），到1935年累计资助80余位贫苦学生。③ 到1933年7月，"共毕业男女生1389人，或就业、或升学，而幼稚师

---

① 《香山慈幼院创办史》，香山慈幼院自刊本1927年版，第10页。
② 耿申、邓清兰等编：《北京近代教育记事》，北京教育出版社1991年版，第143页。
③ 参考李友唐《北京香山慈幼院始末辑要》，《北京社会科学》1994年第4期。

范科历届毕业生广布南北各省市，几无一闲者"①。

北大教职员曾在胡适的提议下，捐俸建筑图书馆。②蔡元培、陈垣等教育界要人，身兼学务机关的职位，同时也积极支持慈善教育事业，创办私立中学。仅以大中公学为例，校长为蔡元培，董事长为李石曾，常务理事为蒋梦麟、马叙伦等。正志中学则由北洋怪杰徐树铮一手创办，1915年10月1日京师学务局派员查视该校，当时办有4个班，学生172人。"管理采取军校成法，而略济以宽，实已严于他校。"教学认真，聘师严格，"重要学科，聘师尤慎，国文则延文学名手，外国语则借才异邦"，③教学水平一流。私立中学的教员有不少由大学教授义务充当，如学风及成绩多次受到教育部褒奖的孔德学校，即多受北京大学的支持，顾颉刚等都为其演讲、捐献图书资料。此外，还有不少学术背景为师范教育的政界名流参与到慈善教育中来，其中最著名的莫过于黄兴。他所主创的国民大学及附属中学④与私立明德大学分别在1913年4月13日及15日开办，各请学界名人彭允彝、章士钊为校长。⑤ 1914年5月，《教育杂志》刊登消息，称袁世凯夫人在北京总统府内创设一女子学校，设有历史、国文、地理、图画、手工等科，又设函札一门，聘黎元洪副总统夫人任教。⑥

学生也是民初慈善教育发展的主要力量，不少学生在课余时间开办讲习社与补习学校。这些校社的特点是招读要求低且注重基础知识与实务教导，如由京师税务学校全体学生在1913年7月为校工开办的讲习社，内容主要为国文、算术及人伦道德。西交民巷公立第一女子中学为便利女子独立谋生，在校内附设的职业补习班则更注重对

---

① 吴廷燮等纂：《北京市志稿·民政志》，北京燕山出版社1989年版，第143页。
② 耿申、邓清兰等编：《北京近代教育记事》，北京教育出版社1991年版，第135页。
③ 同上书，第82页。
④ 创办时共吸纳学生980人。当年秋与吴淞中国公学合并，更名为北京私立中国公学大学部。
⑤ 耿申、邓清兰等编：《北京近代教育记事》，北京教育出版社1991年版，第64页。
⑥ 同上书，第76页。

15岁以上妇女的职业教育，略识文字者即可报名。① 1921年11月27日，工专学生为了培养平民普通知识及工艺技能，也在该校内附设一平民工艺学校②，等等。

除专门的机构组织与社会名流外，也有不少热心市民投入慈善教育事业中。民国成立后，京师竞立实业女校，曾在廊房头条劝业场设售品所一处，出售学生缝纫、刺绣、抽丝等织物。③ 1914年《京话日报》第1029号第5版称："东城灯草胡同，住户沈淑娟女士，拟在本巷内，设立女子小学校一处，呈请教育部立案，业经批准，日内即可开办。"此类消息在当时的报纸上多有登载。知识界倡导教育，报纸宣传教育，政府嘉奖教育，民众热心教育的例子屡见不鲜。京师箴宜女校创始人继识一女士即是一位高风亮节堪为懿范的民间教育人士，从清末的1906年到1916年十年之久，投身于教育事业奉献不止。1915年8月京师学务局发表"追悼继女士识一先生文"，赞其"罄一己之产，竭毕生之力，兴学育才"。9月23日教育总长范源濂特呈代理大总统黎元洪，要求"特奖匾额褒词"给京师私立箴宜女校已故校长继识一。同年12月以大总统名义给继识一颁发匾额褒词，表彰她捐资办学、热心教育的精神。④ 此类例子不胜枚举。

特殊教育 1917年，外籍人士希利尔（E. G. Hillier）先生和他的一些中外朋友开办了第一公共盲人学校，这所学校注册学生14人，教授修身、中国文学、算术和手工，后者大部分是藤器家具制造。学生免学费，学校甚至提供在校所需一切费用，资金由私人捐款及学务局每月提供50元的津贴。⑤

值得一提的是，民间人士参与慈善教育的方式往往多种多样。除了兴办学校以外，还有创立讲习社、义务宣演等手段。民国初年，提

---

① 耿申、邓清兰等编：《北京近代教育记事》，北京教育出版社1991年版，第128页。
② 同上书，第140页。
③ 同上书，第67页。
④ 同上书，第87页。
⑤ ［美］西德尼·D. 甘博：《北京的社会调查》上，中国书店出版社2010年版，第145页。

倡民众剪发。长辛店住户邵云峯、吴芝卿对此非常热心，每日义务游说，劝人剪发，很得市民的认可，每日当场剪去发辫者不在少数。《京话日报》第1027号刊载："并闻二君还要借用关帝庙，开一处宣讲所，附设阅报处。二君这样开通民智，不可多得。"给他们很高评价。同版还有一条讲习农桑的消息，称"农商张总长，于蚕桑一项，非常注重，拟设讲习所一处，内分六项如下：（一）播种；（二）桑苗；（三）桑秧；（四）培植；（五）养蚕；（六）造丝，并闻讲习所，准于八月内成立"。该报第1034号还刊载："公民陈留翰，筹集资本，仿照交通传习所办法，组织交通分科传习所，拟定简章二十条，已呈交通部备案，不知能否批准。"民间教育的一大特点就是方式较学校教育更加灵活自由。《京话日报》第1034号曾记载："东城演乐胡同，住户吉华舫君，每日晚半天儿，拿着本报一份，在门口随念随讲，听的主儿，全是那一带的小学生，到了时候就来，很听进点瘾去，按本报均用浅近的京话，为的是青年学生，跟略识几个字的人，听了容易懂，而且纯以道德为宗旨，凡是关于人伦变迁，淫逸邪僻的事，向不登载，幼童妇女看了本报，决不致引坏人心，诱于不善，吉君这点热心，真可钦佩。"可见当时的慈善教育在民间获得了很大支持。

民国初年开展的慈善教育事业有较为明显的分期特点：以五四运动为界，前期的慈善教育，以教育部下设的京师学务局为主导力量，民间的北京教育会及北京通俗教育会为辅。五四运动后，政府控制能力减弱，各个高校的平民教育组织及民间教育机构开始出现"合流"的倾向，被通归到"平民教育"之下，民间力量成为主流。此外，这时期的慈善公益教育较为关注成人教育。成人教育主要侧重于识字和实业技术教育，同时也注重培养普通民众对于社会事务的关注，公共阅报处、讲演所开设的数量、范围、所发挥的功用远胜于晚清之时。对于幼儿教育，讲究"养教并重"，其中以香山慈幼院的影响最为广泛。此外，在中小学教育方面，不少经费来源于民间及慈善机构的私立学校，也对当时的教育事业起到了很大的补充作用。虽然相对于公立学校而言，这些私立学校的办学水平、教学质量参差不齐，办学理念与教育宗旨往往也相去甚远，但在数量与普及程度上占较大比例，为普及教育作出了一定的贡献。

二 妇女界的慈善事业

自古以来，中国妇女被禁锢在家庭中，承担着家庭的一切杂务，很难出面承担社会性的责任。随着20世纪世界女权运动的兴起，中国要求妇女解放的呼声也逐渐日长。1907年清政府颁布《奏定女子学堂章程》，规定女子享有平等的受教育权，为中国女性解放奠定了基础。清末已有一些上层妇女组织的如中国妇人会、中国妇女会等积极参与了慈善事业。

民国初年，在经过晚清十年各种新式思潮的洗礼之后，女性参与社会性事务的意识已经十分强烈，其中表现较为明显的即慈善事业。1913年的《妇女时报》说：环顾世界列国，欧洲德意志其三分之二的慈善事业都是妇女主导完成，而世界各国大势也相差无几，因此，中国的妇女界也应该在社会慈善事业上发挥更大的作用。[①] 正是在这种思路的指导下，民初的社会慈善事业中，活跃着一些妇女界的代表。

民国初年，女界中较为有影响力的妇女组织有北京女学界联合会、基督教女青年会、北京妇女救国同志会等。此外，更多的女性慈善事业是由个人来进行的。例如熊希龄夫人朱其慧，可谓是女界中热心慈善事业的代表。

（一）北京基督教女青年会

该会成立于1916年，是一个非营利性的社会服务团体。其宗旨是："本基督之精神，促进妇女德智体群四育之发展。俾有高尚

---

① 朱乃：《妇人与慈善事业》，《妇女时报》1913年第11期。

健全之人格，团契之精神，服务社会造福人群之毅力。"① 会训是："尔识真理，真理释尔。"女青年会本着"服务社会，造福人群"的精神，开办了多项社会公益事业，如为来京求职、求学的女性提供栖身之所，后来竟发展到200余人寄宿，投宿者以学生和职业妇女为多，舍内还帮助解决一些实际问题，如谋事求学的指导、代为报名介绍等。寄宿舍的开办，解决了一部分来京妇女的求职、求学期间的困难。女青年会重视社会教育，1919年她们在甘雨胡同创办了平民半日学校，招收贫儿入学，免收学费。1933年学校迁到东皇城根，学校还免费为学生提供一碗豆浆，后来还给附近的儿童和孕妇提供豆浆等营养品。学校还一度开办免费的治疗诊所，为附近的居民诊治。女青年会鉴于许多贫困家庭的儿童没有机会和条件接受良好教育和正常的娱乐，更无适宜的场所，她们募捐了一笔资金，为家境贫苦的儿童设立了一个平民儿童游乐场，添置了滑梯、压板、秋千等器械，并聘请了教师专门辅导孩子们做游戏、唱歌、识字。

　　为了鼓励广大妇女摆脱封建礼教的桎梏，走出家门参与社会活动，女青年会开办了多种妇女社会教育活动，如文化学习，培养多种生活兴趣，开办了音乐、烹饪、缝纫、手工、编织、绘画等培训，提高了妇女们的生活情趣，开阔了其视野。她们还开办了技能教育班，教授妇女们学习打字、簿记、速写、家政、家庭常识等。为贫困妇女开办了识字班，所用的笔、墨、纸、书等都免费提供。

　　在对贫困人口的救济方面，她们每年冬季或独自或是与其他团体联合举行冬赈活动，为贫民、难民募集寒衣；适逢各地发生水旱灾，如1933年黄河水灾、1937年的四川灾害，她们筹集物品送抵灾区。九一八事变后，大批东北难民来京，女青年会特设收容所，安置部分难民。女青年会的资金除了创办初期的经费由发起人和董事会董事捐

---

① 《北平基督教女青年会简章》，载刘宁元等编《北京的社团》第2辑，知识出版社1994年版，第32页。

款外，其他的经费来源主要是向各界的募捐。

（二）北京女学界联合会

由北京十几所女校在五四运动时期联合成立的爱国组织。她们积极参与了五四爱国运动，影响最大的一次行动是1919年6月4日的15所女校的大请愿。以后她们还陆续关注和参与了爱国运动。1921年经过反思，在《北京女学界联合会简章》中，她们提出联合会的宗旨是："提倡社会服务振发爱国精神。"正是在这一精神的指导下，她们认为救国的根本不专在外交方面，还必须从社会事业入手来解决国民的薄弱观念。基于这种认识，她们着手筹办了北京平民职业女校。她们认为国家穷弱的病症，"要用外表内补兼治方法……这平民职业女学校就是我们对于贫弱的病症下的一剂调养的药"①。1919年7月她们开办游艺会多日，筹得资金，为解决学校资金的短缺，还多次以召开音乐会等方式筹集募捐。职业女校以"授予女子普通知识及应用技能养成健全之国民为宗旨"，学校分知识科和技能科，知识科每日学习两小时，主要学习国文和珠算。技能科，一部分学刺绣、织袜；另一部分学织毛巾、织带、缝纫等，产品由几个国货店代销。②学生毕业后仍可来校做工，依其优劣酌付工资。

（三）北京妇女救国同志会

在1925年的五卅反帝爱国运动中，北京妇女各界都纷纷走上街头，示威游行、开展募捐活动。其中一批中上层有知识的妇女决定组织起来，开展家庭募捐活动，以援助上海失业工人。会员的条件以捐款一元以上，愿负劝募责任者为合格。在成立《宣言》中，她们向妇女界呼吁："我们已经是利刀在颈枪弹穿身的日子了，大家只要肯省看一二次电影，省吃一二顿大餐，……把省下来的钱，凑集起来，

---

① 《北京平民女职业学校纪略》，载刘宁元等编《北京的社团》第2辑，知识出版社1994年版，第57—58页。
② 同上书，第58页。

做救济工人的款项。"① 会员们分头积极进行募捐，每满100元，即送由晨报社沪案后援会募捐团代汇上海总商会接济工人。她们向妇女们讲述上海工人惨遭杀害的情景，动员妇女们积极捐助上海工人。原定劝募10天，由于会员不断增多，活动范围扩大，又延长了几天，经统计共募集到5900余元，经由《晨报》转交上海方面。会员们的积极奔走劝募，《晨报》对此做了大量的报道，在社会上产生了一定影响，北京又出现了女子沪难救济会参与劝募活动。后来又有妇女鸣声社、基督教女青年会、法国女校中国学生团等妇女团体对外开展募捐活动，劝募所得也全部交予《晨报》社转汇上海。

（四）热心慈善的个人

女性个人热心慈善事业首推朱其慧。朱氏作为熊希龄夫人，与熊希龄一起，热衷慈善事业，参与兴办各类慈善组织，捐助贫民，救助战火中的妇孺。如在20世纪20年代初，朱其慧和章士钊夫人吴弱男以及北京女子高等师范学校染织系的学生赵世德等人发起女子平民工厂，她们在《创办女子平民工厂缘起》一文中，说明办厂的宗旨和目的"独立、经济独立、女子经济独立"。"本着一丝之微可成束帛的意思……收容贫苦的妇女，教以染织缝纫种种的方法，制造各种布匹、地毯及他种物品。工作之外教她们读书识字及生活常识。学成之后就可以自食其力。行之有效，继续招收，亦可解决一部分女子的经济问题。"②

据《顺天时报》记载："冯检阅使（冯玉祥）夫人邀同宋发祥夫人张夫人、李润琴女士等，拟办一慈幼女工厂，专收贫寒幼女入厂习艺，内分缝纫机织工西洋挑花等科，以期早就自谋生计为宗旨，现正物色相当地点，不久即行开办云。"③

---

① 《北京妇女救国同志会》，载刘宁元等编《北京的社团》第2辑，知识出版社1994年版，第136页。
② 刘宁元：《北京近代妇女运动史》，北京出版社2009年版，第21页。
③ 《将有慈幼女工厂》，《顺天时报》1924年6月27日。

还有一些普通的妇女也慷慨解囊，开办贫民工厂，以帮助贫民就业。如方梅氏在烟袋斜街开设了羽毛女工厂，救助贫民，招收 52 名工人。鼓楼西大街的高太太，开设了织毯女工厂，救助贫民，招收了 19 名工人。

驻京的外国人也有很多妇女组织参与社会救济活动。外国妇女兴办的妇女养老院，位于甘雨胡同，其前身是 1895 年由一些外国妇女创办的冬季妇女收养所。1900 年以后，在美国驻华大使夫人康格女士的帮助下，从美国募集了一笔资金，扩大了避难所的规模，之后又将其搬迁到一个永久固定的地方。管理养老院的董事会完全由外国妇女组成。它的成员有北京各外国教会团体的代表，有外国商业界的妇女代表，有外交使团的妇女代表。养老院每年的经费在 1300—1400元，全部是通过个人捐助解决。不经董事会同意，不得接收任何妇女进养老院。养老院的老妪至少必须达到 60 岁的年龄，且须经调查确认其家人的确无能力养活她们。但养老院不接收卧床不起的病人，但可以在外面给她们一些救济，在 1918 年养老院曾给外面的困难妇女 179.01 元的帮助。

养老院里每人每月衣食的花费只有 2.1 元，食物很简单，没有太多的花样变化。但是养老院每天给每位老妪一个铜板的零花钱，她们可以自由支配。这里管理很好，老妪们生活一切自理，仅仅雇用其中一人做厨师，另外一名负责养老院整个的日常事务，养老院整洁干净，是北京管理最好的养老院。[①]

受外国妇女成功开办养老院的激励，一些有相当影响力的中国妇女也为穷苦的老妪们开办了一个类似的老妪院，地点在内城东北的十二条。通过组织义演和募集个人捐助，她们筹集到必要的资金，修建了两座房子，共花费 3500 元。在这里她们共收容了 66 名老妪。[②] 这所养老院完全由中国妇女管理，同时她们也正在邀请一些外国妇女进

---

① ［美］西德尼·D. 甘博：《北京的社会调查》上，中国书店出版社 2010 年版，第 329—331 页。

② 同上书，第 331 页。

行合作，并尽最大努力至少不逊色或者超过外国妇女所主持的养老院的先进管理水平。

其他的如旅京日妇人会，为在京的日本妇人组织。该会曾多次举行义卖、募捐等活动筹款进行社会救济工作。《顺天时报》记载："侨京日妇人会，为救助难民所开之慈善市，已办昨日获良果而终。曾志本报，此写真即当日所陈列之日本衣款，为多数中外人士购买时之光景也。"①

三 宗教界的慈善事业

清末民初之际，在内忧外患与西风东渐的社会背景下，中国传统的慈善组织无论从思想理念还是实践操作模式上，均发生了实质性的改变。民国后北京政府在慈善事业方面，十分注重与民间团体开展合作，慈善事业也逐步迈向近代化进程。宗教界正是这一事业的重要组成部分。纵览中外的历史，宗教界在慈善事业中一直扮演着重要的角色。民国时期北京地区宗教状况，大致可以分作三类：第一类是佛教和道教为主的，在中国有着长期发展历史的宗教；第二类是伊斯兰教；第三类则是"由西而东"的基督教各派，包括天主教、新教以及东正教。这些宗教界人士在民国时除了积极参与教育外，都还积极参与了其他多项慈善公益事业。

（一）佛教界

佛教素有慈悲为怀的理念，早在清初北京便有功德林、龙泉寺等从事贫民的赈济工作，开设有粥厂、孤儿院等。清末，各地兴办学校，出现了没收庙产，改寺院为校舍的现象，不少中小学以寺庙为校舍。如民国初年拆先农坛外坛墙，在灵佑宫左侧天仙庙旧址建立了灵佑宫简易小学。学务局拨府右街永佑庙给培根小学做校舍。也有不少学校

---

① 《日妇人会主办慈善市写真》，《顺天时报》1926年6月20日。

是暂借寺庙为校舍。在北京四郊利用寺庙作为小学校的情况更是比较普遍。内政部于1915年颁布《管理寺庙条例》，1929年北平市政府颁布《寺庙管理条例》，特别规定，寺庙应按财产、规模的大小兴办一种或几种公益事业，如办学校、图书馆、救济院、体育场所、贫民福利等事业。所以不少有条件的寺庙创办慈善教育事业，其中以办简易小学、平民学校的为多。"近年以北京僧侣创办慈善教育等事业者颇不乏人，而以平民学校之设为尤多，各大寺院咸独自创办，独力不能经营者，或集合数家，平均负担，共同办理，不下数十百所。"①

民国初年，佛教界人士倡导服务社会，兴办了很多慈善公益事业。成立于1913年的中华佛教总会，②内设总务、法务、指导、教育、利世五股，其中的利世股便负责办理慈善救济事业，并在佛教总会初期章程中，明确规定了要兴办公益和慈善事业。③除保护寺庙财产外，亦有开办各种社会公益事务的计划，"如开设各宗专科大学、中学、师范、小学及励行慈善事业等项"④。其他佛教社团，如五台山普济佛教会，"对于华北各省救灾事业、教育事业亦颇尽努力"⑤。在这些佛教社团的努力与推动之下，北京佛教界在济世救民方面做了大量工作，形式多样，如组建佛教慈善机构赈灾募捐、收养孤儿、救济难民等。

其中开设医院为民众提供医药服务，民国时期较为著名的佛教医院有三时学会的大良医院、弥勒院住持正一和尚等组织的佛教施医院等。收养孤儿创办学校则更显著，龙泉寺明静和尚创办的龙泉孤儿院，以"收养孤儿习学工作"为宗旨；此外开办孤儿院的寺庙还有善果寺、石灯吉祥寺等。拈花寺住持全朗和尚邀请一些热心居士，设立工读学校，"教养寒家子弟"；净业寺则组织了贫儿工艺院等。

---

① 吴廷燮等纂：《北京市志稿·宗教志》，北京燕山出版社1998年版，第39页。
② 1928年更名为北平佛教会，1937年改称北京佛教会。
③ 左芙蓉：《民国北京宗教社团——文献、历史与影响》，宗教文化出版社2011年版，第69页。
④ 吴廷燮等纂：《北京市志稿·宗教志》，北京燕山出版社1998年版，第35—36页。
⑤ 同上书，第38页。

佛教界兴办更多的是开设粥厂救济穷人，据相关档案资料记载，到1937年，北京城内四区开设的粥厂中，佛教界开设的粥厂遍布东南西北四个区域（参见下表）：①

城别	名称	地点
东城	五台山普济佛教会第一粥厂	斋内老君堂
东城	世界红卍字会第一粥厂	大公主府
东城	救世军华北区域本部粥厂	朝外大街
东城	贫民救济会粥厂	朝外大街
南城	五台山普济佛教会第二粥厂	右安门外
南城	贫民救济会粥厂	永定门外关厢
南城	正字慈善会粥厂	天桥
南城	救世军华北区域本部粥厂	崇文门外大石桥
西城	中国三教圣道总会粥厂	西城东观音寺
西城	世界红卍字会第二粥厂	西直门内炮局
西城	贫民救济会粥厂	阜成门外衍法寺
西城	贫民救济会粥厂	平西四王府
西城	贫民救济会粥厂	平西蓝靛厂
西城	蓝卍字会粥厂	西城卧佛寺
西城	五台山向善普化佛教会粥厂	阜内大街
北城	五台山普济佛教会临时粥厂	德内大火药局
北城	贫民救济会粥厂	德外
北城	北平佛教会康氏仁庄粥厂	地安门外广化寺

除却这些定点公益慈善事业外，在应对突发性灾害方面，佛教界也有着相应的慈善举措。因民国北京自然灾害频繁，佛教界人士组建了一些赈济团体，会址设于象坊桥的佛教筹赈会就是其中之一。20世纪20年代，佛教筹赈会积极行动，应对北京频发的自然灾害，动员信徒，伸出援助之手，筹集资金，为灾民提供救助。1922年佛教

---

① 北京市档案馆资料，档案号J2-7-182。

筹赈会还专门召开会议，商讨赈济各省水灾事宜。大会公推太虚、悟然、现明、宝一、实如、灵云、全朗、道阶、觉先、净明等为总务干事，负责对灾区布施。为了让更多的人了解灾情，献出爱心，佛教筹赈会还专门编写了《劝赈水灾歌》：①

  劝君快发慈悲心，大家起来救难民。去年旱灾真是苦，今年水灾苦十分，一连淹了六七省，洗了村庄毁了城，昏天黑地大浑混，家家户户遇灾星。旱灾尚有屋子住，水灾片土不留存。旱灾还往他方奔，水灾立刻丧残生。无贫无富无老少，浮的浮来沉的沉，可怜水线淹上颈，还听喊娘叫爷声。纵然捡了一条命，一贫如洗没分文，有的呼号坐屋顶，有的得下水湿病，倒困泥中不像人。见者个个心不忍，闻者人人痛在心。我辈今日好运气，有衣有食有家庭。手摸胸膛忖一忖，哪能全不管他们。身边银钱多可省，家内财宝好分均，便能救活许多命，自己所损亦甚轻。同胞互助是本分，仁人救难本良心。修福原不望报应，善有善报影随形。何况众生皆自性，各向福田种春根。这宗这理君须信，赠君一纸转劝人。

面对佛教在民国初年日益衰退的境况，佛教界人士积极采取各种振兴举措，其中兴办慈善事业无疑是较为成功的一例。佛教社团通过积极兴办福利事业等，这些都直观地向世人展现了佛教救世利他精神，扩大了佛教界在社会上的影响，改变了人们在近代化进程中对佛教，以及宗教的负面印象，在一定程度上有助于提振佛教在北京的发展。

（二）伊斯兰教界

民国后，伊斯兰教内兴起了很多社团，除了传播宗教、宣传伊斯兰文化、倡导伊斯兰教育等活动外，在大力兴办教育、慈善救济等社

---

① 《佛心丛刊》1922年第1期，转引自左芙蓉《民国北京宗教社团——文献、历史与影响》，宗教文化出版社2011年版，第74页。

会公益事业外，尤其在致力于改善回民生计状况等方面亦有诸多建树。

中国回教俱进会是最早的宗教团体之一。由教徒王振英、王宽等人于1912年创立。会址设于西单牌楼清真寺内，后在全国各地设有分部。该会以"联合国内教民，协资共和，坚持统一，协同进化，以其巩固国基，阐扬教义为宗旨"①。回教俱进会曾设立男女小学、男女工艺工厂、劝导剃除发辫及阻止妇女缠足等活动，并与其他团体一起在教子胡同清真寺后院开设粥厂，救济贫民。此外，成立于清末民初的京师清真教育公会，由在京宗教中绅商学界人士组建，以"因就宗教推广教育，补助国家教育行政"②为宗旨，积极推动回民的教育事业。北平回民义务教育协进会，成立于1936年11月，以推动回民义务教育为宗旨。九一八事变后，北平回民团体纷纷行动起来，呼吁穆斯林团结起来，以不同形式支持抗日。1933年北平回民在牛街礼拜寺设立"北平回教临时难民救济会"，利用牛街、教子等胡同清真寺，收容逃难回民千余人。

（三）天主教界

天主教是民国时期发展最快的宗教，其中他们将组织社会公益和举行慈善事业，作为宣扬天主教福音的重要途径，这是该教发展壮大的一个重要因素。北京天主教人士在民国初年组织的慈善事业从广度和深度上都有着层次上的提高。

在医疗卫生方面，包括仁爱修女会、圣芳济会和圣约瑟修女会在内的宗教群体，在学校、孤儿院等领域开展多项慈善工作。天主教会还在北京开办了多所医院和诊疗所。1912年在西直门大街天主堂设了一个施药局，除星期日外每日上下午为贫民问病施药。1915年在南极庙前有天主教附设医院施医施药。1921年在东利市营，他们也

---

① 《华北宗教年鉴》，转引自左芙蓉《民国北京宗教社团——文献、历史与影响》，宗教文化出版社2011年版，第116页。
② 《清真教育会、改订会规事》，《北京档案史料》2000年第3期。

开设了一个天主教施药所,每日上午 8 时至 11 时、下午 1 时至 4 时问病施药。1935 年"公教医药服务部在安定门内永康胡同 3 号成立,内中附设一个施诊所",① 配套设施已经颇为完善,为办学和施医均起到辅助作用。

在慈幼方面,天主教也是热衷开设育婴堂、孤儿院,他们的管理比较有序。以仁爱会所管理的仁泽堂孤儿院为例,这里照看大约 392 名儿童。孤儿院为这些儿童提供职业和文化知识的培训。教授的手工艺包括缝纫、刺绣、木工、金属加工、印刷和雕刻等。而由圣芳济会在三条胡同开办的育婴堂,同样教给她们所照管的女孩子刺绣和做花边等工艺,同时还给她们上法语、英语和汉语的课程。仁爱会开办的圣约瑟夫收容所,其中包括了老人之家、工作室和学校。天主教会不仅在北京市城区开展慈善事业,还以北京为中心向周围辐射,扩宽慈善事业的空间范围,例如圣约瑟夫修道院,共有 70 名修女,其总部设在北堂,但在直隶省的北部地区,有着多达 22 个站点,"显然她们的大多数工作在北京之外"②。

在应对突发性灾害事件时,天主教会往往通过募捐等形式,筹得善款捐助灾区受苦民众。如辅仁大学和辅仁中学师生在 1935 年 10 月成立联合水灾赈济会,开展积极的募捐活动。在一个月的时间内,便募得善款现银 1200 余元;同时赈济会还于同年 11 月邀请当时的京剧界名伶郝寿臣、言菊朋等出演义务戏。除却义务戏开销,又募得 400 余元,最终将这笔 1600 元的善款,"托天津益世报悉数汇往各灾区公教慈善机关,以转发各灾区救济灾黎"③。

民国初年,北京的天主教依托其较为成熟的教会组织体系,积极参与到慈善事业当中。天主教所开展的慈善事业,不仅形式丰富多

---

① 左芙蓉:《民国北京宗教社团——文献、历史与影响》,宗教文化出版社 2011 年版,第 155 页。
② [美] 西德尼·D. 甘博:《北京的社会调查》下,中国书店出版社 2010 年版,第 415 页。
③ 左芙蓉:《民国北京宗教社团——文献、历史与影响》,宗教文化出版社 2011 年版,第 156 页。

样，在受众范围上也非常广泛。

（四）基督教新教界

与天主教相类似，为了进一步扩充基督教新教教徒，基督教新教也在不断加强宣传的同时，积极参与到社会公益慈善事业当中。并且由于新教教派林立，所从事的慈善事业的势头较天主教更为积极，但其大致的形式是相同的，主要包括对教育事业的投入、对医疗卫生等事业的投入以及开展临时募捐活动。

教育之外，北京基督教新教会会也广泛开展医疗卫生和慈幼照顾等慈善事业。在北洋政府时期，北京的基督教新教界人士创办了多所医院、育婴堂、孤儿院等救济性的慈善组织，其中较有代表性的可参照下表：

北京内外城新教开办的慈善设施

名称	宗旨	举办者	设立时间
义国医院	施医	儒拉	1905 年
无（施舍面票）	救济贫民	美国人巴尔穆	1922 年
妇孺救急会	遇到战事预防危险	美以美会	1922 年
人力车夫休息所	便利车夫	美国人贺庆	1922 年
协和医院服务部	办理慈善各事	美国人普大夫	1921 年
青年服务女工厂	以针业做工代赈	艾德敷夫人	1921 年
救世军	每冬施放贫民粥食	英国人保威廉	1916 年
协和医学堂	施医	美国	1906 年
大常育幼院	育幼	美国	1916 年

资料来源：刘锡廉：《北京慈善汇编》，京师第一监狱印制1923年版，据第5—48页调查表统计。

同时，每当遇到突发性的自然灾害，新教教众也投身于筹集善款的行列当中。例如在1917年夏，北京与河北地区遭遇巨大水患，北京青年会参与了由熊希龄组织的"京畿水灾筹赈联合会"，开展赈济工作。在1920—1924年北方五省大旱灾时，北京青年会抽派干事参与赈务，总干事格林被征聘为山西旱灾救济会的总干事，副总干事艾德敷受命担任北京国际救灾会的总干事，干事柴约翰参与全国救灾委员会的工作。据《晨报》报道，1920年12月31日北京青年会委派两人"用汽车满载赈衣前往四郊一带施放，受者无不感激"。北京青年会还同时在米市大街的会所举行游艺会，为京城贫民募捐。为帮助受灾民众，北京青年会又在朝内斜街老五爷府内设立"京师救济联合会分会"，收容难民。由于战乱等因素，1926年5月"收有难民200人。每日早晚两餐，以极稠小米粥，并玉米面窝窝头为充饥品，至于住宿之设备，力求洁备，并备有各种娱乐品"。同时，鉴于此时北京城四周难民较多的情况，北京青年会还专门在西四帅府胡同设立了一处妇女收容所，最终收容难民400余人。①

民国建立后，北京的宗教界在社会多因素的影响下，无论是主动还是被动跟随，都纷纷投身于慈善公益事业。而慈善事业的近代化无疑是社会近代化的一个重要层面，所以无论是外来之天主教、新教，还是局限于一定范围内的伊斯兰教，以及被民国的建立追迫着的佛教和道教，其大力发展慈善事业的同时，不仅对宗教自身的发展有着重要影响，其最终也影响到了中国整个的近代化进程。

四　民间兴办的各种慈善公益事业

辛亥革命破除了旧制度，各种思潮不断涌入，民主、人权、社会责任等新的思想的大力宣传，民众将修善与行善这一基本的道德规范与富国强民、挽救国家危亡有机地结合起来。各社会团体、官绅善士以扶助贫弱为己任，民众更是以极大的热情积极投身慈善活动。纷纷兴办慈善事业。甘博在北京进行社会调查时发现，北京人"都非常情愿出钱去帮助那些比自己不幸的人。经常会发现，一个仅能维持温饱

---

① 《晨报》1926年5月5日、25日；1927年12月29日。

的家庭，在救助一位老人；同时，一些富裕的家庭一般都在救济数目不少的贫苦之人。在发生洪灾和饥馑时，学生们非常自愿地每天少吃一顿饭，以便节省一些钱物送给困境中的人。大笔的钱每天施与大街上的乞丐，因为人们常常看到铜板从人力车或马车里不断地扔向乞讨的人"①。民间兴办的各种慈善公益事业大体有以下几个方面。

（一）兴建助老育幼的慈善机构

1. 北京孤儿院

北京孤儿院最初是由天津的仓玉真在1912年开办的，位于千佛寺胡同，与内城贫民院相邻。孤儿院的容量有限，最多能容纳100人，孩子一般是由个人介绍给董事会，再进行审查，特殊情况也有由警察推荐的。孤儿院由向孤儿院捐献财物的人组成的董事会管理。董事会成员有留学归来的留学生、一两名外国人，还有不同宗教信仰的信徒。孤儿院曾有三次接收了大量的孩子：第一次是在1912年孤儿院刚成立时，第二次是1913年北京街道上发生巷战之后，第三次是1917年天津水灾之后。

孤儿院的日常管理工作由董事会任命的院长和两名助手负责。除星期天外，孩子们每天被安排至少2小时的学习，另外干5小时的手艺活。男孩子学习木工和织地毯；女孩则学习剪裁、编织带子和烹饪等。为了让孩子们掌握日常生活的技能，孤儿院大部分的工作都由孩子们自己去干。他们分组轮流负责做一些具体的活计，保持室内外的干净整洁，帮厨、洗碗，甚至到一定年龄后还要洗自己的衣服。孤儿院还特别注重孩子的娱乐活动，他们上午和晚上都有一定的自由活动时间。附近一些学校的教师自愿来指导孩子们游戏和锻炼。每个星期天，清华大学来一名学生义务主持基督教的礼拜。几名18岁以后离开了孤儿院的孩子，在社会上的经历证明，他们接受的教育及培训可

---

① ［美］西德尼·D. 甘博：《北京的社会调查》上，中国书店出版社2010年版，第332页。

以使他们完全自立。其中有一个女孩在教别人编织带子,每月能挣20元,当时女子能挣这么多钱是十分少见的。

孤儿院一年资金需7500元,筹款一直是一项困难的工作,董事曾几次都考虑是否应将孤儿院交给警方,但每次又都筹集到了资金。1919年,孤儿院的董事会发起了一个特殊的活动,从民间募集的资金超过了12000元。此外,孤儿院还得到官方的一些资助。为筹得经费,孤儿院还出版了一份小报,京沈、京绥、京汉和津蒲铁路都购买报上的广告版面,这样孤儿院可以每月收入400元。①

2. 女童习艺所

女童习艺所兴办于清朝末年,由一位宋夫人创办和管理。这是北京唯一一所专门培养女孩手艺特长的学校。1918年,习艺所有女孩40名。年龄较大者每月交学费1元,较小者每月交学费50分。孩子们半天学习文化知识,半天学习刺绣。学生的产品属习艺所所有,售后所得能稍微弥补一下习艺所的不足。学生学习时间的长短完全依其年龄而定,但最短两年。学生毕业后,可以留下来继续做刺绣活。学生们制作的一件美国总统威尔逊的刺绣像,参加了在旧金山举行的巴拿马太平洋国际博览会的展出,在同类作品中获得了一等奖。她们还制作了一幅袁世凯绣像,袁世凯收到后即向习艺所捐赠了1000元大洋。

习艺所的经费管理等大部分工作都是由宋夫人个人负责。习艺所每月的费用是180元,包括6名教师的薪水以及学校的房租支出。②因银行的倒闭,存在里面的捐款受到损失,所以习艺所运营也是十分艰难。

3. 基督教残疾儿童养育院

基督教残疾儿童养育院是由通县教会学校的一名毕业生在1918年开办的,资金依靠个人和教堂的捐助。收留了8名男孩和9名女孩。在这里除接受宗教和文化教育之外,孩子们还要学习做鞋。这是

---

① [美]西德尼·D. 甘博:《北京的社会调查》上,中国书店出版社2010年版,第312—313页。

② 同上书,第319页。

一所试图救助残疾儿童的私人机构。美国社会学家甘博认为："在北京的慈善事业中应当有它的一席之地。"①

4. 五族教养院

五族教养院主要是为贫苦孩子开办的，同时也收留一些贫苦的成年男子并让他们帮助教养院做些工作。教养院不安排孩子们学习文化知识，每天工作8—9小时，主要用芦苇或柳条编织箱子、篮子、笊篱和瓢等。这里的工作和生活条件很差，半地下的房子，许多孩子的眼睛和头部都有问题，需要治疗。尽管这里的生活条件和工作环境很差，但在这里孩子们能够有一个地方住，有饭吃，可以自谋生路，也比在外边自己挣扎苦熬要好得多。社会上希望让孩子们接受一些文化教育。教养院所需的经费一部分靠出售编织的篮子来解决，超出的缺额由京城的一家大剧院来提供。这家剧院通过出售2个铜板一张的特殊慈善门票，筹集资金。

5. 中西音乐会附设音乐济贫院

1914年时任外交部次长曹汝霖的妹夫、律师曾泽霖等创设了中西音乐会，并附设音乐济贫院。该院招收14岁以下的贫儿，给予衣食，教以中西音乐及读书识字，使能自食其力地生活。②

（二）其他各类慈善公益事业

除上述慈善活动之外，北京的绅商和普通市民积极参与对贫困人口的各种慈善事业并积极参与社会公益事业。首先慈善活动向更深入全面方向发展，不仅施医施药、职业介绍、参与社会公益的各个方面；其次，参与慈善活动不仅有众多的社会组织，而且还有很多个人参与进来。

1. 修建道路

1914年至1918年，民间捐赠者共修建碎石路1442米，耗资

---

① ［美］西德尼·D. 甘博：《北京的社会调查》上，中国书店出版社2010年版，第320页。

② 《群强报》1914年12月19日。

13701元。① 1915年前门外大栅栏由绅商集资，由市政公所施工，修建了北京第一条沥青路。当然与政府用在道路铺设上的大规模投资相比，民间的捐款可以说是微不足道，但这却体现了一个意义深远的变革，表明公众对于公益事业的关心与积极参与。

2. 兴办教养工厂

还有一些团体和个人，筹集资金开办一些小型工厂，招募那些穷苦的人去工厂做工。如育善教养工厂、扑善教养工厂、商水会教养工厂、崇善女养济院、普慈女工厂等公私立救济机构，传授贫民以技术，组织他们做工以自救。有些工厂的工资报酬不是以完成工作量的经济价值为依据发放，而是根据养活一个家庭的需要而发放。工厂生产的产品不同，招募的人也不同，一般如果是生产服装等手工活，则招聘妇女，这些衣服做成后散发给穷苦的人。雇用男子时，一般做的是纺线、编织草辫、糊火柴盒等，这些作为商品出售。

针对民国时期旗人的穷困，宗人府共办了两个工厂——一个为手艺厂，另一个厂织布、印刷、制乐器等，但仅仅收容爱新觉罗氏子弟，他们边做工边读书（英文等），名为"家族子弟教养工厂"，后改为一般合营生产组织。同时还办理过"售品陈列所"，后改作"筹划八旗生计处""孤儿院""养老院"等救济性机构。八旗工厂的资金来源有三：一旗租，二各旗资助，三王府捐助，工厂的厂址就是庆王府捐助的。

3. 职业介绍

1915年，北京市开始有私人开设的佣工介绍所。其中最多的是俗称"老妈店"的女佣介绍所。此种介绍所组织极简单，任何人租两间破房，招散连环保，经社会局批准后，在门外挂上一个"佣工介绍所"的招牌，即可收留失业或待业的女佣。店主从中抽取佣钱。北京的住户及各省新来绅商，凡雇用男女仆役，多假手于"老妈店"。

1920年10月在西安门酒醋局曾设立过一个公益性质的失业介绍

---

① 京都市政公所编：《市政汇览》，京都市政公所印制1919年版，第375—376页。

所，公开登记失业人员，向市内外私营工厂、银行、学校、商店介绍人员，不收取费用。从 1920 年 10 月到 1922 年 10 月两年间，登记了失业工人 3520 人，介绍就业的有 1067 人。① 该所规定以下人员不予介绍职业：囚徒出逃者、嗜好鸦片者、无切实保证者、身有残疾及精神病者、品行不良者。② 个人开设的职业介绍所，对贫困人员的救助开辟了一个新的视角，并为以后政府的介入和参与提供了仿效的榜样。

4. 民办贫民借本银行

市政公所开办贫民借本处后，在市政机构的鼓励和支持下，民间或官民公办贫民小本借贷处相继兴办。如东城左一区警署与本区绅商共同组织溥益借本银行，专为救助贫民，并助成其营业观念，于经商之中，实带有慈善性质在内。该行以前贷出之款 200 元以内皆索一分以下利息。借贷之贫民竟皆能按期偿还不误。该行董事会现又议决核订办法，以后贷出之款，在 100 元以内者，只索四五厘利息；贷出之款在 10 元以内者，不索利息，并兼办储蓄，贫民若于该行虽存款 1 元，略有利息。该区之贫民，无资营业者，闻该行贷款 10 元以内不索利息之一条，莫不感激欢悦，警厅方面对于该行之办法，亦极为加奖云。③ 此外还有撒子胡同开办的北京私立贫民借本处，在下斜街开办的私立贫民借本处，在福州馆开办的恒善社第三贫民借本处，西河沿开办的慈善银行，中华基督教附设贫民借本处等，全市公私兴办的贫民借本处共有 16 处。④ 使很多陷于贫困的家庭得到一笔启动资金，逐渐摆脱困境。

5. 参与各种慈善募捐活动

除团体活动外，还有很多店铺或个人集资向贫民捐献粮、药、衣物等物品。一些医生每天预留出几小时专为贫民施诊。如在灵佑宫开医的王福忠每日下午 1 时至 3 时为贫民施诊。华严路的德山药室每日

---

① 北京市地方志编委会：《北京志·劳动志》，北京出版社 1999 年版，第 29 页。
② 同上。
③ 《群强报》1920 年 5 月 23 日。
④ 刘锡廉：《北京慈善汇编》，京师第一监狱印制 1923 年版，据调查表统计。

下午 2 时至 6 时为贫民施诊。隆茂钱店始终向贫民施送胃气痛药。《群强报》报道，1916 年冬，内右三区署长陈健侯见贫儿半日学校学生因天气寒冷，多数未有棉衣，因而向本区绅董提出倡议，捐助了棉学服数十身。① 1916 年安徽受灾，捕营鲍墨林等将领，特招集所部人员，提倡向安徽捐款，众极赞成，一时助捐者众，已得千数百元。更多的还有个人夏季在路边，为人力车夫施茶、施暑药，还有的个人向穷人施粥、施药，虽然施放的数量不多，但是坚持不懈的个人却有不少。

五　义务戏

辛亥革命前后，北京社会各界的慈善公益活动蓬勃发展，义务戏在此时出现，成为一种推广慈善理念并筹集善款而行之有效的手段，因其娱乐性，备受社会瞩目，也使得义务戏迅速成为民国时期重要的筹集善款的形式。什么叫义务戏？1919 年《晨报》说得很清楚，"不过是伶人把唱戏所得的钱，捐给社会上某种用途，作为一种补助的经费。在伶人方面，是尽义务的，所以叫义务戏"。"义务戏必须有一种社会事业慈善事业的性质。譬如给贫儿院或某学校筹款哪（这种最普遍），譬如给人力车夫建造躲避所哪（像上回平安电影公司，梅兰芳唱《天女散花》一出义务戏），又譬如给伶界贫苦零碎或年纪衰老不能上台唱戏的伶人筹一笔养老金。"② 至民国初年，义务戏的目的已经多种多样，主要以社会慈善与公益为目的，或是赈济穷苦同行，或是赈灾和慈善募捐，还有的是为爱国运动进行募捐等。这类演出往往名角荟萃，攒出各种噱头，票价也会很高。演出的收入，除必要的开支外，悉数交梨园公会或有关机构统一用于慈善事业。由于义务戏简便易行，不仅起到了救助筹款的作用，而且对宣传富国强民人人有责的公民意识起到了积极的作用。所以许多社会慈善组织和单位也经

---

① 《群强报》1916 年 11 月 11 日。
② 《无意识的义务戏》，《晨报》1919 年 3 月 13 日。

常组织义务演出以筹集慈善款项。

（一）义务戏由来

义务戏兴起于清末，由名伶田际云为惠兴女学捐款唱义务戏为开端。在此之前，从来没有义务戏的概念。所谓义务戏，源于早先戏班中的"搭桌戏"，一般由梨园公会组织，进行不取报酬的演出，以济同行。如为外省在京艺人购置义地（墓地）、修缮喜神殿和精忠庙戏台等梨园公益事业，一般采取向戏班、戏园、梨园名角和社会贤达募捐的办法，而很少有义演的情况出现。在所见的材料中，仅有张次溪在其所辑的《北京梨园金石文字录》中有过这样的记载："乾隆五十三年后阁油饰见新，萃庆班助戏一台。"而且这"助戏一台"虽属义演，但它是戏班内部事，也只是偶尔为之。清末，时代发生了巨大变化，中国处在从王朝天下向民族国家过渡的时期，北京正好身处这种社会巨变的前沿。新思想的传入，民族国家意识的兴起，使身处北京的人们逐渐萌发了公民意识，使北京酝酿着一股强烈的进化要求和对新知的渴求。梨园界受其潮流的影响，积极参与社会活动，义演活动多起来了。

第一出义务戏是由《北京女报》报人张展云发起，事情的起因是"杭州惠兴女士，为办学备历艰阻，忿而自杀"[①]，他们找到当时的名伶田际云，共同发起妇女匡学会，编演新戏《惠兴女士传》，以田际云的玉成班为班底，以堂会戏的形式，为了杭州惠兴女学筹款，举办义演。于1906年3月29日、4月2日、4月5日，在前门外打磨厂的福寿堂饭庄办了三天的助学义演，将惠兴女士的事迹搬上舞台。与此同时，田际云向梨园界进行号召。诸如谭鑫培、汪桂芬、侯俊山、朱素云、王瑶卿、姜妙香、龚云甫等名角都欣然应邀。本来去天津演戏的崔灵芝，闻讯后也及时赶回，"入会助演"[②]。不但名角荟萃，还

---

① 《女追悼会》，《大公报》第1285号，1906年2月4日。
② 《名优热心》，《京话日报》1906年3月27日。

好戏连台，除了田际云编演的大轴新戏《惠兴女士传》外，还有谭鑫培和黄润甫的《黄金台》，朱素云的《叫关》，刘鸿升和龚云甫的《遇后》，姜妙香、许荫堂等人的《二进宫》，郭宝臣、崔灵芝的《芦花记》，等等，三天一共唱了61出戏。① 这在当时以民间的演出阵容来看，可以说是盛况空前。

这次善款，以义演的票款作为主体，又加上各界募捐，由妇女匡学会约请华丰锦银号代管账目与售票，"除去开销，共存洋三千七百一十四元一角"，"合京平公砝足银二千五百五十五两三钱"②，通过日升昌票号免费汇往杭州。

这次以堂会戏形式出现的义演，开创了梨园行演义务戏的先河。在此之后这类带有慈善公益性质的义务戏越来越多，梨园行以唱义务戏而办公益事业越来越风行。特别是进入民国后，梨园界积极地参与到社会活动中，义务戏更是不断发展，各种名目的义演也越来越多。1914年1月26日在文明园，由正乐育总会组织，由会长谭鑫培邀各名角为贫苦同行筹款，举行义演，演出剧目有《珠砂痣》《虹霓关》《武家坡》《碰碑》《胭脂虎》《长板坡》等。③ 1916年11月15日，谭鑫培出演《击鼓骂曹》，杨小楼出演《冀州城》在第一舞台唱义务戏。④ 据不完全统计，仅1919年，从年初的"窝头会"开始，又有3月10日、11日，9月29日、30日，11月1日、2日，义务戏就有7场。⑤ 可见义务戏上演之频繁。

（二）义务戏的种类

晚清民国时，戏曲演出基本都是一两个名角组班，舞台上很少能见到众多名家荟萃一堂的表演，名家荟萃的演出一般只能出现于堂会

---

① 《禀立妇女匡学会演戏小启·规则·文明戏目》，录自《惠兴女学报》第13、14期，1909年5、6月。
② 勖学会同人《来函》，《京话日报》1906年5月9日。
③ 《群强报》，《本京新闻》1914年1月20日。
④ 《海报》，《群强报》1914年11月14日。
⑤ 《群强报》1919年3月9日、9月28日、11月1日。

戏或义务戏中,而堂会戏又不会向社会卖票,所以义务戏在社会上很受欢迎与关注。与此同时,晚清民国之际,政权更迭,战乱不断,灾荒频仍,社会上贫困人口大量增加,社会各界都积极参与慈善公益活动。因此,义务戏的演出越来越多,其名目种类也越来越多,目的大致分以下几种,即为梨园本行公益的,为社会公益的,为爱国运动的,应各种组织邀请的。

1. 梨园公益

从清末就有搭桌戏,即以同行义气相助,由其三五好友组演的小型义务戏,但基本规模较小,以帮助困苦的同行解一时燃眉之急,这种传统一直延续到民国时期。如著名俞(菊笙)派武生传人俞振庭,老来贫病交加;名净金少山去世时,连丧葬费都没有。为此梨园界好友都举办过搭桌戏为他们筹办款项。1906年,由田际云为社会公益而首演义务戏后,梨园界在搭桌戏以外,开始为赈济贫苦同行举行大型义务戏,并不断发展。如1909年8月18日在广德楼,由俞振庭、王瑶卿、王凤卿、王惠芳、朱素云等名角率班参与合演义务戏,以赈济贫苦同业。① 又如1910年2月19日在广德楼,由俞振庭、刘洪升、朱素云、贯大元等名角合演大型义务戏,以救助同行。②

至1912年,清代管理梨园行的机构精忠庙改组为正乐育化会,主要以管理整个行业、在行业内互帮互助,"演戏筹款留作善举,贫伶赖之",且"以维持梨园团体之共同生活,谋伶界之发达"③。由此,梨园行的义演已经从以个人名义相号召自发互助,转变为整个行业有组织的、成规模的行业活动。此后,正乐育化会经常在每年阴历年底组织名角演出大义务戏,以赈济同行,并逐渐形成惯例。例如,在1915年阴历年底,正乐育化会为了在年关将至的时候赈济贫苦同行,就组织了两场大型义务戏,安排李鑫甫、孟小如、高庆奎、汪笑侬、德珺如、王瑶卿、俞振庭、刘鸿升、梅兰芳、王蕙芳、李洪春等

---

① 杜广沛收藏,娄悦撰文:《旧京老戏单》,中国文联出版社2004年版,第1页。
② 同上书,第5页。
③ 《京报》1931年2月15日。

人在 2 月 6 日（阴历腊月二十三）于天乐园演义务夜戏①，安排刘喜奎、赵紫云等人在 2 月 8 日（阴历腊月二十五）于天乐园演义务女戏②。时人有评论当时景象说："第一夜号召都下男伶，凡有名各角，莫不演唱，名角不到者惟杨小楼一人；第二夜号召都下女伶，凡有名各角莫不演唱，名角不到者惟小香水一人，两夜客座皆满，争坐喧嚷拥挤，园中已无隙地，而门外之车马，犹络绎不绝，可谓盛矣。"③可见当时义务戏之盛况，社会反应之热烈。

20 世纪 20 年代时，梨园公会重组，在 1925 年于第一舞台又组织上演了两场义务戏，以帮助贫苦同行，两天共筹赈九千余元。此后，"每年残腊，举行一次，各角热心，无殊往昔"④。从此，每年年底的窝窝头会义务戏成为惯例，因为是本行公益，各路名角也格外热心，演出往往荟萃一堂，呈现给观众精彩纷呈、空前绝后的梨园经典。

以上两种义务戏的目的都是赈济同行，还有专门与梨园行业神崇拜信仰相关的公益性质的义务戏。喜神，为梨园行的行业神之一，其地位可比祖师，在外演出没有祖师龛的情况下，则演员要向装有喜神的大衣箱作揖。⑤可见喜神在梨园行信仰中的重要地位，1920 年 5 月 22 日、23 日，为重修妙峰山喜神殿，在吉祥园就上演了两天的义务戏。这两场义务戏也极为梨园行所重视，杨小楼、余叔岩、程砚秋、陈德霖、崔灵芝、龚云甫等名角都来参加，连告别舞台多年的与谭鑫培有后三鼎甲之称的"老相亲"孙菊仙也赶来献艺，此次演出"极红花绿叶之盛"⑥，同时也可看出梨园界的重视程度。

2. 社会公益

梨园行因办学这样的社会公益事业而首办义务戏，在此之后，义务戏也必然会与各种各样的社会公益活动息息相关。这类义务戏也有

---

① 《筹赈》，《群强报》1915 年 2 月 6 日。
② 《筹赈》，《群强报》1915 年 2 月 8 日。
③ 《戏场闲评》，《群强报》1915 年 2 月 11 日。
④ 《京报》1931 年 2 月 15 日。
⑤ 齐如山：《国剧艺术汇考》，辽宁教育出版社 1998 年版，第 308 页。
⑥ 《筹款演剧》，《群强报》1920 年 5 月 19 日。

很多种类。首先，赈济灾民的义务戏最为常见。这种义务戏一般由梨园公会组织，抑或是由某社会团体与梨园行合作，由梨园行排定戏码，定场定时演出。如1916年安徽大灾，为了安徽灾情筹集赈款，特成立了安徽筹赈会，并由当时步军统领衙门江朝宗任会办，该会邀请正乐育化会相帮，谭鑫培等名伶热烈响应，表示愿"尽纯粹义务"，由正乐育化会商订戏码，安排演出。12月7、8两日在第一舞台上演义务戏，"除开销外，所有戏价均归赈捐"，之后，北京的坤伶刘喜奎、鲍灵芝等也积极参与其中，并停演了这两日所有坤伶戏园。① 演出当晚，江朝宗邀请王子贞演说，痛陈灾情，唤起观众慈善之心，据时人报道"情形极为热烈"，"亦得款甚多"。②

20世纪二三十年代，梨园界更深入地参与到社会活动中，义务戏也就越来越多。如1929年4月第一舞台山西赈务会筹款义演；③ 1937年5月，为赈济河南灾民，在第一舞台上演义务戏；④ 又如1937年7月，为救济东北难民，当时旅居北京的东北名流石友三、胡毓坤、王宝坪等，"约请梨园界在第一舞台演唱义务戏二日"，所得票款万余元全部交由辽、吉、黑难民救济署发放。⑤

除大多数由梨园公会和社会团体组织的，也有个人组织义演的情况。1934年，在隆福寺福全馆，由著名票友张伯驹先生专为河南赈灾自办堂会戏，请客听戏，希望到场的人士尽力捐助。开戏前张伯驹登台讲话，详细介绍河南灾情。他以河南人的立场，向社会名流和亲友提出请求，但并未让来宾当场交款，而是从即日起，愿捐助的不拘数目交盐业银行代收。虽然名为堂会戏，实则不是为了喜寿事，而是为了赈灾，主要演员又都是张伯驹先生登门邀请共襄盛举，所以演员们也都按赈灾义务戏的旧例，不拿戏份。

---

① 《伶界好义》，《群强报》1916年12月6日。
② 《募捐盛况》，《群强报》1916年12月7日。
③ 刘曾复：《忆堂会戏和义务戏中的余叔岩》，《戏曲艺术》1989年第4期。
④ 《京报》1937年5月20日。
⑤ 《京报》1937年7月15日。

第七章 民国初年民间广泛的慈善活动

梨园行的人也都热心公益，在外地演出时，虽然时间短暂，但只要有人临时性地约请义务戏，尽管影响自己戏班的演出收益，依然都会积极响应。例如，1931年"以江西水灾奇重，筹赈乏术，乃乘梅兰芳、荀慧生、李吉瑞、言菊朋诸名角在沪之良机，特举办大义务戏三天，俾救灾民于万一"①。从6月30日到7月2日在荣记大舞台连演了三天义务夜戏，各位名角都演出自己的拿手戏，为赈济灾民献艺，轰动一时。而外地剧团来北京筹赈义演，北京的梨园界也会献艺助演，以帮助筹集善款。1921年湖北水灾，9月时旅京湖北同乡办理赈灾义务戏，请汉口剧团名角余洪元、小翠喜等人来京义演，而北京的梨园界名伶也纷纷帮忙助演，如梅兰芳、余叔岩、陈德霖、尚小云、俞振庭等人都参加了这次义务戏的演出。②

除了为赈灾而举办的义务戏外，梨园行还为其他各种公益事业进

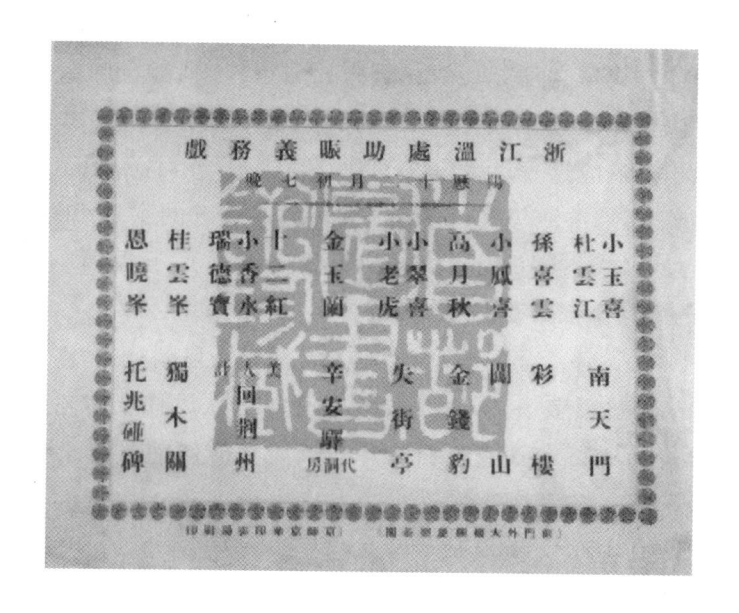

---

① 梅花馆主自沪寄：《梅荀合作之江西灾赈戏》，《北京画报》第4卷，1931年7月6日。

② 《群强报》1921年9月3日。

行过很多义演活动。例如，1937年5月27日，章遏云、叶盛章等为京华美术学院建设图书馆演出义务戏。① 程砚秋携其秋声社在1937年为襄助育婴堂，于5月下旬在新新大戏院连演了两天义务戏，并在22日首演新戏《沈云英》，②且这两场义务戏，还都是程砚秋为义演而带病上场。③

3. 爱国义演

近代以来，在列强不断对中国侵略的同时，中国也正在经历一个从王朝天下走向民族国家的过程，民族主义的意识在中国的国民当中不断深化，爱国主义的运动此起彼伏，梨园界作为当时一个争风气之先的群体，自然也走在这种风潮的最前沿，他们举办的很多义务戏，也属于这类爱国义演。

例如，由于《辛丑条约》中的巨额赔款，使中国在经济上背负了巨大的负担，由北京的《京话日报》发起，北方地区出现了一场声势浩大的"国民捐运动"。《京话日报》言道："何如全国四亿人齐心合力，赶快一次自动地凑出来，救国救民即以自救。"④ 由此，北京的梨园行积极响应这一运动，在1906年5月，田际云便为"报销国民捐"在广德楼重演《惠兴女士传》⑤；崔灵芝的义顺和班也为了"国民捐"在1906年6月8日至10日演出《女子爱国》，并号称"连打旗的人，全都不要钱"⑥。

九一八事变后，全国抗日救国热情高涨，梨园行自然亦不甘落后，为此举办过很多场义务戏。如马连良携其扶风社全体艺员与华乐戏院合作，于1933年3月6日在华乐戏院以慰问前方将士为目的举

---

① 《京报》1937年5月25日。
② 《京报》1937年5月22日。
③ 《京报》1937年5月25日。
④ 王子贞、彭翼仲合稿：《演说》，《京华日报》1905年9月2日。
⑤ 《请再看重演〈惠兴女士传〉文明新戏》，《顺天时报》1906年5月27日；广告《大栅栏广德楼开演玉成班新排连台五、六本〈惠兴女士传〉》，《顺天时报》1906年5月29日。
⑥ 《梨园人全都开通了》，《京话日报》1906年6月5日。

办义务戏，共筹款140元，"交妇女救护慰劳联合委员会，转汇前方将士"以进行慰问。① 1933年，为支援长城抗战，北平成立飞机捐献机关，呼吁筹款为长城抗战捐献飞机，北京的梨园界人士纷纷响应号召，积极组织义务戏。在哈尔飞剧场，1月22日雪艳琴众员演义务戏一场，1月23日富连成科班演义务戏一场，1月23日小翠花等艺员演义务戏一场，2月11日荀慧生等艺员演义务戏一场，之后3月22日李吟香、李沁香再演义务戏一场，3月24日荀慧生、荀令香父子等艺员再演义务戏一场，"所售票款除前后台少数开销外，扫数送交北平市商会充作救国飞机捐款"②。而杜丽云于3月也在吉祥戏院发起飞机救国捐义务戏一天③，高庆奎、郝寿臣于3月25日在华乐戏院上演义务戏④，金友琴、胡菊琴等于4月1日在开明戏院演出义务戏⑤，也都是为飞机捐一事。这么多场义务戏的演出，可见当时梨园界对于抗日救国的热忱。

4. 其他类型义务戏

除了上述的以赈济同行和社会慈善公益为目的，以及爱国义演的义务戏外，还有各种类型的义务戏，目的不一，基本都是应各种组织邀请，有的是应宗教组织邀请的，有的是应各种社会团体的邀请，还有的是官方摊派的，即非公益目的的义务戏。这类非公益目的的义务戏在社会上影响不是很大，而且有时还会有些非议，很多演员也并不愿积极参加。如1919年3月13日的《晨报》文章批评，一台给白云观道士筹款的义务戏，是一种无意义的义务戏，是"没有社会事业的性质"⑥。还有一些社会组织打着慈善的名义强行摊派，也遭到演员的抵制。如在1929年时，一个名为外交后援会的组织打着"慰劳东北战士"的名义，依仗势力摊派给梨园行，遭到很多演员的托词。

---

① 《京报》1933年3月15日第6版。
② 《京报》1933年3月20日第6版。
③ 《京报》1933年3月17日第6版。
④ 《京报》1933年3月21日第6版。
⑤ 《京报》1933年3月25日第6版。
⑥ 《无意识的义务戏》，《晨报》1919年3月13日。

除各慈善组织和梨园行共同举办的义务戏筹集善款外，还有很多慈善团体、社会机构也经常自己组织演出，以筹集善款。在东直门外北京自来水公司的场地上，每年都举行3天义演活动，大约能为粥厂募捐到300多元。义演的内容包括唱歌、表演、杂技等，由近9个团体进行演出。这些团体都是自愿从各地而来，花费也往往由自己承担。其成员一般都属于某个组织或帮会，年复一年，他们都来北京为这里的穷人做出自己的贡献。在这些社团中，有一个名字叫作大云车的会，每年派遣40人来表演3天，他们一般唱一些古老的民歌，每次捐献35元。此外还有名为大鼓老会（译音）、蜈蚣神圣地狱会（译音）、神坛会、狮子圣会等会社，他们都带来了他们的绝技，或是表演耍坛子或是舞狮子、踩高跷等节目而筹集善款。①

1917年京畿地区水灾，某慈善组织发起《京畿水灾助赈中央公园游艺大会》，"阳历十月二十七、二十八日开彩游览卷每张一元，（一日有效，不能得彩随便游览，概不收费）游览彩券每张三元（一日游园一日开彩，各种游艺随便游览）会场特色：中外军乐队，韩秉谦各种戏法，升平书寓坤唱，天津吹会，航空，票友清唱，奇观游戏，新技术，战军操，童子新奇游戏，竞枪，欧战电影，童子音乐，少林会，双狮会，十番音乐，烟火，烟酒茶点。头彩，赤金大鼎一座价洋三千五百元；二彩，貂褂一件，全桌洋餐银具共五十余件，价洋一千八百元；三彩，全国铁路通行头等免费券一张，代价一千五百元"②。

1917年，南洋兄弟烟草公司也为募捐救助京兆水灾难民慨捐巨资，发起演剧筹捐，邀请京津剧界女艺员于旧历八月初二、初三日仍假第一舞台排演义务戏两夕，所有入场券也经印就，分送各界，现已所余无多，如有好善之士赐于光临惠助。③

---

① ［美］西德尼·D.甘博：《北京的社会调查》上，中国书店出版社2010年版，第303页。
② 《晨钟报》1917年10月19日第1版。
③ 《晨钟报》1917年9月17日、18日。

再如外城贫民教养院，自创设以来，尚属完善。嗣因经费奇窘，致各科工艺，实难发展。……警察总监薛松坪，为筹划该院经费起见，遂邀约京中名伶演戏筹款，又得各名伶热心帮助，结果，募得一笔巨款维持了教养院的发展。

1933年2月21日日本入侵热河，热河战役爆发。3月中国学院、民国学院等校学生组织的黑骆驼剧社，为了支援中国军队的抗战，"特拟于日内公演捐款劳军，剧目以定为'可怜的悲迦'、'到前线去'、'雪花'、'卧薪尝胆'等四剧云。"①

（三）义务戏的管理

随着义务戏越来越频繁，而且影响力也越来越大，对于义务戏的管理也越来越成熟。

首先来说，账目的管理有一定的规矩。第一次福兴堂义务戏在账目上就很清晰，"包厢每间价洋三十元；头等每桌六座，价洋十八元，单座每位三元；次等每桌六座，价洋十二元，单座每位二元；小孩自八岁以上至十三岁，均卖半票；仆妇五角"②。票价清楚，以此票价为主体，又加上各界募捐，由妇女匡学会约请第三方的华丰锦银号代管账目与售票，"除去开销，共存洋三千七百一十四元一角"，"合京平公砝足银二千五百五十五两三钱"③，最后华丰锦银号代管好的账目，汇总钱数，通过第三方的日升昌票号免费汇往杭州，并登报申明，以保证义演的过程及账目管理和钱款去向十分明晰、保险，不会产生舞弊。早期的义务戏，主要是这种由社会团体与梨园行合办，例如1919年为赈济直隶水灾而举办的义务戏，也是由南洋兄弟烟草公司出面，"慨捐巨资，发起演剧筹捐，邀请京津剧界女艺员"④ 共襄盛举。并登报申明戏价："头级包厢每间40元，二级包厢每间30元，

---

① 《京报》1933年3月5日。
② 《禀立妇女匡学会演戏小启·规则》，录自《惠兴女学报》第13期。
③ 《劝学会同人来函》，《京话日报》1906年5月9日。
④ 《京兆赈灾义务女剧》，《晨钟报》1917年9月17日、18日广告。

三级包厢,每间20元,以上包厢均已卖完。特别座位前排4元,后排3元;正厅前排3元,后排2元5角;旁厅2元;三层楼前排1元5角,三层楼后四排1元。"①

之后,义务戏越来越多,其管理也越来越细致,一般就归由梨园公会管理,收取票款后,一般要从总收入中公提两项开支:一项是要设一顿便宴招待主角,他们虽然不拿戏份,但要表示感谢;这些不拿戏份的主角,都会贴在海报上,而海报上没贴出来的演员、场面、执事人等均发给一定的现金,数额出入不大,大致有一元到两元钱。因为这些人大多是等米下锅的穷苦艺人。余下的由主办者进行安排,一般人便不去过问。

在此以1931年初一场义务戏为例,其收支情况是这样:票款收入2537元,世界红十字会捐洋1000元,上海大舞台经理黄金荣捐洋1000元(由梅兰芳返京时携回),梅兰芳捐洋1330元,共收5867元。散放给生行165人,旦行110人,净行144人,丑行84人,武行36人,流行(跑龙套行)39人,剧装科(箱工)82人,剧通科(监场、检场)35人,容装科(化妆师)49人,容帽科(盔箱工)33人,经励科(经纪人)28人,交通科(催戏人)110人,共计917人,每人4元,合计支出3668元。又散放伶界孤寡120份,每份5元,共600元。统计发放4268元,下余1599元②。可见,梨园公会在账目上是十分清楚的,在分配上是十分认真的。

其次,由于多次举办义务戏,在办演出的各个方面的条件也都非常讲究。大都注重如下条件:(1)观众厅要大;(2)后台宽绰;(3)设备条件要好;(4)交通便利。如果戏园老板免费提供场地,则又可免去一项开支。观众厅大,则效益高。当年北京最大的剧场是戏珠市口的第一舞台,可容纳2600余人,因此那里举办义务戏最多;另外便是华乐,可容纳1300余人,加凳后可容纳近2000人③。

---

① 《京兆赈灾义务女剧》,《晨钟报》1917年9月17日、18日广告。
② 侯希三:《北京老戏园子》,中国城市出版社1996年版,第170页。
③ 同上书,第58页。

第七章 民国初年民间广泛的慈善活动

由此可见，在 1931 年时，经过多年的经验，梨园公会对于义务戏的举办上从演出安排、舞台选择、账目细分、发放等诸多方面已经拥有了一套详细成熟的管理方式。

民国时期，义务戏的主要目的是社会公益，为同行也好，为赈济灾民也好，梨园界都踊跃参与。因为义务戏具有极强的娱乐性，也促使这一慈善公益活动获得了社会的高度关注，在艺术享受的同时，极大推动了慈善观念在社会中的影响。这些义务戏汇集了当时梨园界各种行当的名角，表演精彩，使观众大饱眼福。此外，在义务戏不断发展的过程中，对于这一新型的公益事业逐渐形成了一套比较成熟的管理方法，使之能够更好地为社会公益服务，也为今天的慈善事业提供了一些宝贵的借鉴之处。

民国初年，北京民间慈善公益活动空前活跃。此时，市民的慈善观念已经得到一定的启蒙，民间的力量在这一时期渐渐形成不同的慈善组织，更多的人参与到慈善事业当中来，他们所处的身份不同，关心的社会问题不尽相同，如捐资助学、赈济灾荒、修公路等，形成了民国初年北京的慈善事业呈多元化发展，慈善对象越来越多样化，慈善的方式也越来越丰富。各界人士对于社会公益的热衷，也造就了民国初年慈善事业的繁荣。

但是，由于北京地区慈善团体基本上是自发形成，并各自为政，因此在运行过程中缺乏必要的统一性管理，难免造成力量的分散和资源的浪费。甘博在对北京城的慈善调查后认为："社会对筹集资金以支持私人慈善的请求，一呼百应。看来最大的问题在于使那些需要救济的人与愿意救济的人取得联系和沟通，同时致力于发展形成一套建设性而非姑息苟且性的社会救济工作体系。"① 因此，进行慈善组织的分类管理、优化整合并走向联合统一是亟须解决的问题。

---

① ［美］西德尼·D. 甘博：《北京的社会调查》上，中国书店出版社 2010 年版，第 333—334 页。

第八章

国民政府时期政府的慈善公益事业

1928年6月北平特别市政府成立,最终确定了北平市的管理机制,北平的慈善公益事业得到进一步发展。市政府通过立法对全市的慈善事业进行规范,建立和完善管理机构、贯彻管理理念、寻求慈善公益事业的资金来源以及对民间机构进行管理和立法等。社会局负责全市慈善工作的管理和实施。除对慈善事业进行立法管理之外,社会局兴办的慈善事业也顺应社会的发展,相应开展更多的慈善内容,如失业救济、职业介绍,为缺乏资金的人提供小本借贷等,体现了北京慈善事业在新时期内的转型,为北京的慈善事业提供了极大的助益。

一 政府对慈善事业的管理

(一)建立和完善政府管理机构

民国时期战乱频发、多有灾荒,历届中央政府为缓解灾情,建立了相关的机构和组织。1911年,南京临时政府通过在内务部设立民政司,负责对慈善和公益事业的管理。北洋政府时期,在南京临时政府原有的机构设置上又加设了赈务处,负责全国的赈济管理工作。北京则是由京师警察厅和市政公所的有关机构管理北京的赈济工作。

1928年6月,张作霖退出北京,国民革命军入城接防。6月20日,南京国民政府会议议决北京改称北平,建立特别市,旧京兆区各县并入河北省，市辖区域仅限于北京内城、外城以及附近郊区。6月26日，国民政府发布任命何其巩为北平特别市市长的命令。7月13日何其巩就职，是为北平市第一任市长。

依据国民政府公布的《特别市组织法》，特别市直辖于国民政府，不入省县行政范围。北平市政管理机构进行了大幅度的重组，取消旧有的市政公所、京师警察厅及京师学务局，组成北平特别市政府。特别市在不抵触中央法令范围内办理城市的各项管理工作。市政府下设各局：财政、土地、社会、公安、卫生、教育、工务、公用八局，各局分工明确专一。其中社会局负责全市的农工商的调查、统计、奖励、取缔事项；全市的劳动行政事项以及全市的公益慈善诸事务。社会局设第一科、第二科和观光科。第一科分设文书、事务、公益救济、风化宗教及公用五股。其中公益救济股执掌：（1）关于公益团体立案开会选举一切审核监视事项；（2）关于公益团体慈善团体游艺筹款及募捐核办事项；（3）关于公益团体之考查及改善事项；（4）关于慈善团体办理情形及财产收支考核事项；（5）关于督促公益团体及慈善团体举办公益及救济事项；（6）关于救济院之考查及指导改进并收容人之稽核事项；（7）关于贫民生计及灾区情况一切调查救济事项；（8）关于举办公益事项；（9）关于举办冬春赈及临时救济事项。① 根据社会局的职能，全市的赈济工作有了统一的管理机构。

依据《特别市组织法》，市政府设立市政会议。市政会议的一项重要工作就是建立城市管理的法制化，除了全国的法律、法规外，还制定了诸多实施细则和地方法规，其内容极其丰富，全面涵盖了城市管理的各个层面，使社会生活的各个方面都有法可依。这些具有全市范围实施的法规，使北平城市管理法制建设真正步入正规化发展阶段，从而使城市管理有效地开展起来。

1930年6月北平特别市降为北平市，因财政困难原有八局都有紧

---

① 《特别市组织法》，载北京市档案馆编《北平历届市政府市政会议决议录》，中国档案出版社1998年版，第1—6页。

缩和裁撤，但政府职能未变。

（二）救济理念和救济计划

北平市有大量贫困人口的原因很多，一是连年军阀混战，特别是在京畿附近的多次战争，从而导致民不聊生；二是由于国都南迁，北京曾经具有的政治文化优势受到重创，致使北平的经济状况急速下跌；三是由于旗民众多，清代他们大多依靠旗饷生存，不致力于生产，民国后不再发放旗饷，身无一技之长的旗民陷于贫困；四是北平市内没有大规模的工厂，从而难以为数量众多的贫民提供就业机会，并且随着现代化设施的逐步兴建，原本依靠劳力的水夫、人力车夫等大批失业。此外，距北平较近省份的农民，因天灾人祸而失去土地，不得不流往北平谋生，使得北平贫民日益增加。在1929年的一次统计中，"北平的人口数为一百三十二万九千六百零二人，其中极贫、次贫人口总数为二十三万四千八百人，实占全市人口六分之一，即市民平均每六人之中有一贫民也"。如此之高的贫民比例，已超过当时世界多数国家的大型城市，社会局认为，"不速救济，则极贫者已陷绝境，次贫者势必降为极贫，影响之巨，何堪设想"[①]。

对贫民如何进行救济，马君武在《失业人及贫民救济制度》中进行了详细的讨论。他认为：对于贫民的救济，不应当仅仅从捐资捐物方面着手，也不应仅仅建立类似于救济院等性质过于单一的救济机构，而是应当注重维持贫民生计的根本，通过解决贫民的就业问题，减少贫民数量，并为社会提供劳动力资源。同时贯彻社会保障理念，完善社会保障制度也是政府解决贫民问题的重中之重。[②]

北平特别市社会局局长赵正平，在谈到今后社会局救济贫民的工作时指出：

[①] 北平特别市社会局编：《北平特别市社会局救济事业小史》，社会局第一习艺工厂印制1929年版，第2—4页。

[②] 马君武：《失业人及贫民救济政策》，商务印书馆1929年版，第13页。

> 救贫与救灾有别，救灾之要务在使人于不能生活之时，援助其生活；救贫之要务，不独在使人能得目前之生活，尤在使人能得独立谋生之职业。故凡只助人目前之生活，而不能助人独立之职业，如施衣施米粥厂暖厂之制，用之于救灾则可，用之于救贫则其结果非但不足以解贫，或适足以增贫。故鄙意北平各慈善团体，冬季惯用之救济方法，如粥厂暖厂制应绝对革除，而代之以为人谋开拓职业之机会，然求得职业之基础，除机会而外资本一也，技能二也，勤劳耐苦精神三也，此三者均应付职业机会之工具，虽不能全备，亦必须具备其一，不然农工商方面之机会到来，亦仍无得一职业之可能也。①

这不仅要解决贫困人口目前的生活，还要"训练其应付职业之技能，兴勤劳耐苦精神"，② 使之能够进入社会谋求生存。因此社会局当前亟须做的工作是：

1. 大规模的收容训练

> 北平市内十八万极贫之男女老幼，其中多数无资本，以从事小农小工小商，且更多懒惰性成，不事生计，故救济之第一步，首肯能于助其目前生活之中，训练其应付职业之技能，兴勤劳耐苦精神，然如何能达救济目前与兼顾将来之目的，其方法固不止一端，而入手之初，舍大规模之收容训练，其道末由，应用此旨，分别设计。③

根据这一精神，北平特别市社会局，针对各类贫困人群进行收容培训，（1）对失业的小知识分子进行文化培训，使之适应其他的文

---

① 北平特别市社会局编：《北平特别市社会局救济事业小史》，社会局第一习艺工厂印制 1929 年版，第 99 页。
② 同上。
③ 同上。

化教育工作。（2）对失业壮丁的收容培训工作，对他们进行军、工两种培训以及普通的文化课的培训，使之革除旧有的惰习，鼓励他们从事各种新的职业。（3）失业的幼年男女的培训，针对他们因家贫既没有受过文化教育且没有生产技能，应该设立习艺工厂，给他们以文化知识和生产技能的培训，使之能够进入社会，自食其力。（4）对于贫苦无告的儿童，应该设立贫儿院，用强迫之法对他们进行普及教育。（5）对孤苦残老，应该进行养老救济措施。

2. 大规模的扶助奖进

对原有的家庭小手工业、小工厂以及可以帮扶的新工艺等，由公、私两方面合力帮扶，使每个家庭内必有从事生产的人，使无业者有业，有业者勤业。具体的措施可以是：（1）借本兴工，针对小手工业缺乏资本无力经营，可设立无利借本机构，以帮助他们进行生产经营；（2）设立推销公司，以帮助小本经营者推销产品。

3. 协助失业者进行职业的转换

如失业的壮丁苦力，可对他们进行培训后，协助他们迁徙到边疆地区从事垦荒。再如对娼妓等，一是取缔此一职业；二是对她们进行培训，或进习艺工厂，或是鼓励她们迁徙到边疆从事垦荒。

4. 扶植具有北平特色的新的行业

如印刷业、毛织业、地毯业等，以开拓市民的就业渠道，促进北平的经济繁荣。

总之，社会局的计划主旨就是对贫民从文化和技艺上进行培训，其目的就是扶助就业，开拓就业，繁荣经济，使贫民通过创业而能自食其力。北平市社会局根据这一帮扶构想，对原来的各类公办慈善机构进行了改组、重置，使之适应新的精神。

（三）政府慈善公益事业的资金来源

由于首都南迁，市面萧条，中央补助经费减少，财政更感困难，各项工作开展艰难。加之市长屡次易人，故市政发展更是举步维艰。1930年北平特别市降为北平市。市政府各局裁撤最后只剩社会、公安、工务三局,各局机构也相应紧缩。1935 年日本侵略者活动猖獗,北方陷于日寇的包围、蚕食状态,华北政局极为不稳,政府的财政极为困难。

1. 税收

国民政府时期,由于重新审视了过去慈善公益事业由资金短缺问题而带来的弊端,政府对于慈善事业的资金来源给予了更多的关注。1928 年南京国民政府成立后,通过了《划分国家收入地方收入暂行标准》和《划分国家支出地方支出暂行标准》两个草案,更加明确制定了中央税和地方税两种税收制度。经过调整,国民政府取消了多年被诟病的厘金,将一部分国税改为市税,如田赋、牙税、当税、牲畜税、屠宰税、契税、铺底税等,将验契税充作市税用。

北平特别市政府成立后,开始健全机构、完善税收制度的体制建设。市财政行政是以市政府领导下的财政局为中心,辅以工务、卫生、公安各局机关协助办理,建立了较为健全的税收制度。民国初年,市政公所督办朱启钤为解决市政建设的经费问题,决定以工巡捐款作为市政经费的基础,市政建设终于有了专门款项。因为国库空虚,以后又陆续开征多种税捐同时根据市政建设需要,又增加了多项市税。在此基础上,北平市政府根据市政建设需要,又增加了多项市税。

自治公益捐。北京政府时期,城市居民倾倒泔水、脏土、炉灰等的卫生清洁费用,以及公益路灯、巡更、民众小学等常常由警区向住民劝募,随意捐助,由警区代为保管支配,也由警区征齐,交由住户共同经管,专办本街上述各事。1928 年市政府成立后,筹备自治,遂由自治筹备处商得公安、卫生两局同意,并经市政会议通过,遂将此项公益捐移归自治区公所接管。该项捐税月收至多不过一万五六千元。

自治附加捐。1930 年北平市政府为兴办地方自治事业,创办自治附加捐,充作办理自治事业的专款。该税在契税、房捐、铺捐三项下设附加捐。房捐、铺捐的附加捐一般为原捐额的 5%。契税附加捐按契价的 5‰至 10‰。三项附加捐每月收入在万元上下。

平汉正阳门火车货捐。1929年10月15日北平市财政局特设正阳门火车货捐稽征所征收该税。1930年9月该货捐移归河北统捐局接管。该捐捐率按值百抽二点五之例办理。在丰镇以南各站之货物，均仅征收一点二五半税。

此外市税还有猪羊小肠兽骨捐、公厕捐、粪厂捐等。1929年全市税收有3042358.711元。① 1930年北平市的国税有7项，年收入有2630339.37元；市税有30项，年收入有3784372.72元。参见下表。②

1930年国市税税捐全年收入表

国 税	
崇文门关税	1878431.33
烟酒税	269089.53
印花税	203053.52
平绥路货税	198334.57
验契费	56155.00
支应捐	22736.02
军事特捐	2539.40
共计	2630339.37
市 税	
房捐	1288130.27
契税	388284.35
铺税	362341.80
牲畜检验费	326396.77
屠宰税	209489.10
车捐	195096.50
自治公益捐	192313.32
牙税	149341.06
邮包税①	145302.05
警饷附加捐	118774.79

---

① 杜俊东：《北平市岁入之分析》，铅印本1933年版，第19页。
② 雷辑辉：《北平捐税考略》，社会调查所印制1932年版，第104页。

续表

市　　税	
自治附加捐	105293.22
妓捐	55397.00
乐户捐	46308.00
戏艺捐	28323.50
长途汽车捐	26556.76
弹压费	23399.65
牲畜税	18667.52
平汉路货捐	15352.87
广告捐	13955.77
市政公益捐	11429.60
证券登记费	10789.80
田赋	10533.38
当税	9100.00
慈善捐	7531.55
肠骨税	7333.33
贫民捐	6186.00
铺底税	4411.06
电车市政捐	4123.75
厕所捐	3832.95
粪厂捐	377.00
共计	3784372.72

① 本是国税，但移作地方收入。

资料来源：林颂河：《统计数字下的北平》，《社会科学杂志》1931年第2卷第3期。

1931年以后，北平市财政又创办了营业税，年度收入295000余元。在这些税捐中，以房捐最多，收入占税收总数的47%，其次是契税、铺捐、营业税和车捐。随着时间的推移，这些税种在税收中所占比重逐渐下降，而新税种营业税等在税收中所占比重不断增加。1931年营业税占全市税收的4.1%，1932年就达到了8.3%。据1938年10月统计，缴营业税最多的行业有粮食业、棉织品贩卖业以及杂货、饭庄、皮货、丝织品、金银首饰、衣帽鞋袜业，可见缴纳营业税最多的行业绝大多数是第三产业。从这一个侧面也可以看出，北平第三产业在全市占有相当的比重，发展也是很快的。

纵观从清末到北平市政府时期的税收情况，传统的税种不断遭到淘汰，而新的具有资本主义性质的税种不断增加。北平市可支配的税收进一步增多，并成为市财政收入的重要组成部分。据学者杜俊东的统计，从1928年到1932年的市财政收入中，税捐收入平均占市全部收入的71.82%。其中1928年税捐收入最高，占市财政收入的82.38%；1929年最低，占市财政收入的63.87%。[①] 税捐收入已成为城市财政的重要支柱。

在1936年北平市政府秘书处编辑的《北平市统计览要》中，记录了此时政府进行救济的活动，主要包括小本借贷处、贫民救济会等。在1935年4月至1936年2月中，北平市小本借贷处的农业放款为144060元、工业放款为61577元、商业放款为151752元。由此可以看出，小本借贷处对于农业放款的比重仍相对较多。贫民救济会在1935年10月至1936年3月期间也通过捐资捐物等方式进行了救济。[②] 此时的资金来源基本是政府的财政拨款。

2. 自筹资金

在北平特别市社会局建立之前，许多慈善机构的资金都是由之前的政府或警厅进行拨发。平民习艺工厂的经费原定为4000元，除由前市政公所每月发放2500元以外，另由前内务部每月发放1500元，之后又归前财政部按照每月减至3800元发放。此后，平民习艺工厂于1928年1月和6月先后划归到前市政公所及市政府管辖范围内，每月的经费又减少至2500元。平民习艺工厂向来缺少资金，之前的存款又被前内务部提取一空。可以说，至1929年北平特别市社会局成立时，此厂资金日益减少，存续状态每况愈下。贫民教养院的收容人数以千名为额，并且视经费状况而确定名额增减的标准，其经费来

---

① 杜俊东：《北平市岁入之分析》，铅印本1933年版，第5页。
② 北平市政府秘书处第一科统计股主编：《北平市统计览要》，北平市政府秘书处第一科编纂股1936年版，第102页。

源是由各区对当地住户、商户进行劝募，如果仍旧入不敷出，则由警厅给予补助，后由于警厅经费的缩减，贫民教养院也难以为继。此外，妇女习工厂的经费分为正项经费、加添经费、领取厂女捐款等，资金不足的时候也是由之前的警察厅进行补助。疯人收养所内的工作人员实行薪资制度，经费也是由警厅负责供给，并且此收养所仍有许多欠款未能偿还。感化所至1929年，其经费来源尚未确定。可以看出，至1928年，旧时的慈善机构由于资金短缺、缺乏管理机构等问题陷入了十分窘迫的境况。

北平特别市社会局原定的收容人数为1500名，于1927年时已经达到1300名，需要口粮、蔬菜、煤火等费用以最低限度每人每日1角计算，每日仍需要130元才能够得以维持。这些款项大多来自政府的拨款，然而政府在当时的财政状况依旧不容乐观，因而对于社会局的资金分配仍非常有限。从社会局对于救济事业的分析，物质层面的救济仅仅是表面的救济，若要做到更为深层的救济，则需要从贫民自力更生的角度着手。因而，除了兴建粥厂和提供救济物资以外，北平市社会局为解决慈善事业中的问题，亟须寻求新的资金来源。

首先，社会局通过将救济梯度划分为三级的方式，使贫民中有劳动能力的人创造生产价值，这就为社会局的资金提供了很大程度的帮助。同时，在生产者中，有一部分人生产羊毛绒、棉花、编织物等，若将其成品进行贩卖，则可以获得更多资金。由于北平失去了以往政治中心的地位，致使商品销路大不如前。为此社会局建立了相应的推销公司，以拓宽销路。推销总公司分为借本、营业两个部门。公司负责如下四类商品的销售：（1）有救济性质的各工厂的产品；（2）家庭工业品以及小工厂的产品；（3）特约制成的产品；（4）公司直接经营的工厂产品。商品的出售为社会局提供了资金，也在一定程度上解决了贫民的失业问题。由此可见，北平特别市社会局形成了生产—销售的良性循环，促使贫民生产的产品转化为了商品，并将出售商品所获得的资金再次用于救济事业，不仅解决了贫民的救济问题，同时也在一定程度上缓解了社会上就业难的问题。

其次，社会局还鼓励家庭手工业的发展，促进劳动妇女通过自食其力来缓解社会中存在的贫困现象。由于当时寺庙、道观众多，庙产丰厚，僧人、道士大多安享其成，故社会局还负责监督各大寺庙、道观开展救济活动，为慈善机关提供场所或物资。如当时兴办的粥厂，即大多依托寺庙力量进行开办。尽管当时社会动乱，寺院经济受到了很大程度的影响，但仍属于社会中具有较多物资的机构，因而在为灾民提供物资方面也发挥了重要的作用。

（四）政府对慈善事业的立法

由于民国初年社会动荡，难以形成管理和立法体系。国民政府时期，逐渐开始对慈善事业进行统一管理与立法。1928年，国民政府颁布了《各地方救济院规则》（简称《规则》），该《规则》是南京政府成立后颁行的第一部专门针对救济的法规，也第一次将长期以来纷乱复杂的救济机构设施名称作了统一规范，规定各地救济设施一律称"救济院"。《规则》明确规定，各个省区、各特别市、各县市政府为无力教养之老幼病残之人提供保护和贫民健康救济，并依照此规则设立救济院，在各县、乡、区、屯、镇等人口较多的地方也要酌情设立。并规定，各救济院设院长一人负责总理院内事务，副院长一人负责协理院务，各省区由民政厅、各特别市由市政府、各县市乡村屯镇由县市政府从当地公正人士中进行遴选。各救济院除院长及副院长之外另设主任一名、办事员若干名，由院长、副院长选任。救济院选址主要利用寺庙或公共场所，其基金由各地方收入内酌情进行补助，或者通过募捐的方式进行筹款，基金无论出于任何情况都不得挪用。鉴于不同救济院的职责范围不同，主要将其分为如下几种：负责收容老人的养老所、负责收容婴儿的育婴所、负责救济孤儿的孤儿所、负责救济残疾人的残废所、负责对贫民进行医治的施医所、负责对贫民进行贷款的贷款所。

养老所主要收容无力自救、无人赡养的60岁以上的老年人，负责教授其有益于身心的课程并按照其体质安排一些简单的劳动（身体衰弱或有疾病者可酌情免除）。孤儿所主要收容年龄在 6 岁以上 15 岁以下贫苦无依的儿童，并按照年龄送至附近学校进行免费学习，待其成年时再为其介绍相应的职业。残废所则主要负责收容无人扶养的残疾人员，若经费充足，则聘请教员开办聋哑学校，如果经教养后能够自谋生路者，应当为其介绍职业。育婴所主要负责收养贫苦婴儿及弃婴。育婴所雇用乳母或购买代乳品哺育婴儿，当婴儿年满 6 岁以上时，则送至孤儿所。施医所则主要为患有疾病的贫民所开设，主要负责对贫民进行卫生防疫和辅助治疗。施医所的医士均须精选长于医术并具有官署许可的从业证明。施医所主要包括医士室、诊士室、手术室、药剂室、挂号室、待诊室等，救济院收容的贫民或未进入救济院但仍属赤贫的人可以获得免费就医的资格，若非贫民则需要交纳相应的费用。施医所开设平日门诊和急诊，西药不仅对贫民不收费，对其他人等也概不收费，而中药则只对贫民免费。施医所明令要求医士不得收取病人之馈送。

此外，内政部还下设了为贫民进行贷款的贷款所，凡贫苦无资经营买卖的人均可向贷款所进行借贷。贷款所要求借贷人年龄在 15 岁以上且确无不良嗜好，贷款的额度为 5 元至 20 元不等，无论借贷数量多少，贷款所概不收取利息。[①] 可以看出，内政部的法令不仅涵盖了对老、弱、病、残等贫困人士的救济，同时也通过无息借贷的方式，鼓励贫民自力更生，使穷人通过创业的方式实现脱贫。

正是根据民国政府的法律法规，北平市政府社会局接管了原本由警察厅管辖的贫民教养院、妇女习工厂、济良所、疯人收养所以及市政府直接管辖的平民习艺工厂等救济事业机关，成为北平慈善事业的总负责部门。此后，原属于公安局的感化所也被划归社会局管理范围之内。社会局将他们按照职能划分到各个部门进行分管。为游惰者学

---

① 内政部总务司第二科：《内政法规汇编》，内政部公报处 1931 年版，第 406—415 页。

技能设第一、第二习艺工厂，为妇孺施教设妇女第一及妇女第二救济院，为罪徒反省设第一救济院，此外设乞丐收容所、精神病院，计平常受救济者约二千人。1934年5月社会局所属的第一救济院、第二救济院、妇女救济院、第一习艺工厂、第二习艺工厂、乞丐收容所归并改组为北平市社会局救济院，其统一管理慈善救济事务。下设收容部、第一习艺部（男性）、第二习艺部（女性）、儿童部。1936年改收容所部为劳工部，将第二习艺部中无技能的妇女并入儿童部作妇女儿童部。

社会局针对各救济机构的管理分别制定了章程，如《北平市社会局救济院章程》《北平市社会局救济院请领养子养女规则》《北平特别市妇女救济院章程》等。其中《北平市社会局救济院请领养子养女规则》，对于社会上有人欲领养婴儿为养子女的情况作了规定，若有人欲从育婴堂领养子女，则需要经过育婴堂的审核。审核标准主要包括领养方的家庭经济状况是否良好、领养方是否缺少子女等。在确定领养关系后，领养方需根据儿童所在育婴堂的时间长短，向育婴堂捐献一定的费用。虽然已经确定了新的领养关系，但育婴堂仍然对这些儿童负责，若发现领养方有虐待儿童等现象，则将儿童再次领回育婴堂育养。

二 社会局兴办的慈善事业

在北平特别市成立之前，政府经营的社会救济事业已有数种公立慈善机关，例如，在贫民救济方面有平民习艺工厂及贫民教养院、在妇女救济方面有妇女习工厂、在娼妓救济方面有济良所、在精神病人救济方面有疯人收养所、在流民及触犯刑法典章之人救济方面有感化所。北平特别市社会局接管的慈善机关或者缺少资金，或者设备陈旧。面对这些情况，必须进行行之有效的改革，因此该局出台了关于各个机关改革的计划。在赈济灾民方面，先后兴办了6家粥厂，为灾民捐资捐物等；在以工代赈方面，建立了分为三级的救济管理体系；

在整合机构方面,对于以往的育婴堂、妇女救济院、贫民救济院都进行了重建,有利于各个机构职能的发挥和改进。北京特别市社会局的建立体现了国民政府时期慈善事业的发展,也代表了这一时期政府主导的慈善机构的水平。

(一) 粥厂

北平市每年冬季仍有官方或民间慈善团体于城郊附近开设粥厂进行施粥。其中贫民救济会开设的粥厂有9处(见下表),许多生活无依者即前来就食。粥厂的开设在一定程度上缓解了北平贫民生活的窘境,但正如之前的赈灾理念中所分析的,对于贫民的救济不应当仅仅从消极的财务救济方面着手,更应当通过以工代赈、促进就业、防治结合的方式促进灾民进行农业或工业生产。

北平市贫民救济会9处粥厂赈济人数及米粮统计表

地 址	米 粮(石)	人 数(人)
东直	206.00	91071
三佛寺	202.53	87619
衍法寺	245.22	121166
蓝靛厂	206.00	106459
四王府	262.42	143731
永定	217.00	104612
华严寺	213.00	100746
法华寺	163.00	64416
花园	88.00	38516
总计	1803.17	858336

资料来源:北平市政府秘书处:《北平市政府二十二年度行政统计》,北平市政府秘书处印制1935年版,第12页。

北平市社会局还积极参与济贫物资的发放。在《北京粥厂管理事务所粥厂报告》中,将拟施放棉衣的情况也一并附上。棉衣包括大号成人棉衣、小号棉衣共计15000套,合计大洋11500元整。由此可见，粥厂在国民政府时期的意义不仅仅局限于施粥，还成了提供多方面物资的救济机构。如 1933 年贫民救济会在全市 9 处粥厂共用粮 1803.17 石，就食人数达 858336 人[①]。据 1936 年统计，粥厂不仅施粥，还同时向贫民发放棉衣、棉裤、趋瘟药等。当年有 615314 人食粥，用粮 939 石，发放棉衣、棉裤各 350 件，药 340 包。[②]

（二）平粜及提供救济物资

为平抑粮价维持民食起见，社会局筹办平粜处，在东西南北四城及四郊适宜地段各设一处，采购大米、面粉及各种杂粮减价平粜。各平粜处设经理一人，由社会局长领导办理平粜事务，设钱柜、粮柜司事各一人，分别办理本柜各事务。各平粜处每日粜卖大米以 10 石为限，面粉以 20 袋为限，其他各项杂粮尽量平粜。每人每日购买大米、面粉以 3 斤为限，其他杂粮以 5 斤为限。各平粜处每日所售米粮价格由各经理共同议定，然后公布周知。粜卖时，应约计现存米粮数量再分发号牌，收清价款，再由购买人持牌依号领取。如一时缺某种米粮不敷粜卖时，应即在门前张贴通告将某牌号停发。各平粜处每日售毕，应将粜卖数量、购买人数、钱款一并登记上报社会局查核。凡购买平粜处米粮转售图利者，一经察觉、查实应即送局酌罚。[③] 据 1933 年市政府统计报告，该年度领米 2329 户，米粮共计 45011 斤。[④]

此外，贫民救济会还向贫民提供衣服、原煤等救济物资。据 1933 年市政府行政统计报告，该年冬赈受赈户数有 33511 户，人数达 150331 人，冬衣 2667 件，粮食 2768834 石，原煤 100 石。春赈受赈

---

① 北平市政府秘书处：《北平市政府二十二年度行政统计》，北平市政府秘书处印制 1935 年版，第 13 页。
② 北平市政府秘书处第一科统计股主编：《北平市政统计要览》，北平市政府秘书处第一科编辑股印制 1936 年版，第 106 页。
③ 北平市政府参事室编：《北平市市政法规汇编》，北平市社会局救济院印制 1934 年版，第 16 页。
④ 北平市政府秘书处：《北平市政府二十二年度行政统计》，北平市政府秘书处印制 1935 年版，第 9 页。

户数 37164 户，人数达 184570 人，米粮 2892.28 石。①

（三）习艺工厂

社会局在成立之初即注意到了原有慈善机构中的各种弊端，社会局对原有的收容贫民机构进行改组。依据贫民的年岁、性别和体力、技能将收容机构分为三级，第一级为救济院，接受老弱病残；第二级为习艺工厂，将有一定的手艺或者劳动能力的人编入习艺工厂，通过进一步传授其生活技能，从而培养其自食其力的能力；第三级为正式工厂，即在习艺工厂表现优异，则将其升入第三级正式工厂之中。经过这样的改革，可根据收容者的情况进行有效的救助和教养，使原本单纯救济组织成为具有救济、教养和生产双重性质的机构，不仅能够缓解贫民的生存问题，同时也为平民的就业问题提供了帮助，有效地缓解了救济机构的资金不足问题。

第一、第二习艺工厂 社会局在原来的贫民教养院中选出具有一定手艺或者劳动能力之人，组建第一习艺工厂和第二习艺工厂。第一习艺工厂收容满 13 岁以上的贫民男子，传授其生活所必需的技能，使其具有自力更生的能力，厂内分为救济部、营业部两个部门，刚刚入厂的年龄较小的学徒或尚未具有一技之长的人员则属于救济部管理。而营业部则依靠具有了一定技术的人员通过出售物品、售卖材料进行营业的方式获得收益，进而资助贫民。第一习艺工厂主要负责资料印刷等事宜，建立了北平特别市印刷所，分设石印、铅印、印铸字等部门，负责市政府及社会局的印刷事宜，又名北平特别市总印刷所。第二习艺工厂主要负责制作毛巾、织袜、缝纫、藤竹、木工、制鞋、织布、雕刻等物品，后又增设文具组，生产毛笔、浆糊、胶水以及各种信封等。该厂产品主要由厂营业股售卖，也由慈工商店代售，工厂产品以毛巾为大宗，织袜、木器、藤竹的销路也不错。第二习艺

---

① 北平市政府秘书处：《北平市政府二十二年度行政统计》，北平市政府秘书处印制 1935 年版，第 9 页。

工厂还设有分厂，主要有织布科、织带科、缝纫科、毛巾科、栽绒科、绳科、鞋科、袜科等，产品交慈工商店代售，也主要负责与此相关的事宜。第一习艺工厂人数一般维持在130—150人，第二习艺工厂人员维持在170—235人。①

女习艺工厂 社会局将原来妇女习工厂和济良所合并改组为妇女习艺工厂和妇女救济院。妇女习艺工厂收容贫困妇女，通过传授其生活必需的技能，使其同样具有自力更生的能力。女习艺工厂分为刺绣组、挑花组、毛巾组、缝纫组、制鞋组、理发组、保妇组，之后毛巾组和制鞋组改组为初级缝纫组，若有技术或成绩较好的人，则将其升为缝纫组。缝纫组内亦根据个人的能力分为机器缝纫组和手工缝纫组。可以看出，妇女习艺工厂在性质上属于慈善机构，但在经营方式上，已经具有了社会上工厂的雏形，根据不同的劳动人员所具有的技术水平，对其进行劳动分工，并为慈善机构本身创造财富，细化了以工代赈的组织方式，有利于提升劳动人员的积极性。社会局通过妇女识字训练班，提升了妇女的知识修养，通过工厂技艺的传授，提升了妇女的生存能力，在一定程度上解决了妇女的就业问题。

（四）孤幼、老弱救济院

1. 老残救济院

改良后的救济院包括第一救济院和第二救济院。第一救济院以收容市内贫苦人员为主要职责。主要收容生活无依者、游手无业者、志愿习艺自助者、不受家庭约束被家长送请教养者、无家可归者，以及由司法或警厅送请感化的人犯。院内设农作部，救济院有耕地300余亩，出产小米、蔬菜，略能补助院内口粮，蔬菜还能供给救济二院以及第二习艺工厂之用，再有余则出售。冬季不能农作时，人员则从事院内道路的修筑、树木的修剪等工作。

---

① 北平市政府秘书处：《北平市政府二十二年度行政统计》，北平市政府秘书处印制1935年版，第15页。

第二救济院主要有残老部、儿童部、工作部、感化部等救济部门。入院人员先进临时收容部，经过该部对入院人员进行甄别后，依据个人情况分别安置在相应的部门。残老部负责收容毫无工作能力的老年人和残疾人。儿童部负责收容流离失所的年幼难民，主要偏重于教养。工作部负责收容既无技艺又非残老幼弱的人员，可以给他们安排从事装运黄土、搓煤球等工作，也可以受雇于一些机构从事各种劳动。感化部收容那些不务正业的游民以及受刑事处罚的人员，视其年龄等分配习艺工厂教授工艺技能，并对其进行伦理道德及一般知识的宣讲。可以看出在第二救济院中，已经有了能够负责简单工作的工作部，也就是说，在最基础的救济部门中也已经充分发挥了具有一定劳动能力人员的作用。

2. 妇女救济院

原妇女习工厂于1928年改隶属于社会局后，改设妇女救济院。地址在西四石碑胡同路北清代的火药局内。妇女救济院设立五部：收容部、残老部、儿童部、救娼部救济部门，还包括工作部这一生产部门，主要分为烹饪、缝纫、洗涤三组，并组成了妇女识字训练班，每星期授课时间为10小时。

救济院主要收容受欺压的妇女以及须进行感化的妇女，依照进院手续交由社会局进行审核后收容。其中被救济的妇女具体分为如下七种：（1）生活没有依靠的妇女；（2）奴婢或童养媳中遭受虐待者；（3）主动申请脱离娼妓职业者；（4）贫民妇女中自愿学习技能进行自救者；（5）不愿意受到家庭管束，经过父母同意送至救济院请求教养者；（6）受到拐骗而没有家人可以依赖者；（7）由于犯案由司法机关或警察官厅送至救济院进行感化之人。经费由社会局发放，原每月经费1200余元，自1932年2月起经缩减经费每月995余元，救娼部经费月发225余元，总计月发1200余元。[①]

[①] 北平市社会局妇女救济院编：《北平市社会局妇女救济院概况》，北平市社会局妇女救济院印制1932年版，第3—7页。

妇女救济院中被收容的妇女首先需要通过核查，之后按照年龄、能力被安排在各个部门进行教养。对于被收容的妇女，救济院制定了相应的工作和管理制度。从事工作的妇女，按照工作成绩，对成绩优异者在社会局登记，为其介绍职业或委派其充任某些工作。在婚姻方面，在院尚未婚配妇女在自愿的情况下可以进行择偶，经过院长许可后进行公开招领，若对方同意进行招领且查无别情者，需要招领人填写志愿书并呈报社会局进行审核。对幼女的领养方面，幼女须由慈善家情愿领养，经院长查无别情并许可后由承领人填写志愿书上交至社会局进行审核。在规训方面，若在院妇女在工作期间懈怠玩耍而不受管束，则惩罚其接受训诫并面壁思过，时间为 1 小时至 3 小时，且食用无菜之饭，时间为 1 日至 3 日。[①]

3. 精神病疗养院

1932 年疯人院划归市政府卫生局，改名为"精神病疗养院"，扩大到 250 张病床，训练了一批护理员。

此外社会局还设有乞丐收容所。

1934 年社会局将各慈善机构进行改组，各收容机构合并为北平市社会局救济院，分设四部。以前第一习艺工厂为第一习艺部，第二习艺工厂为第一习艺部之机织组、手工组。原妇女救济院及妇女习艺工厂为第二习艺部，原第一救济院为收容部，前乞丐收容所为收容部之感化组、残老组，前第二救济院为儿童部。1936 年 9 月，改收容部为劳工部，合并第二习艺部内无技能妇女与儿童部，改为妇女儿童部。另设临时收容部，救济娼妓。

其中劳工部收容无业游民及残老男女，分别给予教养，分设土木工、劳役、感化、残老四部，凡年壮力强的男子则分到土木工组，选其中有工程经验者为组长，带领众人赴各处工作。该部所应外活多是以本市机关团体、学校雇佣为多，收费以每日工价 1 角 5 分至 2 角。

---

① 北平市社会局妇女救济院编：《北平市社会局妇女救济院概况》，北平市社会局妇女救济院印制 1932 年版，第 2 页。

1938年时这里收容有200余人。①

妇女儿童部收容无技能的成年妇女及男女儿童，以及不愿为娼妓的妇女。教养兼施，至1938年时共收容440人，其中儿童有270余名。②

凡收容人员每年每人发给单棉衣各一套，鞋袜各一双，被褥除原有的拆补外，每年向社会局申请拨款供给500套。改组初期的饮食情况是，早餐为小米粥，午晚两餐为玉米面窝头，佐以菜汤、咸菜，每星期一、星期三、星期五早餐有白面馒头，逢年节增加肉食一餐，患病者酌给大米、白面。嗣后因物价高涨，口粮费不敷，先将每星期的肉食白面馒头减去，至1938年，仅能于年节备白面一餐而已。

改组后收容人数较之前有所增加，每年冬季为900人至1800人，平时也有1400人之多。后来由于经费短缺等问题救济院几经改组。

妇女救济院工作场

图片来源：北平市社会局妇女救济院编：《北平市社会局妇女救济院概况》，北平市社会局妇女救济院印制1932年版。

---

① 吴廷燮等纂：《北京市志稿·民政志》，北京燕山出版社1989年版，第138页。
② 同上。

据1939年统计，救济院每月经常费为1506元，口粮费为5130元，共计6636元，全年共计79632元。此外，救济院仍需要支付冬季煤火费、鞋服费、警察服装费等。① 在教育方面，救济院教授的内容主要有精神讲话、国文、常识、算数等。在医疗方面，各个部均设有养病室，为病情较轻者提供救治。春夏之时，救济院为全体收容人员进行预防白喉、猩红热、霍乱等疾病疫苗的注射。如有患重病者，则将其送至市里、中央、协和、传染等医院进行免费住院诊治。

（五）义务教育

北平市政府成立后，教育局将原来的半日学校和平民学校等都改称民众学校，主要由社会局、公安局和各区坊设立，此外各学校也可附设民众学校，也有部分是私立。另要求教育局附属各校开办识字班，专授失学成年人认识普通应用的文字。1933年社会局设立民众学校23所，有学生1604名；公安局设40所，在校生4674名；各区坊设立50所，在校生3277名，学校附设的6所，在校生1648名；私立的25所，在校生1583名。②

1932年教育部即制定短期义务教育实施办法，北平即于1935年7月间正式成立北平市义务教育委员会，拟订《北京市实施义务教育计划》，决定在5年期限内，凡9岁至12岁失学儿童，一律受一年的短期小学教育。首先推行短期一年制的小学，为年长失学儿童补习。1936年计划成立短期小学480所。据公安局调查，北平失学儿童主要为贫困居民家庭子女。在城郊15个区内，失学儿童总数为96296人，其9岁至12岁者约为56000人，而年龄较长者达19200人。③ 短期小学每日授课定为3小时或4小时，实行二部制。但是这一计划未

---

① 吴廷燮等纂：《北京市志稿·民政志》，北京燕山出版社1989年版，第134—135页。
② 北平市政府秘书处：《北平市政府二十二年度行政统计》，北平市政府秘书处印制1935年版，第28页。
③ 邓菊英等：《北京近代教育行政史料》，北京教育出版社1995年版，第159—161页。

实行两年，北京就沦陷了。

此外，北平市 1929 年还开办 5 期识字班，每期 4 个月。全市共办了 272 个班，入学人数共计 8012 人，其中男 3551 人，女 4384 人。①

（六）对失业人员的救助

1. 失业统计

首都南迁、社会的动荡使大批的人员失业，社会局曾向总商会各行商号调查 1928 年 6 月至 1929 年 6 月商业职工失业情况。一年之间，商号职工 91476 人，竟有 29902 人失业，占总人数的 32.69%。其中失业人数最多的为饮食、服装两业，分别为 9768 人和 10459 人，占该行业职工总数的 36.01% 和 49.52%。② 1933 年 8 月社会局统计，全市有各类失业人员 9000 人左右。

对失业人员的救助，解决就业问题，是恢复北平经济的必需之路，因此，政府开始对失业人员进行不经常性的登记调查工作。1928 年社会局曾对失业的知识分子进行过一次调查及救助。当时进行登记的失业知识分子有 1382 人，其中男 1313 人，女 69 人。③

2. 失业救助

在有大批失业人员的情况下，社会局也会采取一些措施对失业人员进行一定的救助。如在 1928 年由于首都南迁，大批人员失业，社会局在财政极度紧张的情况下，也在力所能及的条件下对失业人员进行救助。社会局针对不同失业人群，采取不同的救助方式，如对失业的知识分子，他们尽力接洽社会慈善团体，筹划赞助部分非北京籍贯人员回乡，使之免遭沦落他乡的痛苦。对在京的失业人员，则帮助介绍工作。除社会局自己录用了一小部分人员外，他们积极向市内外各

---

① 邓菊英等：《北京近代教育行政史料》，北京教育出版社 1995 年版，第 159—161 页。
② 林颂河：《统计数字下的北平》，《社会科学杂志》1931 年第 2 卷第 3 期。
③ 北平特别市社会局编：《北平特别市社会局救济事业小史》，社会局第一习艺工厂印制 1929 年版，第 79 页。

机关团体进行推荐，请求他们尽量设法任用"以资救济"。同时还创办"职业补习学社"，对失业人员进行培训。培训课程除包括政治、经济、统计常识、书法、公文等课程外，还有速记、照相、自行车等实际操作技术。学员在社期间，供给食宿以及书籍文具纸张等，每月还给2元至10元不等的课绩奖金。

地毯业曾是北京最大的出口项目，鼎盛时期工人有6000多人，1928年以后由于关税苛重、销路阻滞、劳资纠纷等影响，工厂歇业，大批工人失业。1929年地毯业仅存800名工人，尚不抵过去一家大工厂的人数。为了保护北京的地毯业，社会局一方面呈请减免税金；另一方面要求失业的地毯工人登记，拨部分款项救济生活极为困难的失业工人，并会同总工会试办地毯厂，救济失业工人。

3. 职业介绍所

1928年冬季，社会局组织了北平市职业介绍所，成立时由社会局派员兼任，订立了章程，并聘请了实业界、慈善团体等组织职业介绍委员会，依据章程还设立了若干分所，介绍职业均不收费。据该所报告，1928年1—4月，登记求职的有459人，其中男性370人，女性89人。求职者以地毯工为最多，计165人；佣役次之有90人；所希求的报酬，以每月6—10元为最多，计182人；5元以下者次之，计58人；另有45人不计报酬多少。经该所介绍就业者173人，其中地毯工159人，其他为仆役和厨役等。①

1933年据社会局统计，以慈善为目的的职业介绍所有3个。1938年日伪时期，社会局也曾成立职业介绍所，以急救失业和调剂劳动需要为目的。求职登记者甚多，但是聘雇者则寥寥。从1938年9月至1939年3月间，求职者有1298人，但是得职的只有100人。②

（七）小本借贷处

早在1919年左右，京都市政公所采取微利或不计利息的方式将

---

① 北京市地方志编委会：《北京志·劳动志》，北京出版社1999年版，第29页。
② 吴廷燮等纂：《北京市志稿·民政志》，北京燕山出版社1989年版，第206页。

小额款项借贷给贫民进行小本经营，使他们能够自强自立，摆脱困境。于是便筹款创建了"以借给贫民资本俾作小本营业以自食其力为宗旨"的贫民贷本处，每个贫民每次可以借200—300枚铜元的无息贷款，整借零还。这一举措使不少贫困家庭获得了小本经营的最初动力。以后在市政公所的影响下，不少私立慈善机构也设立贫民小本借贷处，但是当时本小借款人少，从而影响不大。

1931年九一八事变后，北平的经济形势愈加困难，工商百业凋敝，失业人员大量增加，农村几濒破产，加以东北难民麇集，无不亟须救济。1934年北平市政府决定将公安局所主办的贫民营业贷本处与社会局拟办的农民贷本处合并为北平市市民小本借贷处。小本借贷处宗旨是以低息贷款救济因缺乏资金而无力进行小本经营的市民。机构的性质是市政府与金城银行合办的非营利性组织。小本借贷处采取理事制度，由市府、银行、警察局、社会局、财政局各出一人为理事。其中市府代表及银行代表为常务理事，综理全处事务。为监督资金的合理使用，还设立了由各界包括银行公会、商会、钱业工会等组织的监察委员会，每月派员查账，并上报市政府和银行查核。每半年审核贷款存款及保证品数目，核定借贷处收支报告，并附具审核意见公布。

市民小本借贷处资本定为24万元，其中12万元经市府与北平市救国捐余款保管委员会协商拨给，其余12万元由金城银行出资。银行负担的资金由市政府担保年息五厘。并规定此项资金仅限于北平市小本农工商业借贷之用，并规定此项"资金无论任何机关不得移垫他用"[①]。小本借贷处收入利息除去办公、调查等正常开支外，其盈余尽量先付借款银行利息，只可提取20%为职员奖励金。其余均为公积金，以备抵拨贷出款意外损失之用。

北平市民小本借贷处主要办理小额农、工、商三种微利贷款，利息分月利七厘、八厘、九厘、一分。借款数目少者则利轻，20元以上者定为一分，郊区农民贷款利息均减至八厘。依据小本借贷处的章

---

① 《北平市市民小本借贷处史料选》，《北京档案史料》1999年第2期。

程，凡年满21岁，居住本市城郊在一年以上，一贯经营农工商业者，不论男女，均可申请贷款。贷款只能用于小本经营，不得用于其他。在借款之时必须写明借款的用途，如经营农工商业中某项事业或用作买肥料或用作买牲畜或买车马或办货物等。借款人还须有殷实保人或铺保，或者以相当物品作抵押。借款数额每户可借1元至200元不等。但借200元以上者如有特别情况，经理事会议决定也可照借。借款期限分定期与分期，但是都不能超过一年。可以整借零还，提前还款者，应缴利息按日计算；不按期还款，则向本人追索本利及过期利息。小本借贷处规定：为了使款项确实借予具备条件的贫民，保证还贷的可能，贷本章程还规定了严格的借款程序：借款本人须先到贷本处填写借本请求书，将其姓名、籍贯、住址、借款用途、拟借数目及保人姓名、籍贯、住址、职业等详细注明。申请表经贷本处派员调查核实，再通知其到贷本处签订借据，领取借款。

为方便贫民借贷，借贷处在各区警署设有代办所，城郊共计有34处放款机关。此外，各区所还附设小本借贷询问处450余处，向市民提供咨询。凡借款10元以下者，在各区署代办处办理即可；借款在10元以上者，须在借贷处和郊区代办所办理。为了推广借贷方法，借贷处还多次派员在集市、庙会、乡镇讲演，解释创办小本借贷的宗旨和借款办法，指导市民合理使用贷款，积极扶助特种农产品、特种工业的生产，劝导农民借款进行掘井等农田基本建设。

北平市民小本借贷处开办以后，借款人极为踊跃，每天借款者有二三百人之多，少时也有一二百人。从1934年4月小本借贷处开设以来至1937年8月31日，借贷处共向35227户贷出504512元，其中农业放贷13654户，218364元；工业放贷4047户，75091元；商业放贷17526户，211057元。[①] 每户贷款为1元至200元为多，以10元、20元借贷数目为最多，借户约在3万户以上，平均每户借贷14元，据统计，在农村占总户数89.6%的家庭是借10元以下者。

---

① 《北平市市民小本借贷处史料选》，《北京档案史料》1999年第2期。

1934年4月至1937年8月31日小本借贷处借还贷情况如表所示。

放贷名称	放贷户数	放贷金额	已还清户数	已还清金额	现放户数	现放金额
农业放贷	13654	218364	11067	170565	2587	47799
工业放贷	4047	75091	2997	61611	1050	13480
商业放贷	17526	211057	14217	181092	3309	29965
总计	35227	504512	28281	413268	6946	91244

资料来源：《北平市市民小本借贷处史料选》，《北京档案史料》1999年第2期。

据统计，农业贷款主要是用于购买肥料、修凿井、购买牲畜、垫付工资、购买种子、打蒲席、购车等。工业贷款主要用于添置及修理机器、添本买卖、添置原材料、垫付工资等。商业贷款主要是添本买卖、添置原材料、筹备营业、修理门面等（见下表）。虽然总贷款金额不算大，但是在小本农工商业急需资金援助之时，急其所急，犹如雪中送炭，因而产生了较大的社会影响。通过小本借贷使许多贫困市民获得了创业的最初资金，得到摆脱困境自食其力的机会。据报告称"近年平市上小偷小窃强盗较诸从前实觉减少，此与小本借贷处之设立，实不无关系者也"。

项目	农业放贷	工业放贷	商业放贷
添置及修理家具	4424	8526	18916
购买种子	5374	—	—
开凿及修理井	16594	—	—
付地租	7773	—	—
购买牲口	8255	56	275
垫办工资及伙食	10058	4067	3931
购买肥料	78231	—	—
添本买卖	857	7445	99777
筹备营业	—	1647	6513
添置及机器修理	—	8723	622

续表

项目	农业放贷	工业放贷	商业放贷
修理门面	—	1996	4851
收买旧货	—	614	2919
买饲料	2742	24	60
买货出货	—	801	1661
买车	3320	706	3286
添置原料	685	26972	8864
置产业	1203	—	25
打蒲席	4295	—	—
种葡萄	89	—	—
种藕	60	—	—
买荸荠秧	30	—	—
修理秧畦	70	—	—
租买影片	—	—	52
共计	144060	61577	151752

资料来源：北平市政府秘书处：《北平市政统计览要》，北平市政府秘书处第一科编纂股印制1936年版，第103页。

日伪时期小本借贷处仍存在，据统计，在1939年有3459户申请贷到了款项，共贷得112729元。其中城市居民有1534户贷得款项61444元，占全部贷款的54.5%；农村居民有1925户贷得款项51285元，占贷款总数的45.5%。在这些贷款者中，有35.7%的人是用于农业经营，有11.8%的人是用于工业，用于商业的最多，占52.4%。从各户所贷款的数量看，大多数贷款者都是小本经营，62%的户都是借贷20元以下，20%的户借贷在21—40元，只有2%的户借贷200元。即使借贷的钱数不大，但是由于多是小本经营，在还贷时他们中有71.7%的家庭还是选择了分期还贷的方式。其中以商业贷款户分期还贷的最多，达到87.7%。在选择贷款的担保方式中，有93.1%的家庭选择了担保贷款，只有6.9%的家庭选择抵押贷款。① 从这些

---

① 伪北京特别市公署秘书处：《市政统计年鉴》1940年10月。

现象来看，申请贷款的家庭都是生活极为困难的贫困家庭，他们依靠借到的资金，从事各种小本经营维持生活。

许多贫困市民虽只借款十余元，经过小本经营，在三四个月中即可有盈余，不仅能维持家庭的生活，还可以分期归还本息。据1937年8月的统计，在贷出的504512元中，已全部还清或部分还清的有413268元。贷款的偿还情况也使原先对此持怀疑态度的人解除了疑虑，他们称赞："穷苦平民，且遵守信用之处，实重于生命！"

北平与银行合作创办的市民小本借贷处在扶助农工商、救助贫困方面颇有成绩，收到较好的效果，这一贷款模式一直持续到40年代末期。各地闻风也纷纷派员前来学习或请借贷处派员指导。不久天津、青岛、汉口、镇江、苏州、上海、南京、兰溪各地政府纷纷效仿北平的做法，由当地省市政府与银行合作成立小本借贷处。据1937年的统计，仅金城银行向各地发放小本贷款总额就达63.3万元，惠及几万个家庭，对于扶助贫困、稳定社会、发展生产起了一定的积极作用。

总之，民国以后，北平市政府对于贫民和失业的工人，逐渐转变了传统的赈济方式，采取了扶助就业的政策，使不少人获得了劳动技能、生产资金以及就业机会，重新走入社会。对于社会的稳定具有积极意义。但是由于经费困难，救助方式不能是经常性的，因此能够得到这种救助的人数极为有限。对于北平庞大的贫困人口队伍来说，仍是杯水车薪。

第九章

国民政府时期民间慈善公益事业

国民政府时期，北平市民间兴办慈善事业继续向前发展，在原有的领域中又有所突破，救济数量也有所壮大。更为重要的是，政府逐渐将民间的慈善组织纳入管理体系之中，民间慈善事业也越发制度化、法制化，北京的慈善组织在这样的背景下有很多新的走向。

一 民间慈善组织

（一）慈善组织数量增多、救助领域扩大

国民政府时期，北平地区的民间慈善组织的数量增多，且救助的领域扩大。以1931年的北平私立公益慈善团体为例，此时已经登记在册的慈善团体有27家，救助领域涵盖婴幼儿教养、慈善教育、施医舍药、灾患救济、老病贫弱的救济等。详见下表：

北平1931年已登记私立公益慈善团体名称表

名称	地址	举办人	举办事业种类
香山慈幼院	平西香山	熊希龄	慈善教育
五台山普济佛教会	东城老君堂	朱庆澜	慈善教育
北平恒善社	西城太仆寺街道	陈梁	慈善教育
北平公益联合会	西安门养蜂夹道	步济时等	公益救济

续表

名称	地址	举办人	举办事业种类
北平育婴堂	西安门养蜂夹道	朱庆澜等	收养婴儿
北平华洋义赈会	东单大土地庙	恽宝惠	防灾御患
北平民生救济会	西单北甘石桥	张福荫	慈善教育
万国道德会	东四三条	杜延年	慈善兼教育
世界红卍字会中华总会	西单拾饭寺	熊希龄	慈善教育
北平剧场公会	西四北大街	胡显卿	救济剧界商业
中国三教圣道总会	西城小乘巷	黄欲仁	慈善救济
世界金万字会中华总会	西四广济寺	朱庆澜	救灾恤患
北平慈善妇女职业工厂	安内永康胡同	庄肇一	慈工兼教育
龙泉孤儿院	宣外南下洼	明净	收养孤儿
华北居士林	西安门外大街	崔庆祥	慈善救济
全国佛教龙华义赈总会	广内善果寺	丁清泰	救济灾黎
公善养济院	宣外南下洼	恽宝惠	救济贫民
利仁养济院	宣外南横街	刘宇启	救济贫民
中国红十字会北平分会	东城干面胡同	容卓章	救伤兵赈灾黎
旅平陕西汉中12邑救灾会	宣外烂漫胡同	高汉湘	救济灾荒
养老院	东城甘雨胡同	福韦氏	收养年老无依
北平慈善救济会	西城帽儿胡同	张乐荣	救济贫民
北平恩济慈善保骨会	北长街	张成和	慈善救济
美以美会地方服务团	崇内孝顺胡同	王治平	救济平民
世界红卍字会中华拯济总会	宣外上斜街	孙北辰	施医舍药
旅平陕西与安九邑救灾会	宣外门楼胡同与西安会馆	李志赛等	救济灾荒
中华圣公会北平冬赈委员会	宣内南沟沿	杜德恒	救济穷人

资料来源：《北平特别市政府关于送本市公益慈善团体名称表给社会局的指令》，北京市档案馆，档案号J2-6-14。

除了明确的慈善组织之外，还有一些社会团体，也进行慈善公益活动。九一八事变后，全国掀起了抗日救亡的热潮，北平各界同仇敌忾，纷纷成立各种组织，以各种形式支持抗战。仅北平女界先后成立了各种团体：北平女界抗日会、北平市女青年会、北平市妇女救国十人团、华北妇女救国会、北平市妇女救国同盟会、华北妇女抗日救护队、北平妇女职业协会等。1933年为支援长城抗战，北平各界成立飞机捐献机构，以各种不同的形式筹款为长城抗战捐献飞机。长城抗战时期较有影响的是于凤至领导的中国妇女救护慰劳联合会，该会在几个月内募集款项77213.96元，认捐的有团体，有知名人士，也有普通百姓。如上海女青年会捐1000元，扶风社马连良等捐140元，外国朋友亚历山大捐50元，张妈捐5角……捐款最多的是于凤至捐15700元，最少者捐铜元20枚。[①] 为了捐购"妇女号飞机"，该会曾专门成立"中华妇女号"飞机筹募委员会，组织100个征募队，于凤至亲任总队长。为了支援前线，该会动员社会力量赶制卫生药包，有50000包以上，分别送交红十字会及前方医院应用。同时更为各伤兵医院做成大宗被褥、绷带、棉垫、纱包等。后来还联合广化寺佛教同人合办伤兵医院，计收容伤兵四五百人之多。该会还向前方各军输送慰劳品不下数十次，计锅饼4万多斤、鞋袜5万多双、手套3000多双、毛巾5000多条，以及被褥、载重汽车、自行车、水果点心等，[②]为支援前线做了大量有效的工作。

此外，针对东北沦陷，大量东北难民涌入关内，生活无着，中央赈务委员会向赈济东北难民会拨发赈款8万元以办理集赈事项。发起组织赈济东北难民会的9个慈善团体先行筹垫15万元专作救济。由于人员数量巨大，政府难以全凭自己的力量来实施救济，而是注重发动民众、联合民间力量。为解决难民问题，北平市政府发布《北平市政府为东北难民募集捐款的指令》，发布直辖各机关，准许朱庆澜"为东北难民募集冬衣或款项，仰迅为设法广行募集"的训令等，支持民间的事业。北平市各界成立了东北难民救济协会，为东北难民筹款筹物并解决他们的生活问题。张学良夫人于凤至在北平发起成立了

---

① 姜纬堂、刘宁元主编：《北京妇女报刊考（1905—1949）》，光明日报出版社1990年版，第438页。

② 同上书，第438—439页。

"华北妇女救国会",为义勇军筹款,抚慰义勇军负伤将士及阵亡将士家属;以宋美龄为首的"妇女慰劳将士会"也向东北义勇军捐款10000元。

上海各慈善团体成立了赈济东北难民会,他们除在上海等地进行募捐活动外,还在平、津两地设立了办事处。为救济东北被难来北平的灾胞,他们在北平设立施粥厂5所:第一厂设于东便门外花园;第二厂设于安定门外茶棚庵;第三厂设于宣武门外白衣庵;第四厂设于西直门外苏村;第五厂设于德胜门内拈花寺。自1932年11月中旬开办起,至1933年3月31日止,为时仅4个半月,综计先后在各厂就食的难民共1055972人,食米2099石4斗2升,燃煤75吨320斤。[①]

1936年秋日寇大举进攻绥远,北平各界纷纷参加了援绥抗战运动。妇女各界也积极参与其中,女学生们沿街挨户募捐,购买各种军需品、卫生包,赶做棉衣、棉裤并送往前线。11月北平妇女团体联合成立了"北平各界妇女援绥救护慰劳会"。该会先后发起为绥远将士募集"万个卫生包"运动,同时开办5期救护训练班训练战地救护员并送往战区后方医院。七七事变爆发后,该会再次为抗日将士募捐、慰问……体现了广大妇女在民族解放运动中的觉醒。北平沦陷后,大批的青年女学生、有志青年奔赴抗日战场与日寇展开了殊死的战斗。也有大批学生不甘心做亡国奴,随学校迁往大后方,开始了他们独立的生活。

不仅如此,北平的女界还积极参与各种社会活动,如救济难民、主办各种社会慈善事业、宣传科学知识等。30年代水灾频仍,北平各界妇女团体先后募捐数万元,发放衣物数万件以赈济灾民。很多妇女团体还积极向市民宣传科学的生活知识,如科学育儿、家庭卫生常识等。她们积极地融入社会活动中,成为社会的重要组成部分。

---

① 上海慈善团体联合救灾会编:《上海各慈善团体赈济东北难民联合会工作报告书》,转引自徐晨阳《近现代爱国慈善家徐乾麟》,上海社会科学院出版社2014年版,第139页。

在妇女投身社会运动的同时，妇女解放运动也随之向更深层次发展。很多人认识到，妇女解放不应该仅仅只限于参政运动等空头支票，更不应该只局限于少数受过教育的妇女，而应该设法促进广大妇女，特别是下层妇女在职业与教育上普遍的平等权利，使她们都能得到经济独立、教育平等以及其他各方面的实际平等。许多社团组织和妇女团体在这方面做了不少工作。如在报刊上广泛宣传妇女和倡导普通女子教育，提倡妇女自食其力的普遍就业。一些团体相继开办了妇女职业补习学校、女工厂等，为妇女就业创造条件。在1912年即有王文荣、李多加等发起的，以"自立自养，不专仰食于男子"为宗旨的北京联合女工厂。① 二三十年代有朱其慧、吴弱男等兴办的女子平民工厂；有北平妇女协会、燕大妇女会等团体开办的多家妇女平民工厂。这些工厂招收平民妇女从事织布、织袜、缝纫、挑花、刺绣等工种的工作。尽管这些工厂解决妇女就业的作用微乎其微，但是开启了妇女就业的风气。

（二）由分散走向联合

清政府和北洋政府时期，虽然慈善事业开展颇多，但是因为彼此之间缺少配合互动，"皆是各司其事，小异大同，惜无联络之精神……常此以往，虽靡费巨款，可难达完全地位，徒令一般困苦同胞反生依赖，质殊失救济之本意"②。因此，在面对同一灾患、同一救助对象时，各慈善团体间共同协作、资源互补，让慈善的效益最大化，这是很有必要的。因此，在社会各界人士共识的基础上，北平的各慈善团体由分散走向联合。如"1922年成立的京畿粥厂，专门统一负责京师内外及四郊等26处粥厂的监管，这对协调各粥厂立场，提高救助的实效性具有重要意义"③。1922年57家慈善团体联合成立了京师公益联合会，专门协同处理北京的慈善救济事业。但是上述的慈善力量的联

---

① 姜纬堂、刘宁元主编：《北京妇女报刊考》，光明日报出版社1990年版，第101页。
② 刘锡廉：《北京慈善汇编》，京师第一监狱印制1923年版，前言。
③ 同上书，第46页。

合，多属于自发成立的，组织较为松散，缺乏有影响力与约束力的法规原则。30年代，社会贫困问题日益严重，亟须救济团体施救者日益增多，而各慈善组织各自为政，平日缺乏联络，临事缺少互助，阻碍了北平救济事业的进一步发展。有鉴于此，北平市社会局提出组织北平市各慈善团体联合会的动议，得到各慈善组织的响应。1935年12月23日，北平市社会局联合本市各慈善团体成立了北平市各慈善团体联合会，并制定联合会组织大纲。北平慈善团体联合会由已经在市社会局登记备案的26个慈善团体组成，涵盖政府、宗教、教会及其他社会慈善团体，救助范围包括孤、幼、老、病、贫等。

北平市各慈善团体联合会团体代表名册

团体名称	代表姓名	年龄	籍贯	经历	入会年月
北平公善养济院	刘孟禄	五三	江苏	现任本院管理	民国二十四年十二月
北平利仁养济院	同前				同
北平恩济慈善保骨会	信翰臣	五八	河北	现充本会会员	同
北平南城贫民暖厂	王秀亭	五六	河北	现充本厂董事	同
北平五台山普济佛教总会	李长春	五三	山西	现任本会总务主任	同
北平公益联合会	邹寻源	三八	北平	现任本会干事	同
北平五台山向善普化佛教会	朱御贤	二九	吉林	现任本会交际主任	同
北平恒善总社	傅又光	二八	北平	现任本社干事	同
北平道教慈善联合会	张星斋	五四	河北	现任本会交际主任	同
北平万民道德总会	王浚生	五四	河北	现任本会理事	同
北平普济佛教会	刘树德	三三	河北	现任本会庶务主任	同
北平家庭福利协济会	邹觉之	三七	湖南	现任本会干事	同
热奉吉江四省慈善联合会	孙显卿	四二	北平	现任本会常务董事	同
北平龙泉孤儿院	百川	三八	湖北	现任本院院长	同
北平中国三教圣道总会	李玉亭	六〇	河北	现任本会交际主任	同
北平贫民救济会	赵汝谦	三九	江苏	现任本会董事	同
世界红卍字会中华总会	徐占慈	四六	湖北	现任本会救济主任	同

续表

团体名称	代表姓名	年龄	籍贯	经历	入会年月
北平佛教慈善救济会	印智	四〇	江苏	现任本会董事	民国二十四年十二月
北平佛教会	显宗	三四	湖南	现任本会常务委员	同
北平慈幼女工厂	李润琴	二六	北平	现任本厂厂长	同
北平育婴堂	陆淑瑛	三三	河北	现任本堂常务主任	同
北平青年会社会服务部	王子锐	二九	河北	现任本部主任干事	同
北平蓝卍字会	刘世铭	三八	天津	现任本会董事	同
北平白卍字会	杨耀宗	三五	河北	现任本会会员	同
公安局	铁铮	五〇	北平	现任本局科员	同
正字慈善会	程林坡	五〇	河北	纸行商会主席	同

资料来源:《北平市各慈善团体联合会为呈送规则表册等致社会局呈》,北京市档案馆,档案号 J2-6-113。

北平市各慈善团体联合会根据《北平市各慈善团体联合会组织大纲》《北平市各慈善团体联合会组织规则》等制度的规定,其宗旨是"以联合本市各慈善团体共谋发展救济事业为宗旨"[①]。以一慈善团体为一会员,设名誉正、副主席各一人,名誉主席聘请市长担任,名誉副主席聘任社会局局长担任;本会由会员大会公推三人轮流任主席,并处理会内日常事务,任期一年,可连选连任。本会设总务、交际及施赈三组,每组设主任干事一人,干事两人,任期一年;本会各项职员均为名誉职,不支薪津;本会每月上旬开常会一次,如遇有紧急事项须召开临时会议,常会及临时会须有全体会员二分之一以上人员出席,开常会时各会员均得提出议案;本会议决救济事项如系各团体分担举办者,由各该团体办理之,如系联合举办者,由施赈组召集参与联合之各团体另行会商办理;本会对联合举办之事项所需经费或人员,由常会酌量各团体情形分配担任之。[②]

[①] 《北平市各慈善团体联合会组织规则草案》,北京市档案馆,档案号 J2-6-113。
[②] 同上。

北平市各慈善团体联合会对协调各慈善团体的意见，共同施行救济事宜，促进救助实效的达成方面有重要的意义。如 1936 年 1 月 28 日，由本会主席向出席会议的各慈善团体的代表报告了关于市政府拨款办理粥厂、暖厂以及拨款办理施放棉衣、赈米及救济文贫①的情形，并讨论了如何办理救济文贫，最后决议东北城交由五台山普济佛教会查放，西南城交由红十字会查放；并通过了由公益联合会代表邹寻源与龙泉孤儿院代表百川分别提议的旧历正月初一日各粥厂优待领粥人案与旧历正月初一日各暖厂优待贫民案。② 因此，这段时期北京的慈善团体逐渐由分散走向联合，共同利用自身的人力、物力、财力等实现资源优化配置，促使慈善的社会效益最大化。

（三）政府管理的法制化

因为缺乏统一的运行规则，很多慈善组织都是各行其是，这对于慈善事业长期发展是极为不利的。南京国民政府成立后，政府对民间慈善机构的管理逐渐加强，在借鉴欧美行政制度的基础上，内务部开始根据慈善事业发展情况，出台了一些关于慈善事业如何发展的专门法律性文件，旨在统一指导和监督民间慈善事业，从而加强对慈善团体的管理与引导。

1. 行政立法规范民间慈善团体

国民政府加强对社会救助团体的管理，积极规范私人兴办的慈善事业。南京国民政府自 1927 年成立以来通过多次立法，加强了对社会救助团体的管理，先后公布了《管理私立慈善机关规则》《监督慈善团体法》《监督慈善团体法施行规则》《寺庙管理条例》《改善地方育婴事业令》《各地方慈善团体立案办法》《寺庙兴办公益慈善事业实施办法》《佛教兴办公益慈善事业规则》等法律法规。这些法规为民间慈善团体的发展提供了基本的法律保障。

---

① 文贫，即指贫困失业的小知识分子。
② 《北平市各慈善团体联合会第一次常会议事记录》，北京市档案馆，档案号 J2-6-113。

1928年5月，内政部颁发公布的《管理私立慈善机关规则》进一步细化了监督管理。一是加强对慈善机关的管理，规定私立慈善机关应将"现任职员姓名、履历详细造册，呈报主管机关查核，转报内政部备案"。二是突出对私立慈善机关财务监管，"各地方私立慈善机关每届月终，应将一月内收支款目及办事实况逐一公开，并分别造具计算书及事实清册，呈报主管机关查核"。对于慈善机关常有的募捐活动，《规则》强化了募捐监管，"各地方私立慈善机关或因临时组织慈善机关如须要捐募款项时，应先呈请主管机关核准。其收据、捐册并应编号，送由主管机关盖印，方为有效"。而且，主管机关的检查是不定期的，对于私立慈善机关各项册报，"认为有检查必要时，得随时派员检查之"①。

1929年6月12日，行政院又公布了《监督慈善团体法》，明确规定了慈善团体的定义："谓济贫、救灾、养老、恤孤及其他以救助事业为目的之团体。""慈善团体不得利用其事业为宗教上之宣传，或兼营为私人谋利之事业。"该法限定了慈善团体发起人的资格，发起人应具备以下资格之一："一、名望素著操守可信者；二、曾办慈善事业著有成效者；三、热心公益慷慨捐输者；四、对于发起之慈善事业有特殊之学识或经验者。"有以下各款情事之一者不得成为发起人："一、土豪劣绅有劣迹可指证者；二、贪官污吏有案可稽者；三、有反革命之行动者；四、因财产上有犯罪受刑之宣告者；五、受破产之宣告尚未复权者；六、吸食鸦片者。"该法对慈善团体收支账册做出明文规定："慈善团体所收支之款项、物品应逐日登入账簿，所有单据一律保存"，"账簿、单据之保存不得短于十年"。并且主管官署"得随时检查慈善团体办理之情形及其财产状况"②。1930年7月19日，行政院又公布了《监督慈善团体法施行规则》，对《监督慈善团体法》进一步明确了主管部门对慈善团体的监督程序。1932年的《各地方慈善团体立案办法》，则更详细

---

① 蔡鸿源：《民国法规集成》第14册，黄山书社1999年版，第9页。
② 彭秀良、郝文忠主编：《民国时期社会法规汇编》，河北教育出版社2014年版，第246页。

地规定了慈善团体向主管部门呈请立案的各项条件和手续。

为了规范对宗教界的引导,1929年1月内政部公布《寺庙管理条例》:寺庙应根据自己的财力办理一种或数种公益事业,如各级小学校、民众补习学校、夜学校、图书馆、讲演所、公共体育场、救济院全部或残废所、孤儿院、养老所、育婴堂、贫民医院。[①] 1935年内政部颁布《佛教寺庙兴办公益事业规则》,规定:寺庙应斟酌地方之需要兴办慈善公益事业;寺庙在兴办各项公益或慈善事业时应酌量其经济情形,得由一寺独立兴办,或由数寺院合力举办,或当地佛教会督促该地全体寺庙共同举办之;寺庙兴办慈善公益事业应受主管官署之监督并受当地佛教会之指导。[②]

北平市政府,也先后颁布了一系列法律法规,对本市的慈善组织进行了具体的指导。1929年3月7日颁布《北平特别市公益慈善团体登记规则》,要求凡本市内各公益慈善团体,应依本规则呈请社会局核准登记。各公益慈善团体须呈报社会局立案或本规则施行以前已经社会局批准者概应补充登记。登记时应载明:名称、地址、章程、宗旨、创办人及主办人、基金来源及概数、经费由来及概数、现在举办事业种类、职员之名称人数、职权之选任改任之规定、职员之资格限制及其权利义务。核准登记之团体如有修正章程等情事应随时开具二份呈报社会局核准备案。核准登记之团体有违反法令情事由社会局依法纠正之,再违反时应撤销登记并缴销凭照,其情节重大者,得呈请市政府办理。各团体改组或解散,应声明理由呈报社会局核准备案,但是收容贫民的组织没有事先呈请社会局,并设法安插收容贫民的,则不得自行解散。[③] 1929年10月,市政府又颁布《监督慈善团体法》:凡慈善团体不得利用其事业为宗教上之宣传或兼营为私人谋

---

① 《中国佛教会"佛教道教寺庙兴办公益慈善事业规则"等有关寺庙法规》,北京市档案馆,档案号 J2-7-67。

② 同上。

③ 《二十世纪二三十年代北平市监督管理慈善团体史料》,《北京档案史料》2013年第4期。

利之事业；慈善团体发起人应具有下列各项资格之一：名望素著操守可信者、曾办慈善事业卓有成效者，热心公益慷慨捐输者、对于发起之慈善事业有特殊之学识或经验者。①

民国政府及北平市政府对民间慈善团体的规范、管理与引导，使其逐渐实现了中国社会救助事业的近代化转型。

2. 行政立法褒奖鼓励民间慈善团体

为了吸引民间力量加入慈善公益行列中，民国政府颁布了一系列的褒奖鼓励制度。如《兴办水利防御水灾奖励办法》《办赈团体及在事人员奖励条例》《捐资兴学褒奖条例》《捐资兴办卫生事业褒奖条例》《捐资举办救济事业褒奖条例》等。

如南京国民政府颁布修订的《兴办水利奖励条例》，该条例规定，凡兴办水利确有成绩者或于水利上有重大贡献者均应予以褒扬或奖章奖励，兴办水利有下列事实之一者特予褒扬：捐助款项一万元以上者、经募款项三万元以上者，河塘堤埝变出非常竭力抢堵消灭重大危险者、办理堵口大工特著奇能减轻灾害者、对于水利学术有特殊发明者，办理水利有如下事实之一者酌给奖章：捐助款项者、经募款项者、种植森林有裨水利者、抢险出力者、革除河工积弊者、办理河湖修防三汛安澜者、水利著述有特殊贡献者给予不同奖励。②

再如1929年南京国民政府颁布了《捐资兴学褒奖条例》《捐资兴办卫生事业褒奖条例》《捐资举办救济事业褒奖条例》等法规，对以私产创办或捐助教育、卫生、救济等慈善事业的民间人士或社会团体，以其捐资的多寡授予不同等级的奖状。《捐资兴学褒奖条例》规定："凡以私有财产创立或捐助学校、图书馆、博物馆、美术馆及其他教育机关者，得依照本条例请给褒奖"，褒奖按照捐资多寡授予奖状。③

---

① 《北平市政府饬属遵办各地慈善团体立案办法及内政部关于监督慈善团体法等训令》，北京市档案馆，档案号J2-7-84。
② 徐百齐编：《中华民国法规大全》第1册，商务印书馆1936年版，第758页。
③ 教育部编：《教育法令汇编》第1辑，商务印书馆1936年版，第45—46页。

此外，国民政府还利用税收优惠政策，吸引工商界人士加入慈善公益事业，如1932年7月北平市政府颁布了《北平市娱乐场所附缴慈善捐章程》，规定凡本市娱乐场所，其所发售的入场券，每一张附征银洋一分作为娱乐慈善捐，但本市公益慈善团体举办演唱、戏剧、电影或杂技暨其他各种游艺筹集款项时，在经公安局、社会局核准后，免于缴纳娱乐慈善捐。[①]

这些法律法规的出台，对于民国慈善事业的发展无疑是有积极效应的，同时也显示了官方对于民间社会的控制与管理。

二　民间慈善组织的活动

国民政府时期，民间慈善组织的发展使得对弱势群体的救助更有成效。具体的救助实践中既包含赠衣施粥这样的时令性救助，也包括教育医疗就业等持续性救助。多样化、全面性的救助实践，对政府救助给予了强有力的补充，给亟待救助的人们带来了极大的帮助。

（一）临时性救助

面对难以预见的战乱、灾荒、人祸，民间慈善团体积极应对，参与临时性救助活动，以为灾民提供临时性的生活接济。这样的临时救济虽然不能从根本上解决受助人员的生活问题，但在帮助受助人员渡过短期困难中起到了很大的作用。1931年的北平市政府文件，就对慈善团体的积极赈灾提出过褒奖："查本市历年办理冬赈，均赖各慈善团体分别开办粥厂或施放衣粮、仁粟、义浆，全活甚众。"[②] 临时性的救助主要表现为：冬令施粥、舍衣，夏令施舍暑汤，也有的施舍

[①]《北平市公安局关于奉命公布娱乐场所附缴慈善捐章程的训令》，北京市档案馆，档案号 J181-20-7807。

[②]《北平市社会局关于开办粥厂及有关捐助救济等问题的来函》，北京市档案馆，档案号 J23-1-110。

棺木、教授知识、创办小型工厂，或在传染病多发时免费施放药品等。

1. 施粥

粥厂一直以来是我国传统救济的重要组成部分，自汉代以来到元明清各代，政府和民间机构均设立粥厂以救济民众。到了民国，国力衰落政府无暇顾及贫民，因此民间慈善团体在粥厂的开办中占据了重要的角色。在张金陔的《北平粥厂之研究》中，统计了1927年到1932年北京开办粥厂的数量如下：

1927年	1928年	1929年	1930年	1931年	1932年
13家	18家	22家	20家	28家	30家

资料来源：张金陔：《北平粥厂之研究》，《社会学界》第7卷，1933年。

而在这些粥厂中，政府所办的粥厂仅占全市总粥厂的六分之一。[①]

粥厂的领粥人数受天气、时间的影响，据记载"除旧年日外，每遇无风雪日，天气和暖，领粥人数必大增加，否则减少"[②]。因此领粥人数一月份最多，二月份最少。北平地区贫民依靠粥厂维生的人数有十分之一之多，粥厂对于当时社会弱势群体的救助意义重大。如据《晨报》记载：从1935年1月到1936年3月，五台山普济佛教会开设的三处粥厂，领粥总人数达十八万余人，用米三百二十一石。[③]

2. 施放钱粮、棉衣、被褥等

除了开办粥厂以缓解饥饿问题，让贫民得以果腹之外，在寒冬时，北平的慈善团体还向贫民发放钱粮、被褥、棉衣等；在春季时，向贫民发放物资，如小米、玉米面等。具体见北平特别市1929年冬季慈善团体施放钱粮统计表与北平特别市1929年冬季慈善团体施放棉衣、被褥统计表。

---

① 张金陔：《北平粥厂之研究》，《社会学界》第7卷，1933年。
② 同上。
③ 《惠风解冻春赈伊始　各粥暖厂相继结束》，《北平晨报》1926年3月20日。

北平特别市 1929 年冬季慈善团体施放钱粮统计表

团体名称	施放地点	施放数目 钱	施放数目 粮	受惠人数
世界金十字中华总会	北长街三时学会	170 元	玉米面 19000 斤	14000
全国佛教龙华慈善义赈总会	本市外三四五区及西郊香山圆明园蓝靛厂一带	220 元	玉米面 30000 斤	10000
北京慈善救济会	拈花寺	142 元		2840
北京公益联合会	北平城内及四郊	1500 元	玉米面 5600 斤	2620
北平民生救济会	阜城西直德胜安定东直朝阳崇文正阳各门内外		玉米面 5600 斤	1700
中华圣公会北平冬赈委员会	宣内南沟沿七号圣公会		玉米面 60 斤	72
总计		2032 元	玉米面 60260 斤	31232

资料来源：北平特别市政府秘书处编：《北平特别市市政公报》1930 年第 38 期。

北平特别市 1929 年冬季慈善团体施放棉衣、被褥统计表

团体名称	施放地点	施放数目 棉衣	施放数目 被褥	受惠人数
全国佛教龙华慈善义赈总会	本市外三四五区及西郊香山圆明园蓝靛厂一带	3000 套		3000
五台山普济佛教总会	老君堂佛剑会安定门外西便门外右安门外	1900 套		1900
北平公益联合会	北平内城及四郊	1300 套		1400
中国红十字会北平分会	本会	970 套		950
世界金十字会中华总会	北长街三时学会	400 套		400
北平美以美地方服务团	崇内老顺胡同崇外花市前外珠市口彰外本会	250 套	50 件	300
中华圣公会北平冬赈委员会	宣内南沟沿七号本会	270 套	1 件	150
总数		8090 套	51 件	8100

资料来源：北平特别市政府秘书处编：《北平特别市市政公报》1930 年第 38 期。

慈善团体的临时施救成为官方救助的强力补充，对于冬春北平地区的贫民而言，很多贫民依靠着救济而免于饥饿死亡。正如晨报记载，"一到冬天，冰雪在地，一般穷人便算灾难临头，对于日常生计，弄得一点办法没有。好在每逢到了这个难过的冬天，老有不断地接济，粥厂里天天放粥，早晨起来可以打份粥吃，暖厂一处一处的立着，也可投奔去睡在里面。例年还有不少的地方放赈，放小米，放杂合面，每逢到了这个时候，不知要有多少穷人，只靠着吃赈过活"①。

（二）常规性救助

除了临时性的救助外，北平还有很多常规性的救助，这些常规性的救助除了维持温饱之外，更注重从根本上帮助与改善救助对象。慈善组织的救助主要集中在儿童、老人、妇女三个方面。

1. 北平老人院

北平老人院是由美国基督教信徒 Mrs Good Rich 筹资开办的，其对老人的救助可以算是这一时期的典型代表。该院开办于1921年，地点位于东城灯市口同福夹道，初创时主要救助对象为信教的老人；后来规模不断扩大，收容对象也不再仅限于基督徒。根据《北平晨报》的调查，北平政府时期，老人院由原来的一处扩大到两处，分别为东城灯市口同福夹道六号与八号。六号专收男性鳏夫，每屋有大炕一条，可睡三四人，现共有46人；八号专收成双老夫妇，夫妻二人同居一室，现在共有老人七对……建立了较完善的组织机构，设院长一人，负责院内一切管理事务，分设总管、副总管、书记、会计、稽查、医生各一人，此外还设有入院委员会、衣服委员会等。对入院资格及入院手续均有规定，凡贫苦无依之老人，年在七十岁以上而无传染病者，皆可入院。具体的申请程序是：符合资格者，可由一人介绍到该院报名，再由该院通知协和医院社会部，派员调查。如所得属实，则到协

---

① 《贫民生活吃赈的经验》，《北平晨报》1935年2月12日。

和医院检验身体,有病则予以治疗,无病则由社会部转达该院。① 北京老人院形成了比较完备的收容救助体系:

总体来说,收容人员入院后,一切衣食住等种种需要,皆归院方供给,病时由该院负责治疗,死后由该院办理衣棺(本院老人死后,由院方发寿衣一套,棺材一口)。在衣服方面,凡入院老人,无论男女均由该院发给衣服;夏季两身单裤褂,两件长衫;冬季棉裤棉袄一身,棉袍一件;春秋两季不发袄衣,只用两重单衣代替;夏季单衣。收容人的衣服每星期至少洗涤一次,由本人自行操作,如衣服破烂,由专人负责缝补。该院设有库房一间,专供换季衣服的存放,并设有澡堂,每人每周洗浴一次。在用餐方面,该院所有收容老人,每日只有两餐,即早餐与晚餐。早饭于上午八时半开饭,以玉米面为主,每星期吃窝窝头五次,馒头二次;菜有蔬菜、豆腐、猪血等;汤有豆浆或骨头汤。晚餐定于下午三时开饭,以小米粥为主,再加以早餐所剩窝头饭菜。在日常活动方面,早饭后,老人可自由闲谈或以棋解闷,均可自便。每日十一时至十二时,所有收容人员均需参加礼拜听道。下午则可到门外灯市口一带散步,或至亲朋家探视亲友。唯事先必须向院长请假,并需于午后六时前返院,不得在外留宿。②

北平老人院的制度模式已经初具现在敬老院的雏形,具有系统化、完备化的管理,为今后老人院的发展提供了借鉴。

2. 对妇女的救助

妇孺在中国历来是弱势群体,因此,除了对老幼的关注外,对于妇女的救助也是慈善工作的重点——妇女除了面对灾荒、战乱与贫困外,还面临着封建社会的男权压迫。传统的官方救济主要是对孤寡妇女的生活救助,以及对娼妓进行道德教化等培训。到国民政府时期,随着妇女解放运动的兴起,妇女救济工作出现了新的

---

① 《北平老人院调查》(一),《北平晨报》1933 年 6 月 29 日。
② 《北平老人院调查》(二),《北平晨报》1933 年 7 月 1 日。

特点。

随着妇女解放运动向更深层次发展,很多人认识到,妇女解放不应该仅仅限于职业教育、参政运动等空头支票,更不应只局限于少数受过教育的妇女,应设法促进广大妇女特别是下层妇女在职业与教育上普遍的平等权利,使她们都能得到经济独立、教育平等及其他各方面的实际平等。因此对妇女救助的观念较之以前有很大不同,所以在实施救助的内涵上也从简单的生活层面提升到包含精神在内的各个方面。从表层的解放婢女和娼妓、反对缠足,提倡一夫一妻制度等,进而到更深层次的妇女解放,提倡就业平等、教育平等等,同时还致力于提高妇女的整体素质,开办有关妇幼保健的生理卫生讲座、提倡科学育儿、家庭卫生常识、提倡节育运动等。

许多社团组织和妇女团体在这方面做了不少工作。如在报刊上广泛宣传和倡导普通女子教育,提倡妇女自食其力的普遍就业。一些团体相继开办了妇女职业补习学校、女工厂等,为妇女就业创造条件。在1912年即有王文荣、李多加等发起的,以"自立自养,不专仰食于男子"为宗旨的北京联合女工厂。[①] 二三十年代有朱其慧、吴弱男等兴办的女子平民工厂;有北平妇女协会、燕大妇女会等团体开办的多家妇女平民工厂。40年代兴办有北平新运妇女缝纫工厂等。这些工厂招收平民妇女从事织布、织袜、缝纫、挑花、刺绣等工作。尽管这些工厂解决妇女就业的作用微乎其微,但是开启了妇女就业的风气。北平的女界积极参与各种慈善与社会公益事业,在参与社会救济的同时,也使自身的解放得到了更大的升华。

在政府的宏观统筹,民间慈善力量的具体参与下,国民政府时期,北平的慈善救助得以有序地发展。在政府的引导下,大量的民间慈善力量如宗教团体、同乡会、妇女团体、商会等汇聚,对当时饱受灾荒战乱的弱势群体提供了关键性的慰藉与救助。

随着近代救助思想的影响深入,这段期间对救助的体系与模式进

---

① 姜纬堂、刘宁元主编:《北京妇女报刊考》,光明日报出版社1990年版,第101页。

行了大量的探索,更科学合理地进行短期临时性救助,更持续系统有序地进行长期的救助,最终实现救人存活、助人自立的更理性有效的救助。这对今后中国的慈善救助事业的发展都大有裨益。

三 市政府主导下的贫民救济会

1928年,国民政府将国都迁往南京,北平失去政治中心的优势,最为严重的后遗症即是北平商业的萧条,与此同时,失业人数剧增,导致贫困人数增加。据统计,1928年9月北平贫民数为178966人[①],1930年增至415695人[②]。为救济本市贫民,1928年秋,由市长何其巩发起组织成立北平贫民救济会,该会以救济本市贫民为宗旨,由本市各机关、各法团领袖及各慈善家共同组织,"以寻求官民通力合作,补助市立各救济机关之所未及"[③]。会址在和平门内吕祖阁东夹道悟善社旧址内。贫民救济会一为办理临时急赈,一为办理贫民事业。凡热心赞助会务进行者,不分国别、教别、性别皆得为会员。凡各机关、各法团领袖、各慈善家办理慈善事业确有成效者,纳捐在50元以上者,皆得为董事。

这种官民一体的慈善组织,是在国民政府对原有的慈善事业进行制度化、法制化建设的背景下产生的,政府意识到了对社会管理的重要性,将原本散落于民间的各类慈善事业逐步纳入其管理体系之下。因此,贫民救济会是一种全新的慈善组织,也是这一时期慈善事业发展的一种新趋向。

(一) 贫民救济会的制度与管理

北平贫民救济会成立后,先后制定颁布了《北平贫民救济会章程》《北平贫民救济会总务部组织细则》《北平贫民救济会筹募部组

---

① 《北平男女贫民》,《顺天时报》1928年9月23日。
② 《北平年终户口统计》,《北平晨报》1930年12月28日。
③ 吴廷燮等纂:《北京市志稿·民政志》,北京燕山出版社1989年版,第159页。

织细则》《北平贫民救济会基金部办事细则》《北平贫民救济会审核部办事细则》《北平贫民救济会基金保管规则》《北平贫民救济会粥厂办事细则》《北平贫民救济会粥厂监理员办事规则》《北平贫民救济会施给月米暂行办法》等规章制度。这些规章制度成为贫民救济会救济活动有序开展的基石。

经市政府批准后，1928年北平贫民救济会颁布了《北平贫民救济会章程》，共7章24条。章程规定了贫民救济会宗旨、董事、职员、会员、会务等方面内容。贫民救济会由董事会组成，主要负责编制章程、审核预决算书、选举等。对于各机关各法团领袖，凡是办理慈善事业卓有成效者，且纳捐50元以上者，均可被聘为董事。董事会下设常务董事8人，董事长1人，副董事长3人，负责一切会务。救济会设会长1人，由市长兼任，会长主持全会事务。副会长3人，由社会、公安两局长兼任，其余1人由董事会选举。

本会会务由四部办理，分别为审核部、基金部、筹募部、总务部。各部董事由该部董事中选举产生。唯基金部基金董事11人，其中1人为市政府代表，由市政府推出；其余10人由董事会选出，但银行界应占3人，其他慈善团体应占3人，各法团占3人，教育学术界占1人。审核部审核董事7人，其中1人为代表市政府的会计师，其余由董事会选举。董事会的建立，一方面确立了官方对贫民救济会的领导地位；另一方面也确保了民间社会参与贫民救济会事务管理的权利，这对加强官民合作互助，提高贫民救济会救助的科学性、实效性具有重要意义。

总务部下设会务股、规划股、调查股、救济股。总务部职责为规划实施救济、收发问卷、保管卷宗等。筹募部则专门负责筹款事宜，基金部职责为保管基金，审核部则为审核基金收支事宜。1934年本会对该章程作了进一步修改和完善，该章程的修订，进一步凸显了政府对贫民救济会的主导作用，有利于贫民救济会救济活动的有序开展。

《北平贫民救济会总务部组织细则》具体规定了总务部的职能及

其下属各股的执掌事宜。总务部主要执行本会的日常会务及规划实施、编制预算等事宜，具体由其下设的会务股、规划股、调查股、救济股来完成，如调查股负责贫民户口及生活状况的调查、北京各慈善团体工作接洽、中外慈善团体组织及其事业调查、中外各种救济方法调查；规划股负责临时急赈事项、根本救济设计事项、现有慈善事业促进事项等。从总务部组织细则可以看出，北平贫民救济会的救济活动更加科学完善，其注重对救济对象实况的掌握、注重汲取中外慈善团体先进的管理经验及救济方法、注重慈善救济的统筹规划等。募款、赈品是贫民救济会救助活动顺利开展的根本保证，所以如何筹募就成为贫民救济会的首要任务。在《北平贫民救济会筹募部组织细则》中规定，筹募部设劝募、游艺二股，具体负责筹募事项。劝募股执掌请求国内外公司团体协助事项，分队劝捐事项，赈济物品及粮食征求事项，慈善等捐加征事项。游艺股执掌筹备各界游艺会事项，征求艺术界出品助赈事项，商请中外各艺团助赈事项，商请各公共娱乐场所票价加捐事项。①

贫民救济会多渠道、多手段的筹募措施实现了捐资、捐物来源的最大化。为了规范贫民救济会资金的监督与管理，北平贫民救济会制定颁布了《北平贫民救济会审核部办事细则》及《北平贫民救济会基金保管规则》。办事细则规定，审核部设审定股、稽核股，审定股执掌规定收支手续、审定财政收支事项、审定存单折据证券事项、审定关于出纳各种簿记事项、审定超过预算及其他临时支出事项；稽核股执掌稽核出纳各项账目、编制报告表类。所有每月收支各账目、保管之现金及证券均应由审核部审核后会同总务部公告之②。贫民救济会的所有基金及资金均应存入指定银行，所存之基金及资金应由基金部公推干事二人以上执行签字③。审核部办事细则及基金保管规则的制定保证了资金管理的公开化、透明化及正规化，改变了过去资金管

---

① 《北平贫民救济会筹募部组织细则》，北京市档案馆，档案号 J2-6-38。
② 《北平贫民救济会审核办事细则》，北京市档案馆，档案号 J2-6-38。
③ 《北平贫民救济会基金保管规则》，北京市档案馆，档案号 J2-6-38。

理的贪污腐化、随意挪用等混乱局面。

(二) 贫民救济会的资金来源

北平贫民救济会的性质为官民共举的慈善团体,从其创办之初便由市政府发起,由本市各机关、各法团领袖及各慈善家共同创办。以1934年北平贫民救济会常务董事组成成员为例,1934年北平贫民救济会常务董事,绝大部分为现任或曾任政府官员,特别是北平市长任贫民救济会的常务董事兼董事长,更体现出官方对贫民救济会的主导作用。官方对贫民救济会的主导作用主要体现在对贫民救济会的宏观管理上,如规章制度的制定、救济事务的发展与规划等方面。在经费来源上,贫民救济会并非像官办救助机构主要依赖政府拨款。贫民救济会经费的来源主要是借助政府的影响力、号召力及强制力从民间募集经费,政府拨款仅占很小的一部分。1935年5月至1936年4月,北平贫民救济会新收经费为12450.64元,其中,募款10121元,占总经费的81%;基金利息2000元,占总经费的16%;存款利息129.64元,占总经费的10%;市府拨款200元,占总经费的20%。由此可知,募款是北平贫民救济会经费来源的主要渠道。根据历年《北平贫民救济会征信录》的统计,从1928年10月至1937年4月,北平贫民救济会接受社会募捐款数达204279.64元。这些募款的捐助者为各机关、各团体及个人,而各团体是捐资的主要力量,自1935年5月至1937年4月,在北平贫民救济会10121元的募款中,各团体捐款为5452元,占募款总数的53.9%;各机关捐资为4100元,占募款总数的40.5%;个人捐助569元,占募款总数的5.6%。[①]

北平贫民救会除接受社会的捐款外,还接受社会各界人士的捐物,如小米、玉米面、衣裤、原煤、药品等。据《北平贫民救济会征

---

① 《北平贫民救济会赈款赈品收支数目统计表》,《北平贫民救济会征信录》(第4期)(缩微),国家图书馆。

信录》的统计，从 1928 年 10 月至 1937 年 4 月，北平贫民救济会接受的捐物情况如表所示①：

年度	小米	玉米面	衣裤	原煤	药品
十七年度		六千斤	二千七百七十八件		
十八年度	四百石	一万七千斤	一百七十二件		
十九年度	一百一十二石	一百斤	四百件	二十万斤	
二十年度	四十石		一千三百五十九件	六万斤	
二十一年度		三千斤	八百二十四件	六万斤	
二十二年度	一万袋	五千斤	一千二百六十九件	十万斤	一千五百包
二十三年度	六百五十二石五斗六升六合		一千四百四十件	十万斤	
二十四年度	八十石零四斗	四千斤	二千二百三十一件	十万斤	五百包
二十五年度	三十三石四斗二升三合	六千二百斤	八百八十件	十万斤	

从这张表中我们可以看出，北平贫民救济会所收到的募捐数是越来越多，在这背后主要有以下几方面的原因：

首先是北平市政府的积极带头作用。当初设立贫民救济会即为时任北平市市长何其巩所主张，这就使得政府官员在其中起着带头示范

---

① 《北平贫民救济会赈款赈品收支数目统计表》，《北平贫民救济会征信录》（第 4 期）（缩微），国家图书馆。

的作用。1932年北平市政府规定，本年冬赈本府及所属各职员均应捐助，以资提倡，并规定了捐款办法："薪额五十元至一百元者捐百分之二；一百零一元至二百元者捐百分之三；二百零一元至三百元者捐百分之五；三百零一元至五百元者捐百分之十。"①

在市政府的积极领导下，北平市各机关、团体纷纷出资捐助，如1932年6月至1933年4月，在北平贫民救济会的捐款中，北平市银行公会捐洋5千元、平绥铁路局捐洋50元、军事委员会北平分会捐洋300元、北平电车公司捐洋50元、北海公园委员会捐洋100元、五台山普济佛教会捐洋200元、北平市政府同仁捐洋265元、北平市公安局捐洋327元、北平市工务局捐洋95元、北平市财政局捐洋58元、颐和园事务所捐洋8元9角、北平市社会局捐洋92元，等等。同时政府还积极开展对捐资人的褒奖，如1935年11月间，山东省历城县人吴君幼权捐助北平贫民救济会房产一所，根据褒扬条例第一条第二款授予捐助人匾额褒章，以资鼓励。②

其次，社会各界的热心捐助。从历年贫民救济会征信录对捐款者的记录中可以看出，有学校的捐款，如市立第四十九小学校捐洋2元、市立第五十六小学校捐洋3元、市立第二中学校捐洋7元5角、北平大学法学院捐洋20元、中法大学捐洋30元等，又有军队的捐资，如阎总司令（阎锡山）捐洋4元、总司令行营捐洋50元、楚司令捐洋56元等，还有诸多商号的捐资，如和新号捐洋1角、志强号捐洋1角、豆汁房捐洋5分、李记面铺捐洋5分等。诚如美国社会学家甘博在其《北京的社会调查》一书中指出："对中国人来讲，他们都非常情愿出钱去帮助那些比自己不幸的人。我们经常发现，一个仅能维持温饱的家庭在救助一位老人；同时，一些富裕的家庭一般都在救济数目不少的贫苦者。在发生饥馑时，学生们非常自愿地每天少吃一顿饭，以便节省一些钱物送给困境中的人。相当数量的现金每天都

---

① 《北平市政府关于北平贫民救济会募捐事宜的训令》，北京市档案馆，档案号J21-1-616。
② 北京贫民救济会编：《北京贫民会征信录》（第4期）（缩微），国家图书馆。

在施与大街上的乞丐,人们常常看到铜板从人力车或马车里不断地扔向乞讨的人们。"① 中华民族乐善好施、扶危济困的美德在当时民风较为朴实的时代得到了发扬光大。

最后,募捐方式多样化。有直接募捐,也有团体或个人的代募;有通过义演、游艺会等方式募捐,也有通过报刊媒介实现募捐,有自愿募捐,也有行政募捐。北平贫民救济会频繁的募捐活动在为本会筹集到大量救助资金的同时,也在社会上产生了一些负面效应。一方面频繁的募集活动容易使人们产生"爱心疲劳",同时也给人们生活增添了额外的经济负担,即使是政府职员也深感不堪负重,1932年北京市政府曾指出"各机关职员,近来摊派各项捐款,颇觉重烦"②,捐款成为当时人们生活中的一大负担。另一方面,过多的捐款活动也给募捐市场带来了混乱,许多不法分子假借慈善团体名义到处行骗。在北京市档案馆所藏的北京市警察局档案中,有许多关于假借慈善名义敛取钱财的案件。如1934年,三等巡警关宝林、王舒华和募警胡植枢三人查获赵庭山等募捐诈财一案,到署经讯赵庭山供称,"因贫所迫,遂与李华年佯作在自治坊当土夫,有同事李德顺病故,伪造自治坊图章等向各户募捐,前后所得钱文,是以慈善名义骗取的钱财"。这种不法活动严重影响了人们对社会慈善募捐的信任。

(三)贫民救济会的救助活动

北平贫民救济会是官方以院外救助方式对北京市绝大多数弱势群体施与的救助,而北平社会局救助机关则是官方以院内收养方式对本市少数弱势群体施与的救助,虽同为政府主导,但有一定差距。贫民救济会的活动大致有如下几项:

---

① [美]西德尼·D.甘博:《北京的社会调查》上,中国书店出版社2010年版,第322—333页。
② 《北平市政府关于北平贫民救济会募捐事宜的训令》,北京市档案馆,档案号J21-1-616。

1. 设立粥厂

"粥厂乃以活贫民为宗旨,以救济为方针者也"①,成为近代中国官民对广大贫民进行院外救助的主要措施之一。北平贫民救济会为了更好地开展对贫民的施粥救助活动,制定并颁布了《北平贫民救济会粥厂办事细则》及《北平贫民救济会粥厂监理员办事规则》。

《北平贫民救济会粥厂办事细则》规定:

> 放粥时间每日均一律早九点开放。煮米每石米用水不得过七百五十斤,每人需放三两余,连水约十八两之谱。凡老幼废疾先行发放,男女各分一栏,其产妇病人可发给执照请人代领以示体恤。米砂每日下午三时起即令粥夫等先将米粮过筛,将米砂卸净再行入锅。各厂于淘米放粥及洗器具时不得有泼洒作践情形。各厂所用粥锅粥桶等件务于用毕洗涮干净以重卫生。对待领粥人务须和平不得强暴。候领时勿须禁止喧哗拥挤以维秩序。粥夫禁止窃食粥米。逐日报告表应各递二份。逐日报告表应将前已用米若干下存若干注明表内。②

该细则详尽规定了每日施粥时间、用水量、施粥顺序、煮粥注意事项等,保障了粥厂操作的规范性。

粥厂办事除有制度约束外,还派有监理员,《北平贫民救济会粥厂监理员办事规则》规定,粥厂监理员监视粥夫筛米、过秤、入锅、出粥及放粥事项,考核发给优待牌事项,会同区署指挥警察维持秩序,保管米粮、保管公有物品,使粥厂的办理进一步得到规范。

北平贫民救济会积极开展了对本市贫民的施粥救助活动。如1933年11月1日北平贫民救济会在本市开办了9处粥厂,每厂一律8点开门,9点放粥。当领粥人入门时,由粥厂发给竹牌一个,放粥时凭

---

① 张金陔:《北平粥厂之研究》,《社会学界》第7卷,1933年。
② 《北平贫民救济会粥厂办事细则》,北京市档案馆,档案号 J2-6-38。

借竹牌领粥。领粥人进入粥厂，非领粥人不准进门，如遇有不得已之事故时，须将竹牌扣留。不是一家人或不住在一处者，不准代领。每人约放四两米，连水约十八两余之谱，未领粥者，施与米四两。凡老幼废疾，先后发放，男女各一栏，产妇病人不能亲身来厂者，得由监理员查明，核给代领牌，托人带领。贫民救济会按照《北平贫民救济会粥厂办事细则》相关规定施粥，做到了科学有序，同时又凸显了对特殊受助人员的人性关怀。

1933年至1934年贫民救济会所属粥厂9座，施粥用粮1803.17石，就食人数在858336人。粥厂的开办费及经常费用5376.0979元。[①] 1935年11月至1936年3月贫民救济会开办粥厂5座，就食人数在615314人，用米粮939石。[②] 领粥人数，以1月为最高，2月为最低。领粥妇女多于男子，主要是由于北平男子贫民多外出工作，妇女儿童无事可做，所以到粥厂领粥，以补家庭食量之不足。

1935年至1936年冬季贫民救济会粥厂及施放赈品统计表

	就食人数	用米石数	棉衣件数	棉裤条数	驱瘟丹包数
合计	615314	939	350	350	340
四王府粥厂	120457	180	70	70	80
衍法寺粥厂	149241	224	70	70	100
永定关庙粥厂	142512	220	70	70	70
华严寺粥厂	141278	215	70	70	50
蓝靛厂粥厂	61826	100	70	70	40

资料来源：北平市政府秘书处第一科统计股主编：《北平市统计览要》，北平市政府秘书处第一科编纂股印制1936年版，第106页。

[①] 北平市政府秘书处：《北平市政府二十二年度行政统计》，北平市政府秘书处印制1935年版，第11页。

[②] 北平市政府秘书处第一科统计股主编：《北平市统计览要》，北平市政府秘书处第一科编纂股印制1936年版，第106页。

2. 发放赈济物资

（1）发放赈米。北平贫民救济会除向贫民施粥外，还给贫民施放赈米。在北平贫民救济会成立之初，根据《北平贫民救济会施给月米暂行办法》规定，贫民救济会对市内居民有下列情形之一者，由本会查明给予月米证施给月米：孤苦伶仃无独立能力者，鳏寡无依年在60岁以上者，虽非鳏寡而年老力衰无人赡养者，残废不能谋生无人赡养者。月米领取以每人每月小米15斤为限。如领米人生活环境改善则停止给米，领米人不得将月米出售或用月米证抵借款项。每月1日、16日分两期施给月米，领米人须亲自带证携袋来会领取。领米人额数暂定200人。《北平贫民救济会施给月米暂行办法》（简称《暂行办法》）的规定，体现了北平市政府对本市居民中无自救能力、无人赡养之老弱残等弱势群体的特别关照，施给月米《暂行办法》每月为他们提供了最基本的生活资料，以使他们免于陷入生活困境。虽然《暂行办法》规定领米人额数为200人，但因为北平的社会现实使领米人数远远超出了这一规定。以1933年度为例，1933年7月北平贫民救济会发放赈米

民国二十二年度北平市贫民救济会每月赈米斤数及领米户数统计表

月份	领米户数	米粮斤数	合上月斤数
7月	66	1053	
8月	70	1115	2168
9月	85	1340	3508
10月	117	1799	5307
11月	134	2083	7390
12月	163	2536	9926
1月	223	4635	14561
2月	274	5610	20171
3月	298	6150	26321
4月	299	6170	32491
5月	300	6260	38751
6月	300	6260	45011

资料来源：北平市政府秘书处：《北平市政府二十二年度行政统计》，北平市政府秘书处印制1935年版，第11页。

户数为66户，1934年6月发放赈米户数增至300户，远超过原定领米人数200人的限制。

随着北平贫民救济会对本市居民老弱残等弱势群体救助人数的增多，贫民救济会对本市贫民也开展了冬赈、春赈的赈米发放。1933年北京平民救济会冬赈户数为33511户，发放赈米2768.834石，受赈人数150331人；春赈户数为37164户，发放赈米2892.28石，受赈人数184570人。[1] 1934年2月24日，北平贫民救济会，近以时届春季，本市贫民仍在青黄不接，故该会于3月17日起至25日止，在西砖胡同法源寺西院仓库，分8日按区放米。春赈放米总额定为2500袋，放米前派员调查各区贫户，散放米票。贩米时派监放员到场监视，此次放米每户以10斤为限，极贫及文贫酌增。[2]

（2）其他赈品的发放。北平贫民救济会在对贫民赈品的发放中，除施放小米外，还施以玉米面、原煤、衣裤、药品等赈品，北平贫民救济会赈品的发放，进一步完善巩固了对贫民的救助，使贫民在寒冬腊月、青黄不接之时有微薄的生活保障。如果说施粥是为了解决贫民的一时之饥，那么赈品发放则是为了帮助贫民在一年之中最困难时期渡过难关。贫民救济会通过施粥、发放赈品实现了对贫民冬、春两季最困难时期的救助。

（四）贫民救济会的意义

北平贫民救济会是官民合办的，以现代董事会的管理模式而运行的慈善救助团体。该会各项救助事宜实现了制度化的规范管理，改变了过去慈善团体救助活动的无序化运行状态。官民合作的贫民救济会是官方试图通过组合民间社会强大的慈善力量以承担繁重的社会救助任务，同时也实现了官方对慈善团体的管理与控制。而民间慈善力量也试图借助社会救助这一平台实现与官方的互动，从而达到与官方进

---

[1] 北平市政府秘书处第一科统计股主编：《北平市政府二十二年度行政统计》，北平市政府秘书处第一科编纂股印制1935年版，第9页。
[2] 《平市春赈下月中旬放米》，《北平晨报》1934年2月24日。

行交流的机会。近代北京社会救助由传统社会的政府施惠型向近代社会的政府责任型的转变，为二者在公共领域的合作提供了条件。贫民救济会的救助活动为本市大量贫民提供了救助，其救助人数与救助规模是北京同一历史时期任何一个慈善救助团体都无法相比的。这主要归因于在政府"权威效应"下北京各机关、团体及个人赈款、赈品源源不断的捐助，归因于官民合作的强大力量。在对贫民的救助实践活动中，贫民救济会不管是施粥还是发放赈品均体现了对受助贫民的人文关怀，强调了对受助者权益的保护。如在《北平贫民救济会粥厂办事细则》中就明确规定，"凡老幼废疾先行发放，男女各分一栏，其产妇病人可发给执照请人代领以示体恤"，任何工作人员"对待领粥人务须和平不得强暴"，该条款的规定在某种意义上凸显了现代社会救助的理念，即施助是政府的责任，受助是贫民的权利。

南京国民政府前期，北平贫民救济会为北平社会救助事业的发展做出了重要贡献，成为北京慈善救助团体中不可或缺的重要组成部分。但与北平社会局救助机关积极的救助相比，北平贫民救济会的救助仅仅局限于消极的补偿性救助，这种救助作为一时的救急之策则可以，而作为常策则不仅不利于培养受助人员的自立能力，而且容易使受助人养成依赖之心，有失现代社会救助的初衷。

尽管北平贫民救济会的救助活动存在不足之处，但它为当今慈善救助事业的发展留下了宝贵的经验：募款是慈善团体经费来源的主要渠道，适量的募款活动对激发民众的慈善之心具有重要意义，但过多的慈善募捐活动不仅不会激发民众的慈善之心，反而会增加民众的经济负担，使民众产生对慈善事业的厌恶之情。捐款、捐物的透明化管理是慈善救助事业健康发展的重要保证，北平贫民救济会是以征信录的形式，将本会每年收支详情，捐款、捐物者的姓名，捐款、捐物团体与单位及捐助数目等内容详细登载于《北平贫民救济会征信录》并于每年六七月公布于众。这样不仅可以提高慈善资金的透明度，而且也可以提高慈善募捐在民众心目中的公信力。

参考文献

北京市地方志编纂委员会编：《北京志·劳动志》，北京出版社1999年版。

北京市地方志编纂委员会编：《北京志·民政志》，北京出版社2003年版。

北京市总工会编：《北京工运史料》第1—4辑，北京工人出版社1981年版。

卞孝萱、唐文权编：《民国人物碑传集》，凤凰出版社2011年版。

蔡鸿源主编：《民国法规集成》，黄山书社1999年版。

陈康祺：《郎潜纪闻初笔》，中华书局1984年版。

戴鸿映：《旧中国治安法规选编》，群众出版社1985年版。

邓菊英等：《北京近代教育行政史料》，北京教育出版社1995年版。

杜广沛收藏，娄悦撰文：《旧京老戏单》，中国文联出版社2004年版。

鄂尔泰等修：《八旗通志》，东北师范大学出版社1985年版。

方显廷：《天津地毯工业》，天津南开大学社会经济研究委员会1930年版。

冯桂芬著，戴扬本评注：《校邠庐抗议》，中州古籍出版社1998年版。

耿申、邓清兰等编：《北京近代教育记事》，北京教育出版社1991年版。

韩延龙、苏亦工：《中国近代警察史》，社会科学文献出版社 2000 年版。

侯希三：《北京老戏园子》，中国城市出版社 1996 年版。

姜纬堂、刘宁元主编：《北京妇女报刊考（1905—1949）》，光明日报出版社 1990 年版。

教育部编：《教育法令汇编》第 1 辑，商务印书馆 1936 年版。

雷辑辉：《北平税捐考略》，大象出版社 2012 年版。

李鸿章等修：《畿辅通志》，河北人民出版社 1985 年版。

李文海、林敦奎等著：《近代中国灾荒纪年》，湖南教育出版社 1990 年版。

刘宁元：《北京近代妇女运动史》，北京出版社 2009 年版。

刘锡廉：《北京慈善汇编》，京师第一监狱印制 1923 年版。

刘锡廉：《京师老弱临时救济会报告书》，京师第一监狱印制 1924 年版。

娄学熙：《北平市工商业概况》，北平市社会局铅印本 1932 年版。

马君武：《失业人及贫民救济政策》，商务印书馆 1929 年版

彭泽益：《中国近代手工业史资料》，中华书局 1962 年版。

齐如山：《国剧艺术汇考》，辽宁教育出版社 1998 年版。

夏仁虎、阙名：《枝巢四述 旧京琐记》，辽宁教育出版社 1998 年版。

陶孟和：《北平生活费之分析》，商务印书馆 1930 年版。

田涛、郭成伟整理：《清末北京城市管理法规》，北京燕山出版社 1996 年版。

王钟翰点校：《清史列传》，中华书局 2005 年版。

吴廷燮等纂：《北京市志稿》，北京燕山出版社 1998 年版。

夏东元编：《郑观应集》，上海人民出版社 1982 年版。

虞和平编：《经元善集》，华中师范大学出版社 2011 年版。

左芙蓉：《民国北京宗教社团——文献、历史与影响》，宗教文化出版社 2011 年版。

张宗平等译：《清末北京志资料》，北京燕山出版社1994年版。

赵尔巽：《清史稿》，中华书局1977年版。

周家楣、缪荃孙：《（光绪）顺天府志》，北京古籍出版社1987年版。

周家楣：《期不负斋政书》，台湾文海出版社1973年版。

周秋光编：《熊希龄集》，湖南出版社1996年版。

周秋光：《熊希龄传》，百花文艺出版社2006年版。

朱寿朋：《光绪朝东华录》，中华书局1958年版。

朱有瓛：《中国近代学制史料》第2辑下册，华东师范大学出版社1987年版。

中共北京市委研究室、北京市妇联编：《北京的社团》第2辑，知识出版社1994年版。

中国第一历史档案馆编：《嘉庆道光两朝上谕档》，广西师范大学出版社2000年版。

中国人民大学工经系：《北京工业史料》，北京出版社1960年版。

后　　记

　　本书是在国家社科基金项目成果的基础上，经过努力修订而成《近代北京的慈善与公益事业》一书。该课题研究的是清末民初这一时段内，北京的慈善公益事业从传统济贫方式，向"教养兼施"使贫民获得自食其力能力的近代慈善事业发展的历程。这一时间段经历了清末和民国初年两个不同性质的时代，还经历了北京市政管理机构的创建、发展、成熟。慈善事业也从以政府为主导，到社会各类慈善组织积极参与，共同为主导的过程。慈善范围也从过去简单的施粥、平粜等措施，逐渐拓展到工商经济、文化教育、金融、医疗卫生、妇女解放等各方面。因此从研究的深度和广度来说，需要大量的资料和文献支持。这不仅需要查阅政府档案文书，而且还需要查阅大量的报纸杂志、社会调查和名人传记、私人文书，其工作量是十分巨大的。除作者的努力外，还有幸得到了苏柏玉、黄智辉、刘莹、丁玉凤、李雪、姚婷、田妍、丁培娇、张轲、王杨梅、刘华、肖瑞宁等同学的大力协助，不仅帮助查阅了资料，还参与了部分章节的撰写。今天《近代北京的慈善与公益事业》一书已经付梓，即将出版，为此我们对他们的付出表示诚挚的感谢。

　　在课题研究过程中，因作者身体原因需要延长时间，是我院科研处朱霞辉处长和全国哲学社会科学规划办公室进行了多方协调，终使课题得以顺利完成并结项。在此也向朱处长表示衷心的感谢，没有他

后 记

的帮助和鼓励课题很难顺利完成。同时，本书的责任编辑刘艳女士，在编辑此书过程中进行了辛勤的工作，并给出了众多中肯的建议，在这里也一并深表感谢。

作 者
2018 年 12 月